中国法学会研究会支持计划
最高人民法院审判理论研究会主持

中国法院类案检索与
裁判规则专项研究

担保纠纷案件裁判规则（一）

保证人主体资格与担保效力

曹士兵　主编

法律出版社
LAW PRESS·CHINA

担保纠纷案件裁判规则（一）
保证人主体资格与担保效力

主　编：曹士兵
副主编：韩　煦
专家组（以姓氏笔画为序）：
刘艳洁　曹士兵　韩　煦　潘　静

中国法院类案检索与裁判规则专项研究说明

最高人民法院《五五改革纲要》提出“完善类案和新类型案件强制检索报告工作机制”,周强首席大法官提出法官办案应当进行案件检索。为配合司法体制综合配套改革,落实周强首席大法官的指示要求,循序推进人民法院类案同判工作,中国应用法学研究所组织了最高人民法院审判理论研究会及其下设16个专业委员会的力量,开展中国法院类案检索与裁判规则专项研究,并循序推出类案检索和裁判规则研究成果。

最高人民法院审判理论研究会及其分会的研究力量主要有最高人民法院法官和地方各级人民法院法官、国家法官学院和大专院校专家教授、国家部委与相关行业的专业人士,这些研究力量具有广泛的代表性,构成了专项研究力量的主体。与此同时,为体现法为公器,应当为全社会所认识,并利用优秀的社会专业人士贡献智力力量,专项研究中也有律师、企业法务参加,为专项研究提供经验与智慧,并参与和见证法律适用的过程。以上研究力量按照专业特长组成若干研究团队开展专项研究,坚持同行同专业同平台研究的基本原则。

专项研究团队借助大数据检索平台,形成同类案件大数据报告,为使用者提供同类案件裁判全景;从检索到的海量类案中,挑选可索引的、优秀的例案,为使用者提供法律适用参考,增加裁判信心,提高裁判公信;从例案中提炼出同类案件的裁判规则,分析裁判规则提要,提供给使用者参考。从司法改革追求的目标看,此项工作能够帮助法官从浩如烟海的同类案件中便捷找到裁判思路清晰、裁判法理透彻的好判决(即例案),帮助法官直接参考从这些好判决中提炼、固化的裁判规则。如此,方能帮助法官在繁忙工作中实现类案同判。法院类案检索与裁判规则专项研究,致力于统一法律适用,实现法院依法独立行使审判权与法官依法独立行使裁判权的统一。这也正是应用法学研究的应有之义。

专项研究的成果体现为电子数据和出版物(每年视法律适用的发展增减),内容庞大,需要大量优秀专业人力长期投入。有关法院裁判案件与裁判内容检索的人工智能并不复杂,算法也比较简单,关键在于"人工",在于要组织投入大量优秀的"人工"建设优质的检索内容。专项研究团队中的专家学者将自己宝贵的时间、智力投入到"人工"建设优质内容的工作中,不仅仅需要为统一我国法律适用、提升裁判公信力作出贡献的情怀,还需要强烈的历史感、责任感,具备科学的体系思维和强大的理性能力。此次专项研究持续得越久,越能向社会传达更加成熟的司法理性,社会也越能感受到蕴含在优质司法中的理性力量。

愿我们砥砺前行。

曹士兵

二〇一九年五月十六日

前　言

最高人民法院审判理论研究会开展的类案检索与裁判规则专项研究借助大数据检索平台，形成同类案件大数据报告，为使用者提供同类案件裁判全景，并从检索到的海量类案中，挑选可索引的、优秀的例案。这在研究会的研究中是第一次，面临诸多的挑战，难度可想而知。面对的主要挑战就是对大数据研究方法的挑战，不仅数据库要大而全，而且检索、算法要好用、靠谱，结论要有说服力。由于检索条件的变化、算法的不同，导致数据不一致、个别图标相差较大的情况，难以避免，专家组和出版社的编辑要进行人工解决，投入的工作量巨大。即便如此，大数据分析报告能够提供的参考与支持仍然是初步的，仍然有进一步细化、提高的空间，在分析的维度上仍然不能令读者解渴。这些都是专家组下一步努力改进、提高的目标，也是大数据公司不断升级系统、改进技术的方向。我们不泄气，不抱怨，既然携手共进，就永不退缩。

另外，专家组从例案中提炼出同类案件的裁判规则，提炼裁判规则提要，提供给读者参考。这挑战着专家组的专业知识和分析能力。从司法改革追求的目标来看，我们开展专项研究的近期目标是帮助法官在繁忙工作中实现类案同判，远期目标是实现法院依法独立行使审判权与法官依法独立行使裁判权的统一，这两个目标都考验着专家组的能力水平。目前，我们虽已竭尽全力，但对研究成果远未满意，需要读者的批评指正，帮助我们发现不足，勉力前行。希望读者和社会各界以“他山之石，可以攻玉”的视角，以提升自己法律适用的能力水平为目的参考我们的研究成果。法律是公器，社会各界都应当有权利发表自己的法律适用见解，我们的研究成果也是其中之一。我们期望投入的巨大时间和智力成本，能够促进对某些法律适用问题的共识；若果真如此，将帮助读者减少自己的时间和智力成本，节省司法裁判成本，降低社会追求公平正义的成本。希望我们的研究成果能够带来这样的社会意义。

本书专家组成员潘静、韩煦、刘艳洁均参与了大数据报告研究和规则的提炼与撰写，韩煦博士对全书进行编校，特此说明。

凡　例

一、法律法规

1.《中华人民共和国物权法》(2007 年 10 月 1 日起施行),以下简称《物权法》

2.《中华人民共和国公司法》(1993 年 12 月 29 日通过,1999 年 12 月 25 日第一次修正,2004 年 8 月 28 日第二次修正,2005 年 10 月 27 日修订,2013 年 12 月 28 日第三次修正,2018 年 10 月 26 日第四次修正),以下简称《公司法》

3.《中华人民共和国企业破产法》(2007 年 6 月 1 日起施行),以下简称《企业破产法》

4.《中华人民共和国民法总则》(2017 年 10 月 1 日起施行),以下简称《民法总则》

5.《中华人民共和国继承法》(1985 年 10 月 1 日起施行),以下简称《继承法》

6.《中华人民共和国担保法》(1995 年 10 月 1 日起施行),以下简称《担保法》

7.《中华人民共和国合同法》(1999 年 10 月 1 日起施行),以下简称《合同法》

8.《中华人民共和国涉外民事关系法律适用法》(2011 年 4 月 1 日起施行),以下简称《涉外民事关系法律适用法》

9.《中华人民共和国村民委员会组织法》(1998 年 11 月 4 日通过,2010 年 10 月 28 日修订,2018 年 12 月 29 日修正),以下简称《村民委员会组织法》

10.《中华人民共和国个人独资企业法》(2000 年 1 月 1 日起施行),以下简称《个人独资企业法》

11.《中华人民共和国合伙企业法》(2007 年 6 月 1 日起施行),以下简称《合伙企业法》

12.《中华人民共和国律师法》(1996 年 5 月 15 日通过,2001 年 12 月 29 日第一次修正,2007 年 10 月 28 日修订,2012 年 10 月 26 日第二次修正,2017 年 9 月 1 日第三次修正),以下简称《律师法》

13.《中华人民共和国注册会计师法》(1993 年 10 月 31 日通过,2014 年 8 月 31 日修正),以下简称《注册会计师法》

14.《中华人民共和国婚姻法》(1980 年 9 月 10 日通过,2001 年 4 月 28 日修正),以下简称《婚姻法》

15.《中华人民共和国民事诉讼法》(1991 年 4 月 9 日通过,2007 年 10 月 28 日第一次修正,2012 年 8 月 31 日第二次修正,2017 年 6 月 27 日第三次修正),以下简称《民事诉讼法》

16.《中华人民共和国民法通则》(1986 年 4 月 12 日通过,2009 年 8 月 27 日修正)

17.《中华人民共和国商业银行法》(1995 年 5 月 10 日通过,2003 年 12 月 27 日第一次修正,2015 年 8 月 29 日第二次修正),以下简称《商业银行法》

二、司法解释及司法文件

1. 最高人民法院《关于审理与企业改制相关的民事纠纷案件若干问题的规定》(法释〔2003〕1 号,2003 年 2 月 1 日起施行),以下简称《企业改制相关案件规定》

2. 最高人民法院《关于审理企业破产案件若干问题的规定》(法释〔2002〕23 号,2002 年 9 月 1 日起施行),以下简称《审理企业破产案件规定》

3. 最高人民法院《关于审理买卖合同纠纷案件适用法律问题的解释》(法释〔2012〕8 号,2012 年 7 月 1 日起施行),以下简称《买卖合同解释》

4. 最高人民法院《关于适用〈中华人民共和国合同法〉若干问题的解释(二)》(法释〔2009〕5 号,2009 年 5 月 13 日起施行),以下简称《合同法解释二》

5. 最高人民法院《关于适用〈中华人民共和国担保法〉若干问题的解释》(法释〔2000〕44 号,2000 年 12 月 13 日起施行),以下简称《担保法解释》

6. 最高人民法院《关于适用〈中华人民共和国婚姻法〉若干问题的解释(二)的补充规定》(法释〔2017〕6 号,2017 年 3 月 1 日起施行),以下简称《婚姻法解释二补充规定》

7. 最高人民法院《关于审理民间借贷案件适用法律若干问题的规定》(法释〔2015〕18 号,2015 年 9 月 1 日起施行),以下简称《民间借贷司法解释》

8. 最高人民法院《关于适用〈中华人民共和国公司法〉若干问题的规定(三)》(法释〔2011〕3 号,2011 年 2 月 16 日起施行),以下简称《公司法解释三》

9. 最高人民法院《关于审理融资租赁合同纠纷案件适用法律问题的解释》(法

释〔2014〕3 号,2014 年 3 月 1 日起施行),以下简称《融资租赁合同解释》

10. 最高人民法院《关于适用〈中华人民共和国民事诉讼法〉的解释》(法释〔2015〕5 号,2015 年 2 月 4 日起施行),以下简称《民事诉讼法解释》

11. 最高人民法院《关于民事执行中变更、追加当事人若干问题的规定》(法释〔2016〕21 号,2016 年 12 月 1 日起施行),以下简称《变更、追加规定》

12. 最高人民法院《关于民事诉讼证据的若干规定》(法释〔2001〕33 号,2002 年 4 月 1 日起施行),以下简称《民事诉讼证据规定》

13. 最高人民法院《关于适用〈中华人民共和国婚姻法〉若干问题的解释(二)》(法释〔2003〕19 号,2004 年 4 月 1 日起施行),以下简称《婚姻法解释二》

14. 最高人民法院《关于审理涉及夫妻债务纠纷案件适用法律有关问题的解释》(法释〔2018〕2 号,2018 年 1 月 18 日起施行),以下简称《夫妻债务纠纷解释》

15. 最高人民法院《关于贯彻执行〈中华人民共和国民法通则〉若干问题的意见(试行)》(1988 年 1 月 26 日通过),以下简称《民通意见》

16. 中国人民银行《境内机构对外担保管理办法》(1996 年 10 月 1 日起施行,已失效),以下简称《管理办法》

17. 最高人民法院《关于审理企业破产案件若干问题的规定》(法释〔2002〕23 号,2002 年 9 月 1 日起施行),以下简称《企业破产案件规定》

目　　录

担保纠纷案件裁判规则第 1 条：
受监护的成年人在有行为能力时可以作保证人

〔**规则描述**〕:《担保法》第 6 条规定的保证是指保证人和债权人约定,当债务人不履行债务时,保证人按照约定履行债务或者承担责任的行为。根据《民法总则》第 18 条第 1 款"成年人为完全民事行为能力人,可以独立实施民事法律行为"的规定,保证人承担责任的前提是具有完全民事行为能力。而成年人不一定均具有完全民事行为能力,本规则针对的正是受监护的、具有限制行为能力的成年人群体,当此部分受监护的成年人具有行为能力时则可以作保证人;反之亦然。

一、类案检索大数据报告

时间:2019 年 5 月 11 日之前,案例来源:Alpha 案例库,案件数量:65 件,数据采集时间:2019 年 5 月 11 日。本次检索获取了 2019 年 5 月 11 日前共 65 篇合同纠纷裁判文书。其中认同受监护的成年人在有行为能力时可以作保证人的案件 34 件,不认同的案件 13 件,不相关案件 18 件。整体情况如下:

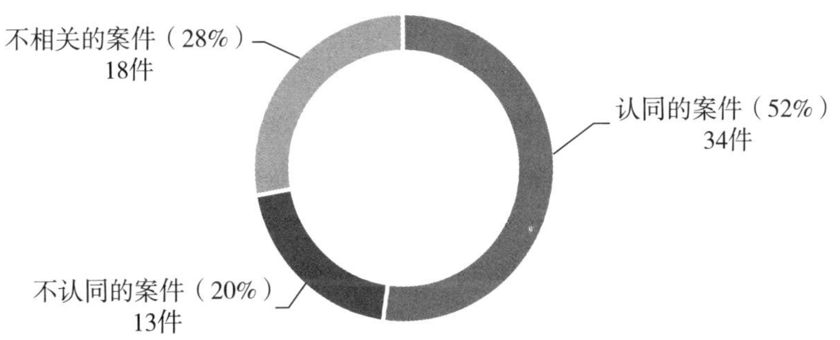

图 1－1 是否认同受监护的成年人在有行为能力时可以作保证人

如图 1－1 所示,从案件是否构成保证合同的角度来看,不构成保证合同的案件占 20%,构成保证合同的案件占 52%,不相关案件占 28%。

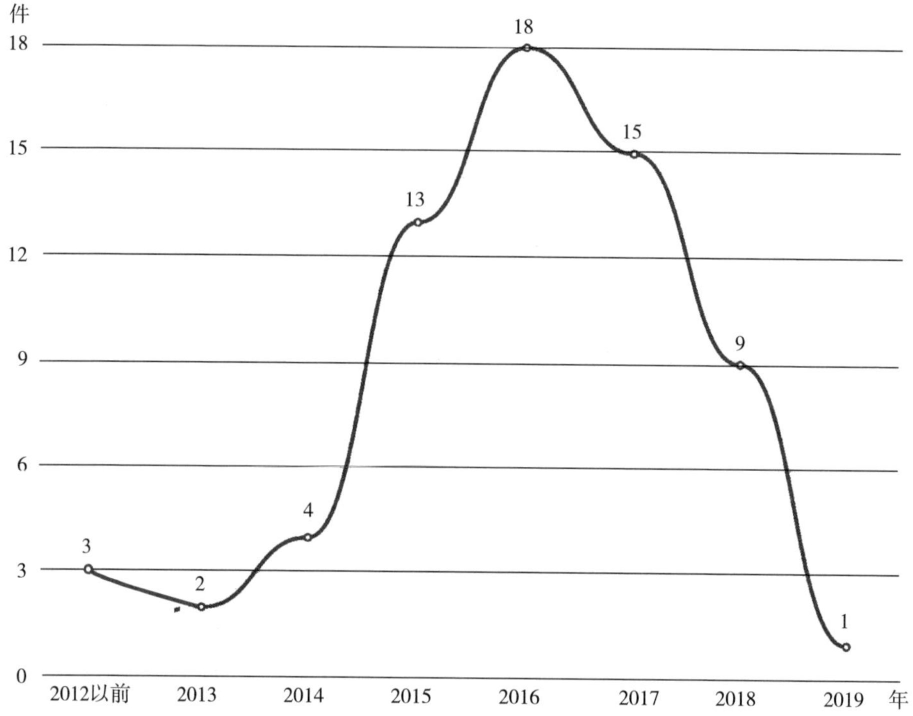

图 1-2 案件年份分布情况

如图 1-2 所示,从上方的年份分布可以看到当前条件下合同纠纷案件数量的变化趋势。

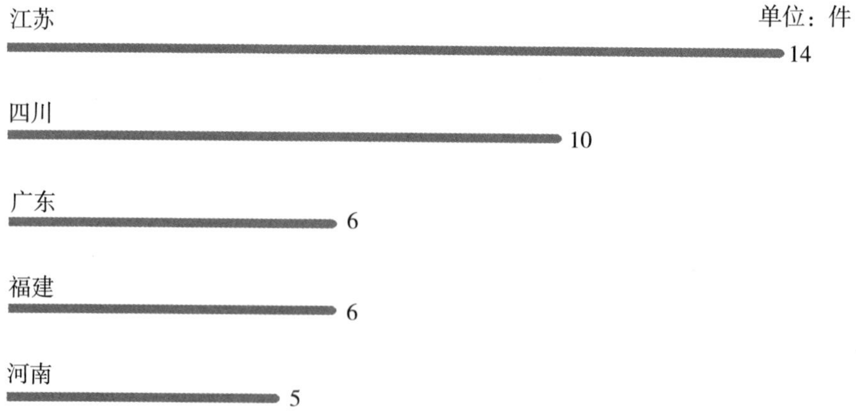

图 1-3 案件主要地域分布情况

如图 1－3 所示，从地域分布来看，当前合同纠纷案例主要集中在江苏省、四川省、广东省，分别占比约 21.54%、15.38%、9.23%。其中江苏省的案件量最多，达到 14 件。

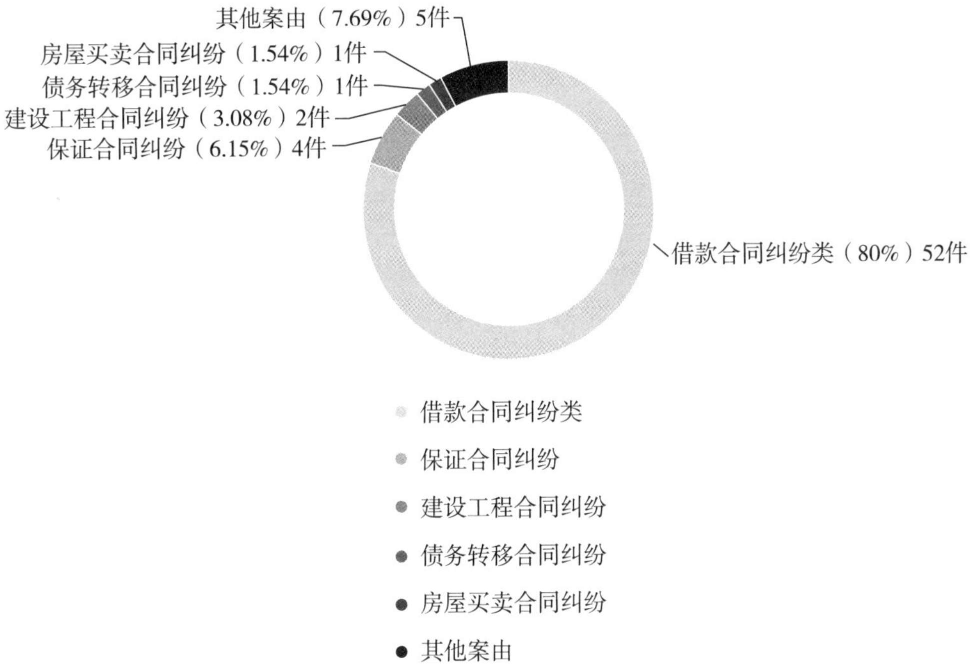

图 1－4　案件案由分类情况

如图 1－4 所示，从上面的案由分类情况可以看到，合同纠纷当前最主要的案由是借款合同纠纷类，有 52 件，占一半以上；其他的依次是其他案由、保证合同纠纷、建设工程合同纠纷、债务转移合同纠纷、房屋买卖合同纠纷。

二、可供参考的例案

例案一 | 谭某某与唐某某保证合同纠纷案

【法院】

黑龙江省大庆市中级人民法院

【案号】

(2015)庆商终字第 453 号

【当事人】

上诉人(原审被告):谭某某

被上诉人(原审原告):唐某某

【基本案情】

2014年5月11日,赵某某从原告处各借款4万元和2万元,并为原告出具借据两份,由被告谭某某提供保证担保。双方约定在30日内还清,如逾期不还由借款人和担保人共同偿还,或诉讼至胡路区人民法院。庭审中,被告否认此款系向原告所借,并陈述两份借据中担保人处"谭某某"的签名和借据下方的"如到期不还,我愿意为赵某某还款,"不是其本人书写,但认可指纹确实是谭某某本人所留。现原告诉至法院,要求被告谭某某承担保证责任,偿还上述借款本金及利息,并承担本案诉讼费用。

原审认为,根据庭审查明的事实可以认定,本案原告提交的借据对借款人、担保人、借款金额、借款期限等主要内容约定明确,且被告自认担保人签名处的指纹确实是其本人所留。足以证明本案原告与赵某某之间存在民间借贷法律关系,与被告之间形成保证合同法律关系。因原告、被告双方对保证方式未予明确约定,故保证责任为连带保证,原告有权向主债务人、保证人双方或任何一方主张权利。因双方对保证期间亦未明确约定,故保证期间应为主债务履行期届满之日起6个月(2014年6月11日至2014年12月11日),原告于2014年10月10日起诉要求被告承担还款责任,未逾此期间。因赵某某和谭某某未按约定期限履行还款义务,故应承担偿还本金及偿还逾期利率损失的违约责任。被告虽主张其两年前患有精神分裂和抑郁症,应为限制民事行为能力人,但未提交证据证实,原审法院依法不予采信。

上诉人称,本案是保证合同纠纷,是赵某某经王江向唐某某借款,实际借款3万元,提前扣除1个月利息3000元,到手后为27,000元,实际出具的欠条为6万元。后赵某某于2014年6月11日在东风新村阿玛尼对面偿还被上诉人5000元本金,2014年7月10日在东风新村中央商城邮政储蓄存入唐某某开户账户偿还本金5000元。在2014年7月16日用一块价值5.3万元左右雷达手表和一条价值8000多元24K金的手链及部分现金抵顶被上诉人全部债务,双方债务已经全部结清。至于延期举证问题,因赵某某在一审时涉嫌刑事案件被羁押,被上诉人利用赵某某无法出庭的这一时间段将上诉人起诉,是虚假诉讼。上述事实于原审庭审后判决前由赵某某告知谭某某,借款的事情谭某某并不知情,赵某某愿意提供相应证据证实，并出庭作证。综上，原审法院认定事实有误，恳请二审法院依法查明本案事实，依法改判或发回重审。

被上诉人答辩称，原审认定事实清楚，证据确实充分，程序合法，应当维持原判。至于上诉人在二审期间提出所谓的新证据及2014年7月10日、2014年7月16日的有关还款说法，因为该时间发生的事实距一审已经过去较长时间，上诉人的这些说法均不是新证据，上诉人应当承担举证不能的法律后果。至于其提交所谓的新证据真与假，证明力的高与低，被上诉人认为很难确定，因此请求法院驳回上诉人的诉讼请求。

上诉人为证实其上诉主张向法院出示证据：

证据一：收条一份，欲证明在2014年7月16日被上诉人收到赵某某雷达手表一块和24K金(20多克)手链一条。被上诉人质证称，收条是被上诉人签字认可的，但只是作为案涉借款的抵押，双方并未约定已经偿还完毕字样，亦没有交还借条，双方借贷、保证关系依然存在。法院认为，因该收条只写明收到手表及手链，没有其他关于双方借款是否已清偿完毕，或与本案案涉借款相关的标注，故不能证明上诉人想要证明的主张，因被上诉人对该收条真实性并无异议，法院仅对该证据的真实性予以认定。

证据二：上诉人在大庆市第三医院住院病案一份，欲证明上诉人谭某某患有未分化型精神分裂症及脑动脉硬化，上诉人不具有民事行为能力，不具备诉讼主体资格，不应成为本案的原审被告。被上诉人质证称，对真实性没有异议，对证明的问题有异议，该病例记载住院时间是2014年12月9日，该时间与借款时间2014年5月11日相距半年之久，不能够说明上诉人在借款发生时的精神状态，并且一个自然人是否无民事行为能力不能凭一纸病例来确认，如果上诉人认为自己精神确实存在问题，不负民事责任，应当提交司法精神病鉴定来证实自己的主张。法院认为，经法院告知相关法律规定及权利义务，上诉人未在规定时间内提出司法鉴定申请，且该病历显示上诉人住院时间发生在本案借款之后半年左右，不足以证实上诉人在借款发生时是否为限制行为能力人，故上诉人提出的主张依据不足，法院不予支持。

证据三：赵某某证人证言，证人赵某某，女，1968年2月4日出生，汉族。欲证明证人是案涉借款的借款人，谭某某为担保人，2014年5月通过王某某找到唐某某，借款3万元，当时唐某某让证人打了6万元欠条，实际到手的钱是2.7万元。同年6月，在新村庆龙小区月亮八珍证人还唐某某5000元现金；在2014年7月，证人给唐某某的账户上存了5000元;在2014年7月16日在香榭丽东侧门天合丽治美容院给唐某某一块女士雷达表和25克的金手链,并向其要欠条,唐某某没有给,说差不了事。本案借款已实际给付完毕。被上诉人质证称,对证人证言不予认可,赵某某是本案实际借款人,与本案有直接的利害关系,其证言内容均是对赵某某及上诉人有利的证明内容,不能证明案件事实,证人在原审第二次开庭时已经获得人身自由,但未参加诉讼,现在在二审中以证人的身份突然出庭,是扰乱法庭审理秩序。法院认为,证人为本案案涉借款的借款人,与上诉人存在直接利害关系,且其所称的已对案涉借款清偿完毕的主张并未得到被上诉人认可,亦未充分举证证实已实际清偿全部借款,故法院对该证人的证言不予采信。

上诉人当庭提出申请,请求法院调取2014年7月10日前后东风新村中央商场邮政储蓄ATM自动取款机监控录像,经主审法官与邮政储蓄银行联系,该种营业网点之外的ATM自动存取款机监控录像不会保存超过1年时间,故上诉人该项申请法院不予支持。

上诉人在大庆市第三医院住院病历一份,欲证明上诉人谭某某患有未分化型精神分裂症及脑动脉硬化,上诉人不具有民事行为能力,不具备诉讼主体资格,不应成为本案的原审被告。被上诉人质证称,对真实性没有异议,对证明的问题有异议,该病例记载住院时间是2014年12月9日,该时间与借款时间2014年5月11日相距半年之久,不能够说明上诉人在借款发生时的精神状态,并且一个自然人是否无民事行为能力不能凭一纸病例来确认,如果上诉人认为自己精神确实存在问题,不负民事责任,应当提交司法精神病鉴定来证实自己的主张。

二审期间被上诉人未向法院提供新证据。基于一审期间双方举证、质证意见及二审中各方诉辩意见,法院认定的法律事实与一审一致。

【案件争点】

上诉人在实施担保行为时不能证明其无行为能力或限制行为能力,其担保行为是否有效。

【裁判要旨】

法院认为,受监护的成年人在有行为能力时可以作保证人。若其自愿为借款人提供担保,并且是真实意思表示,不违反法律、行政法规的强制性规定,应认定保证合同关系成立,受监护的成年人应承担相应的保证责任。

例案二 | 赵某某与徐某某保证合同纠纷案

【法院】

福海县人民法院

【案号】

(2017)新4323民初290号

【当事人】

原告:赵某某

被告:徐某某

【基本案情】

2013年7月13日,借款人马某某、担保人徐某某共同向原告赵某某出具借条一份,上载明:今借赵某某现金50,000元。经法院委托鉴定徐某某的精神状态及民事行为能力,新疆绿洲法医精神病司法鉴定所新绿司鉴字[2017]193号法医精神病司法鉴定意见书的鉴定意见为:"……五、分析说明徐某某于2013年7月13日担保他人借贷行为当时,无精神病理性因素影响,其辨认能力存在,控制能力存在,故应评定为完全民事行为能力。六、鉴定意见1.医学诊断:无精神病。2.法律责任能力评定:完全民事行为能力。"

被告徐某某在借条上作为担保人签字,其在签字时的民事行为能力经鉴定系完全民事行为能力,借条上未约定担保方式,被告徐某某依法应对借款人马某某的50,000元借款承担连带保证责任,原告赵某某选择借款人和担保人向法院提起诉讼。

【案件争点】

被告徐某某应否承担担保责任。

【裁判要旨】

法院认为:受监护的成年人在有行为能力时可以作保证人。受监护的成年人为担保人,在签订合同时其民事行为能力经鉴定系完全民事行为能力,且借条上未约定担保方式,则该担保人应对借款承担连带保证责任。

例案三 | 朱某某与徐某某保证合同纠纷案

【法院】

余姚市人民法院

【案号】

(2015)甬余商初字第690号

【当事人】

原告:朱某某

被告:徐某某

【基本案情】

原告朱某某诉称:借款人杨某与被告原均系余姚实验小学学弄校区教师,为同事关系,由于其另谋经营汽车按揭买卖提供担保业务需要周转资金,经被告父亲介绍向原告借款500,000元,约定借期2年,并由被告父亲提供担保。2012年4月17日,借款人杨某向原告重新出具借条,因被告父亲系盲人,行动处事有所不便,被告自愿代为父亲提供担保,并当面在借条上签名及捺上手印。后由于借款人及担保人都未按约归还借款,原告于2013年2月26日向法院提起诉讼,并申请财产保全。因借款人杨某涉嫌犯罪,法院裁定驳回了原告的起诉。现原告为维护自己的合法权益,再次提起诉讼,请求判令被告归还原告担保借款500,000元,并支付自2012年9月18日起至判决确定履行日止按银行同期贷款利率计算的利息;本案诉讼费用由被告承担。

原告为证明自己的主张向法院提交下列证据:(1)借条一份,证明案涉借款由被告提供担保的事实;(2)民事裁定书一份,证明原告曾向法院提起诉讼的事实;(3)宁波银行对账单一份、原告明细账一份、银行流水一份,证明原告取款出借给借款人杨某500,000元,杨某支付部分利息的事实。

被告徐某某答辩称:(1)原告、被告之间的纠纷,原告曾提起诉讼,但已被法院驳回,根据"一事不再理"的原则,原告的起诉已违反《民事诉讼法》的相关规定;(2)原告之诉称与事实不符,如"被告自愿代为父亲提供担保"之述;(3)由于被告自2007年车祸造成头部严重创伤后精神极度紊乱,系精神病人,属无行为能力或限制行为能力人,依法不能独立实施民事行为。原告提供的借条缺乏有效法律要件,本案保证合同无效;(4)因债务人未到庭,案涉借款是否已实际履行,原告并无相应证据,被告也无法核实;(5)案涉借款债务人涉嫌犯罪,公安部门正在侦查,本案应当移送至公安机关。综上,原告之诉请无事实和法律依据,请求驳回起诉。

被告为证明自己的主张向法院提交下列证据:(1)门诊病历一份,证明被告于2007年6月因车祸导致精神疾病,无相应民事行为能力的事实;(2)诊断证明一份,证明被告具有间歇性精神病,属于限制行为能力人的事实;(3)残疾证一份,证明被告系精神病人的事实；(4)公安机关受理信访事项告知单一份，证明借款人杨某因涉嫌诈骗已被公安机关立案侦查的事实。

对原告提交的证据，经质证，被告对证据1的真实性无异议，但认为该借条形式上存在瑕疵，担保人签名在日期之下，且该担保系无效担保；对证据2没有异议，认为至今该事由尚未消除；对证据3中的银行对账单及流水的真实性无异议，但认为不能证明原告500,000元的款项正确指向，流水上显示原告与借款人杨某有其他债务关系，对原告明细账不予认可。法院对证据1及证据3中的银行对账单、流水的真实性予以认定，对证据2予以认定，对证据3中的明细账不予认定。

对被告提交的证据，经质证，原告认为被告提交的证据1、证据2均不能证明被告存在精神疾病，证据3系于2013年办理，证据4的信访件距今已近2年，且有关杨某的案件法院均在处理。法院对被告提交的证据形式真实性予以认定。

法院查明：2012年4月17日，由借款人出具的借条载明："本人向朱某某借人民币伍拾万元整(500,000)，特立此据(借期为五个月)。"借款人落款签名杨某，担保人签名徐某某，并捺上手印。上述借条所载款项至今未归还。另查明，本案所涉纠纷，原告曾于2013年2月26日向法院提起诉讼。

被告代理人对被告在借条上担保人处亲笔签名并加捺手印没有异议，但认为被告系无民事行为或限制民事行为能力人，依法不能独立实施该行为，为此向法院提交了2007年、2013年的求诊病历及2013年5月由余姚市第三人民医院出具的诊断证明、由中国残疾人联合会签发的残疾人证等证据，但上述证据难以证明被告于2012年4月17日在借条上签名时是否存在精神障碍。借据是证明借贷双方存在借贷合意和借贷关系实际发生的直接证据，具有较强的证明力，根据上述认定，借款人及被告向原告出具的借条真实有效，虽被告提出交付异议，但被告未提交相反证据以推翻借条所记载的内容，且原告向法院另行提交了辅助证据，显然，原告具有优势证据证明其已交付款项的主张。

【案件争点】

原告、被告之间的保证合同关系是否有效，案涉借款是否实际履行。

【裁判要旨】

法院认为，受监护的成年人在有行为能力时可以作保证人。受监护的成年人为他人提供保证，若证据难以证明其在借条上签名时是否存在精神障碍，即属于无民事行为或限制民事行为能力人，故保证合同有效。

三、裁判规则提要

当保证人为成年人时,不一定具有完全行为能力;受监护的成年人作为限制行为能力人作出保证行为时,是否具有法律效力存在争议,尤其在《民法总则》对成年人对监护制度作出规定后,监护状态下的成年人提供保证的效力更加成为疑问和需要明确的问题。研究这个问题,对于保护与监护状态下的成年人人身财产安全非常重要,同时也提醒相对人在与受监护的成年人缔结担保关系时要提高注意义务,注意完善证据,以避免损失以及遭受无端的讼累。

由于《合同法》《担保法》等相关法律并未作出明确规定,司法实践中对于受监护的成年人在有行为能力时是否能作保证人存在争议,裁判结果存在差异。《担保法》规定的保证是指保证人和债权人约定,当债务人不履行债务时,保证人按照约定履行债务或者承担责任的行为。保证人要在债务人无法履行债务时,承担履行债务的责任,所以保证人在作出保证行为时要具有行为能力;反过来看,若保证人在作出保证行为时具有行为能力,即使保证人是限制行为能力人,保证人也要为自己在具有行为能力时作出的真实意思表示负责。可见,判断是否可以作保证人的关键是作出保证意思表示的人是否具有行为能力。当自然人为无民事行为能力时,则不能作保证人;而当行为人为限制行为能力的成年人时,其在有行为能力状况下,可以作保证人。

在社会生活中,保证人为受监护的成年人时,我们要区分受监护成年人的行为状态来给予该行为人适当的限制或保护。对于无民事行为能力的成年人的行为认定为无效,以保护其权益;对于受监护成年人在有行为能力时作出的民事行为认定有效,以保障其权利。这种对于受监护成年人区分对待的方式,“在于保护知虑不周之人,并兼顾交易安全”①。

在人权保障和人口老龄化的背景下,我们要不断认识到保护受监护成年人合法权益的重要性,深入研究如何细分受监护成年人作出民事行为的行为能力状况,区分受监护成年人在不同行为能力下作出民事行为的效力,以有针对性地保护受监护成年人的权利。关键是,我们要认识到承认具有行为能力的受监护成年人的民事行为有效是对于其合法权利的保障,同时限制无行为能力成年人的民事权利能力依然是为了保护其合法权利,保障其财产安全。

---

① 王泽鉴:《民法总则》(增订版),中国政法大学出版社 2001 年版,第 103 页。

为正确审理涉及受监护成年人作保证人的案件，平等保护各方当事人合法权益，根据《民法总则》《合同法》《民事诉讼法》《担保法》等法律规定，应该认定受监护的成年人在有行为能力时可以作保证人。

四、辅助信息

高频词条：

《民法总则》

第 18 条 成年人为完全民事行为能力人，可以独立实施民事法律行为。

十六周岁以上的未成年人，以自己的劳动收入为主要生活来源的，视为完全民事行为能力人。

《合同法》

第 60 条 当事人应当按照约定全面履行自己的义务。

当事人应当遵循诚实信用原则，根据合同的性质、目的和交易习惯履行通知、协助、保密等义务。

第 206 条 借款人应当按照约定的期限返还借款。对借款期限没有约定或者约定不明确，依照本法第六十一条的规定仍不能确定的，借款人可以随时返还；贷款人可以催告借款人在合理期限内返还。

第 207 条 借款人未按照约定的期限返还借款的，应当按照约定或者国家有关规定支付逾期利息。

《担保法》

第 6 条 本法所称保证，是指保证人和债权人约定，当债务人不履行债务时，保证人按照约定履行债务或者承担责任的行为。

第 12 条 同一债务有两个以上保证人的，保证人应当按照保证合同约定的保证份额，承担保证责任。没有约定保证份额的，保证人承担连带责任，债权人可以要求任何一个保证人承担全部保证责任，保证人都负有担保全部债权实现的义务。已经承担保证责任的保证人，有权向债务人追偿，或者要求承担连带责任的其他保证人清偿其应当承担的份额。

第 18 条 当事人在保证合同中约定保证人与债务人对债务承担连带责任的，为连带责任保证。

连带责任保证的债务人在主合同规定的债务履行期届满没有履行债务的，债权人可以要求债务人履行债务，也可以要求保证人在其保证范围内承担保证责任。

第19条 当事人对保证方式没有约定或者约定不明确的,按照连带责任保证承担保证责任。

第21条 保证担保的范围包括主债权及利息、违约金、损害赔偿金和实现债权的费用。保证合同另有约定的,按照约定。

当事人对保证担保的范围没有约定或者约定不明确的,保证人应当对全部债务承担责任。

第25条 一般保证的保证人与债权人未约定保证期间的,保证期间为主债务履行期届满之日起六个月。

在合同约定的保证期间和前款规定的保证期间,债权人未对债务人提起诉讼或者申请仲裁的,保证人免除保证责任;债权人已提起诉讼或者申请仲裁的,保证期间适用诉讼时效中断的规定。

第31条 保证人承担保证责任后,有权向债务人追偿。

担保纠纷案件裁判规则第 2 条：
个人的保证债务认定为夫妻共同债务的，应当以配偶真实意思表示为根据

〔**规则描述**〕：个人应当以自己拥有的信用财产承担保证责任，但因为法律规定有夫妻共同债务的形式，个人债务在一定条件下会成为夫妻共同债务，波及债务关系之外的第三人——配偶。近年来，在《婚姻法》相关司法解释规定夫妻共同债务裁判规则下，因个人提供保证而引发的夫妻共同债务纠纷多发，裁判结果各异。

一、类案检索大数据报告

时间：2019 年 5 月 11 日之前，案例来源：Alpha 案例库，案件数量：3494 件，数据采集时间：2019 年 5 月 11 日。本次检索获取了 2019 年 5 月 11 日前共 3494 篇合同纠纷裁判文书。其中认同个人的保证债务认定为夫妻共同债务的案件 2087 件，不认同的案件 686 件，不相关案件 721 件。整体情况如下：

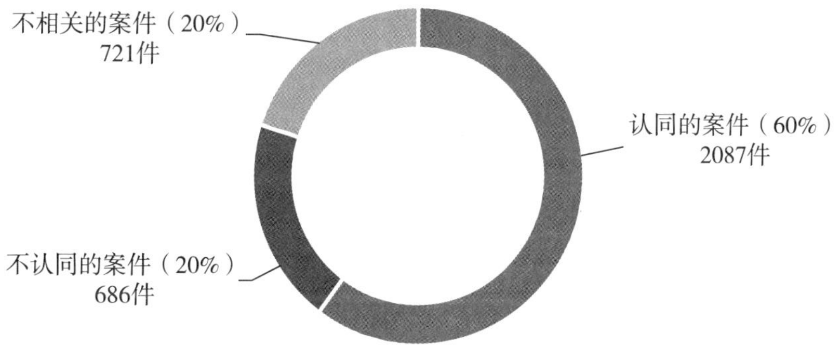

图 2-1　是否认同个人的保证债务认定为夫妻共同债务

如图 2-1 所示，从案件是否构成夫妻共同债务的角度来看，不构成共同债务的案件占 20%，构成保证合同的案件占 60%，不相关案件占 20%。

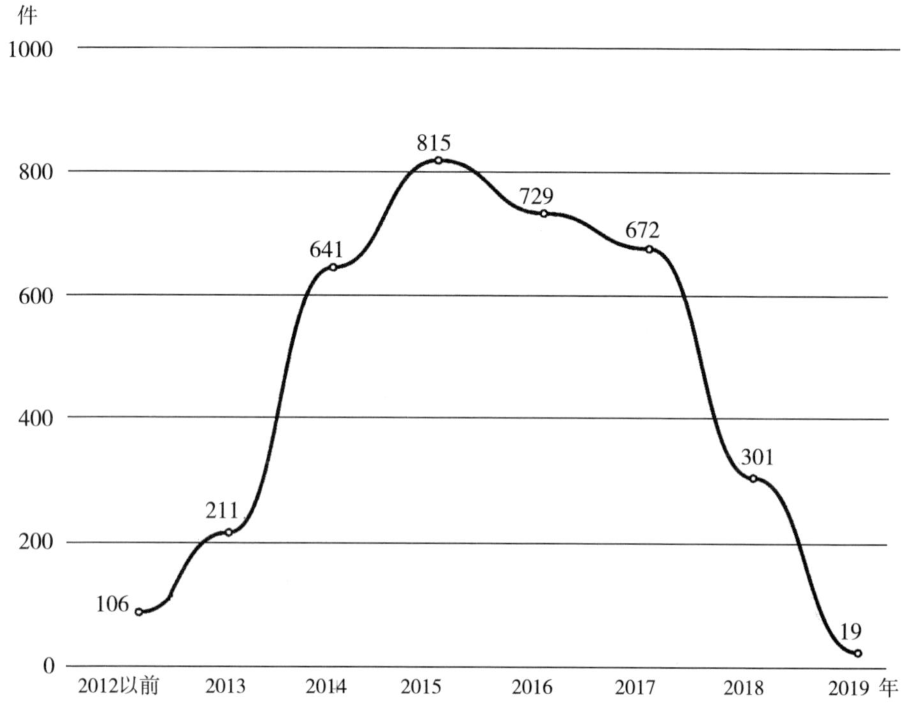

图 2－2　案件年份分布情况

如图 2－2 所示,从上方的年份分布可以看到当前条件下合同纠纷案例数量的变化趋势。

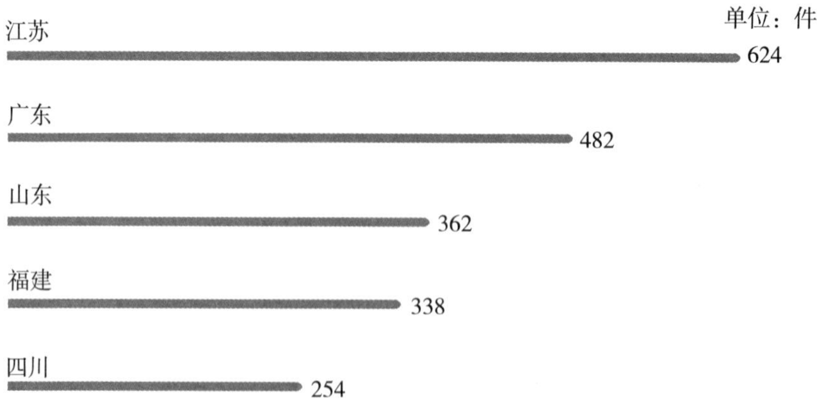

图 2－3　案件主要地域分布情况

如图 2－3 所示,从地域分布来看,当前合同纠纷案例主要集中在江苏省、广东省、山东省,分别占比约 17.86%、13.80%、10.36%。其中江苏省的案件量最多，达到624件。

图2-4 案件案由分类情况

如图2-4所示，从上面的案由分类情况可以看到，合同纠纷当前最主要的案由是借款合同纠纷类，有2957件，占一半以上；其次是追偿权纠纷、其他案由、银行卡纠纷、保证合同纠纷。

二、可供参考的例案

例案一 | 汪某某与陈某某民间借贷纠纷案

【法院】

湖北省荆门市中级人民法院

【案号】

（2016）鄂08民终605号

【当事人】

上诉人（原审原告）：汪某某

上诉人（原审原告）：陈某某，系汪某某之妻

被上诉人(原审被告):李某某

被上诉人(原审被告):郑某某,系李某某之夫

原审被告:钟祥市宏达实业发展有限公司

法定代表人:李某,该公司董事长

原审被告:四川颜锋铝业有限公司

法定代表人:张某,该公司董事长

【基本案情】

上诉人汪某某、陈某某因与被上诉人李某某、郑某某,原审被告钟祥市宏达实业发展有限公司(以下简称宏达公司)、四川颜锋铝业有限公司(以下简称颜锋公司)民间借贷、保证合同纠纷一案,不服湖北省钟祥市人民法院于2016年4月18日作出的(2016)鄂0881民初218号民事判决,向法院提出上诉。法院于2016年8月25日立案后,依法组成合议庭审理本案。因颜锋公司停业,无人接收诉讼文书,无法直接或邮寄送达诉讼文书,依法公告送达。自2016年9月28日汪某某、陈某某交纳公告费至12月12日公告期届满,扣除审限75天。开庭前,李某某、郑某某以本案开庭日期与其代理律师代理的其他案件开庭日期重合,于2016年11月21日申请延期开庭。经询问,汪某某、陈某某不同意延期开庭;同时考虑到对颜锋公司的送达系公告送达,开庭时间已经公告确定,另行安排开庭时间较为困难,也增加其他当事人负担;且申请事由并非不可克服,故依照《民事诉讼法》第146条之规定,法院对李某某、郑某某的延期申请不予准许,并书面通知申请人。法院于2016年12月26日公开开庭审理本案。上诉人汪某某、陈某某及其委托代理人郑某,被上诉人李某某、郑某某的委托代理人尹某某到庭参加诉讼。宏达公司、颜锋公司经法院传票传唤,拒不到庭参加诉讼,不影响本案审理。汪某某、陈某某于2016年9月26日向法院提出鉴定申请,要求对本案三份借款合同中保证人李某某的签名时间进行鉴定。因未开庭,是否需要鉴定尚不清楚,因此,法院未启动鉴定程序。庭审后,汪某某、陈某某于2016年12月29日再次提出鉴定申请,要求对李某某在2014年1月27日两份借款合同上作为保证人签字的时间是否在2014年12月31日之后进行鉴定。结合庭审情况,法院准许其鉴定申请,并于2017年1月12日移交鉴定,本案进入鉴定程序,至2017年4月25日向当事人送达鉴定意见书,鉴定期间103天依法不计入审限。因李某某、郑某某对鉴定意见提出异议,需要函询鉴定机构,本案无法在审限内审结,经法院院长审批,延长审限3个月。经合议庭评议,本案现已审理终结。

汪某某、陈某某上诉请求：(1)撤销一审判决第三、四项，改判李某某、郑某某、颜锋公司承担连带清偿责任；(2)一审、二审案件受理费由宏达公司、李某某、郑某某、颜锋公司承担。事实和理由：(1)一审认定事实不清。2014 年 12 月 31 日，汪某某、陈某某与宏达公司办理结算，该公司加盖合同专用章对还款期限进行了变更，将原来的还款时间变更为无还款期限。2015 年 3 月，李某某自愿提供担保，并在借款合同上签字。2015 年 9 月，汪某某、陈某某向李某某索款，李某某答应想办法。2016 年 1 月，李某某还在给汪某某、陈某某发短信称帮忙想办法。一审时李某某对合同签订时间与其笔迹形成时间不一致确认无讳，但一审法院未做记录。(2)本案借款合同约定，如宏达公司届时逃避致使法院无法送达相关法律文书，则由保证人全权聘请律师参与诉讼，签收法律文书及承担法律后果。该约定包含如下意思：保证人承担债务人收到判决书后未履行的法律后果，其保证期限为债务人从借款时起至按法律文书履行完毕止。根据最高人民法院《担保法解释》第 32 条第 2 款的规定，此种情形应视为约定不明，保证期限为主债务履行期限届满之日起 2 年。故本案未过保证期限，李某某应承担保证责任。

李某某、郑某某辩称，(1)一审认定事实清楚，适用法律正确。(2)汪某某、陈某某找到李某某要求对其借款的利息进行计算，李某某计算后进行了说明，双方没有达成新的协议，也没有对还款期限进行变更。(3)保证人只应承担聘请律师及签收法律文书的后果。(4)本案借款没有用于家庭共同开支，不属李某某、郑某某共同债务。请求二审依法驳回上诉，维持原判。

宏达公司、颜锋公司未提出诉讼意见。

汪某某、陈某某向一审法院起诉请求：判决宏达公司偿还借款 160 万元及利息，李某某、郑某某、颜锋公司承担无限担保责任。

汪某某、陈某某向一审法院提交如下证据：

A1. 汪某某、陈某某的身份证、结婚证复印件三份。

A2. 借款合同原件及进账单复印件各三份。

A3. 李某某、郑某某户籍登记证明复印件一份。

A4. 宏达公司股东会决议及颜锋公司担保书复印件各一份。

宏达公司、颜锋公司、李某某、郑某某一审未提交证据。

一审法院认定，2014 年 1 月初，李某某以宏达公司缺流动资金为由，介绍宏达公司向汪某某、陈某某借款。双方协商一致后，2014 年 1 月 27 日，汪某某、陈某某分别与宏达公司签订两份借款合同，共计借款 110 万元，其中汪某某借款 50 万元，陈某某借款60万元。李某某为保证人在两份借款合同上签字。合同约定:借款期限自2014年1月27日起至2014年4月26日止,利息为月息2%。合同签订当天,汪某某、陈某某将借款分两次通过汉口银行转入宏达公司指定的账户。

2014年5月26日,汪某某再次借款给宏达公司50万元,并签订借款合同。合同约定:借款期限自2014年5月6日起至2014年8月5日止,利息为月息2%。李某某作为保证人在借款合同上签字。

2014年12月31日,李某某对汪某某、陈某某借款本息进行了结算,其中2014年1月27日汪某某借款50万元利息为11万元,陈某某借款60万元利息为13.2万元;2014年5月26日汪某某借款50万元利息为7万元,由李某某在借款合同上写明,由李某某签名并加盖宏达公司合同专用章。

2015年3月16日,宏达公司召开股东会,并形成决定:同意将宏达公司于2013年5月在四川宣汉投资建成的关联企业四川颜锋铝业有限公司的所有资产,为宏达公司的民间债权人李某甲等32人提供所有连带担保法律责任。2015年3月17日,颜锋公司为宏达公司提供担保,并出具担保书,其内容为:"鉴于担保人与被担保人之间存在高度关联关系,并且存在财产混同的事实,担保人自愿为被担保人对债权人承担所有连带担保责任,本担保书为不可撤销的担保书。"

此后汪某某、陈某某多次索款无果,故于2016年1月21日诉讼来院,请求依法判决宏达公司偿还借款160万元及利息,李某某、郑某某、颜锋公司承担无限担保责任。

一审法院认为,汪某某、陈某某与宏达公司签订的三份借款合同,系双方当事人真实意思的表示,合法有效。汪某某、陈某某按合同约定履行了借款义务,而宏达公司未按约定履行偿还义务,汪某某、陈某某要求宏达公司偿还借款本金160万元及利息的请求有理,予以支持。

李某某在借款合同上以保证人签名,为连带责任保证,应承担保证责任,但李某某未约定保证期间。《担保法》第26条第1款规定:"连带责任保证的保证人与债权人未约定保证期间的,债权人有权自主债务履行期届满之日起六个月内要求保证人承担保证责任。"宏达公司借款到期日分别为2014年4月26日和2014年8月25日,汪某某、陈某某起诉日期为2016年1月21日,超过保证期间6个月。此外,汪某某、陈某某以借款合同中约定的"如乙方(宏达公司)届时逃避致使法院无法送达法律文书,则由保证人全权聘请律师参与诉讼,签收法律文书及其承担法律后果"及李某某对借款利息结算而认定李某某的保证为无限连带保证,没有法律依据，也不符合最高人民法院《担保法解释》第31条"保证期间不因任何事由发生中断、中止、延长的法律后果"的规定。故汪某某、陈某某要求李某某承担担保责任已超过保证期间，其请求不予支持。

颜锋公司于2015年3月自愿为宏达公司担保，并出具不可撤销的担保书，汪某某、陈某某要求颜锋公司承担连带保证责任的请求，予以支持。

郑某某虽与李某某系夫妻，但与本案无关联性，汪某某、陈某某要求其承担给付义务的请求不予支持。

依照《合同法》第8条、第60条、第107条、第205条、第206条、第207条，《担保法》第18条、第26条，最高人民法院《担保法解释》第31条、第32条第2款，《民事诉讼法》第64条、第144条之规定，判决：(1)被告宏达公司偿还原告汪某某借款本金100万元及利息(暂计至2014年12月31日利息为18万元，以后利息按合同约定月利率2%计算至本息付清之日止)；(2)被告宏达公司偿还原告陈某某借款本金60万元及利息(暂计至2014年12月31日止，利息为132,000元，以后利息按合同约定月利率2%计算至付清本息之日止)；(3)被告颜锋公司对上述一、二项给付款承担连带清偿责任；(4)驳回原告汪某某、陈某某的其他诉讼请求。上述一、二项给付款，限该判决生效后二十日内付清。案件受理费19,200元，财产保全费5000元，合计24,000元，由被告宏达公司、颜锋公司负担。

二审中，事实争议在于李某某作为保证人签字的时间。

关于保证人签字时间：

汪某某、陈某某主张，李某某作为保证人在借款合同上签字的时间在2014年12月31日之后。

李某某、郑某某主张，李某某作为保证人签字在还款期限届满之前，具体时间已记不清楚。

汪某某、陈某某二审补充提交了如下证据：

A5. 汪某某、陈某某与宏达公司签订的借款合同复印件九份；拟证明(1)李某某2014年12月31日计算了本息合计金额，签字并加盖公章；(2)此后，李某某于2015年3月作为保证人签字，对借款承担保证责任。

李某某、郑某某质证称，陈某某、汪某某主张李某某2015年3月作为保证人在借款合同上签名没有事实依据。

A6. 证人陈某甲、潘某的出庭证言及书面证言两份，拟证明李某某作为保证人签字是在借款合同上注明本息合计后第三次添加形成。

A7. 汪某某与张某、宏达公司于2012年5月9日签订的借款合同复印件,拟证明汪某某与宏达公司四笔借款总额共计280多万元,以辅助证明证人潘某的证言。

李某某、郑某某质证称,该借款合同是复印件,本案不涉及该笔借款。

A8. 陈某某于2015年1月、2月、11月,2016年1月向李某某催促还款的短信若干条,拟证明陈某某在借款期限于2014年8月25日届满后6个月内,向保证人李某某主张过权利。陈某某当庭向李某某、郑某某的代理人出示手机信息以供查看。

李某某、郑某某质证称,短信内容属实。但陈某某不是在向保证人主张权利,李某某只是介绍人,陈某某联系李某某是问借款的情况。

陈某某解释,对其而言,李某某具备双重身份,李某某是宏达公司职员;但陈某某并不知道宏达公司也不认识李某某,是李某某介绍其借款,并提供保证,汪某某、陈某某基于信任李某某本人,听从她的安排,按李某某的指示把钱汇到了指定的银行账户。其向李某某发送短信是向李某某主张还款,同时也是向公司索要还款。

基于汪某某、陈某某当庭要求李某某提供宏达公司持有的借款合同原件,以与其持有的借款合同进行比对,法院责成李某某联系宏达公司。庭后,李某某的委托代理人反馈,宏达公司的财务资料已被公安机关扣押。据此,法院向钟祥市公安局经济犯罪侦查大队查询,获取如下证据:

C1. 宏达公司持有的2014年1月27日借款合同复印件两份及汪某某2014年5月26日向宏达公司汇款的银行凭证复印件两份,经钟祥市公安局经济犯罪侦查大队确认,复印自该队扣押的宏达公司财务资料。

C2. 钟祥市公安局经济犯罪侦查大队教导员何某某询问笔录及2016年12月12日钟祥市公安局钟公(经)刑立[2016]3147号立案决定书。

经质证,汪某某、陈某某、李某某、郑某某对上述两项证据的真实性无异议,予以采纳。

经审核:

1. 汪某某、陈某某二审补充的九份借款合同复印件(A5)均为本案三份借款合同的复印件,据汪某某、陈某某解释,其持有的本案三份借款合同的原件现状系三次书写形成,每一次书写后,其都复印一份留存,故同一合同形成三份不同内容的复印件。第一次合同上仅有甲方、乙方签字,以及宏达公司盖章(以下简称第一次合同复印件);第二次由李某某于2014年12月31日在三份合同底部注明利息及本息合计数额,并签名(以下简称第二次合同复印件);第三次由李某某在三份合同右侧空白处书写“保证人李某某”（以下简称第三次合同复印件）。

经庭审质证并向李某某本人核实，李某某对第一次及第三次合同复印件没有异议，但对第二次合同复印件的真实性提出异议。据此，对第一次合同复印件及第三次合同复印件可予采纳，但第二次合同复印件是否真实，存在争议。

2. 据证人潘某的出庭证言，李某某作为保证人签名时其并不在场，且经当庭辨认，潘某不认可其此前看到的是本案卷宗中的三份借款合同。因此，潘某的证言不具有证明汪某某、陈某某主张的证明力。

汪某某、陈某某提供2012年5月9日借款合同复印件（A7），系为表明四笔借款总额共计280余万元，以辅助证明潘某陈述看到280万元的条子系记忆错误。因潘某的证言未予采信，且该笔借款与本案无关，故对A7不予采纳。

3. 李某某、郑某某认可陈某某与李某某联络的手机短信（A8）属实，对该项证据，予以采纳。据短信内容，陈某某在2015年1月6日至2016年1月18日，多次向李某某催促还款。

因双方对第二次合同复印件的真实性存在争议，李某某作为保证人签名的时间难以直接确定，法院准许了汪某某、陈某某提出的对2014年1月27日两份借款合同上李某某作为保证人签名时间是否在2014年12月31日签名之后进行鉴定的申请。鉴定期间，法院组织双方当事人选择鉴定机构。李某某、郑某某因对二审启动鉴定程序提出异议，表示不参与鉴定机构的选择。据汪某某、陈某某随机抽取，选定浙江汉博司法鉴定中心为鉴定机构。

法院移送鉴定事项及本案合同原件后，浙江汉博司法鉴定中心于2017年2月24日来函，要求补充鉴定材料。法院按要求收集材料后，组织双方当事人于2017年3月8日对补充的材料进行质证。其间，为从技术上辅助鉴定事项的判断，汪某某、陈某某同意增加2014年5月26日借款合同原件作为比对样本，并申请对第二次合同复印件在复印过程中是否存在遮挡或涂改作为子项目一并进行鉴定。基于汪某某、陈某某的申请，结合鉴定机构对材料的要求，法院同意增加鉴定项目，于2017年3月10日复函浙江汉博司法鉴定中心，告知其：(1)鉴定比对样本的范围可以扩大至2014年5月26日的借款合同原件。(2)第二次合同复印件是否真实、是否可用以及如何使用，由该中心在鉴定中一并检验判断；并同时移送补充的鉴定材料，包括：①由钟祥市公安局经济犯罪侦查大队提供的复印自宏达公司财务资料的第一次合同复印件2页；②汪某某、陈某某自己持有的第一次合同复印件2页、第二次合同复印件3页、第三次合同复印件3页。

2017年4月14日,浙江汉博司法鉴定中心出具浙江汉博[2017]文鉴字第78号《司法鉴定意见书》(记为证据A9)。鉴定意见为:(1)倾向认为标称时间为2014年1月27日的两份借款合同中"保证人李某某"笔迹形成时间是在"李某某2014.12.31"笔迹形成时间之后。(2)未发现标称时间为2014年1月27日的两份借款合同第二次复印件上有刮擦、涂改、拼接等变造迹象。

经质证,汪某某、陈某某对鉴定意见没有异议。李某某、郑某某对二审启动鉴定程序、鉴定方法提出异议。

就程序问题,容后再议;就鉴定方法,李某某、郑某某认为,鉴定机构所用鉴定方法是对笔迹真实性的鉴定方法,不是对笔迹形成时间的鉴定方法。此前西南政法大学司法鉴定中心在其他鉴定中,使用测量电阻值的方法确定笔迹形成时间。李某某、郑某某认为该方法是科学的,而本次鉴定没有采用该方法,因此错误的方法得出的结论是不科学的,该结论不应采信。同时,鉴定机构得出的结论仅是倾向性意见,也说明鉴定机构对其结论没有把握。

基于李某某、郑某某的要求,法院就笔迹形成时间的鉴定方法,分别向甘肃中科司法物证技术鉴定中心、西南政法大学司法鉴定中心、广东南天司法鉴定所发函咨询。据三鉴定机构回复,一致意见为:(1)对于鉴定笔迹形成时间而言,测量电阻值法并非唯一方法,还存在其他鉴定方法;(2)各种方法都有其适用范围,业界没有将某种方法列为最优。

同时,就李某某、郑某某提出的异议,法院函询浙江汉博司法鉴定中心,要求其就鉴定方法的选择与使用、何以仅作出倾向性意见作出说明。2017年5月18日,该中心回函说明:(1)本次鉴定中,该中心根据委托要求,依据司法部《印刷文件鉴定规定》《篡改(污损)文件鉴定规范》对检材是否经过篡改、遮挡等方式形成进行鉴定。法院未委托要求对笔迹的真伪进行鉴定,故未对是否李某某书写进行鉴定,当然无须引用笔迹鉴定规范。(2)国内研究鉴定笔迹形成时间的方法众多,测电阻值法并非标准方法。根据认证认可的相关要求,选用的鉴定或检验方法应适合于所进行的鉴定活动,优先选用国家标准、行业标准、国际标准、区域标准、政法发布的技术标准等。(3)本案争议是标称时间为2014年1月27日的两份借款合同中"保证人李某某"与"李某某2014.12.31"笔迹形成时间先后。解决该问题的途径有两种:第一种方法是鉴定两部分内容的具体形成时间(绝对形成时间)然后比较形成先后顺序。该途径以目前的条件和技术无法做到。第二种方法是不考虑两部分内容的具体形成时间,只考虑形成的先后顺序,本次鉴定选用第二种方法。因为两部分内容没有交叉，要鉴定形成先后顺序需从其他方面鉴定。审查材料时发现：在汪某某、陈某某提供的材料中，标称时间为2014年1月27日两份借款合同的复印件中缺少“保证人李某某”部分。存在这种现象有两种可能：一是在合同上形成“李某某2014.12.31”字迹后形成，即“保证人李某某”字迹在“李某某2014.12.31”字迹之后形成。二是合同上原本存在“保证人李某某”字迹（在“李某某2014.12.31”字迹内容之前形成），通过遮挡、刮擦、篡改、拼接等变造方式制成缺少“保证人李某某”的合同复印件。因此，需要鉴定缺少“保证人李某某”的合同复印件是否在复印过程中经遮挡或涂改等变造方式形成的特征。经检验未发现合同复印件上有刮擦、涂改、拼接等变造迹象，结合笔痕、墨水色泽、溢散、新旧程度等特征，即可得出“保证人李某某”在“李某某2014.12.31”之后书写形成。（4）本次鉴定中，虽然选用的鉴定方法思路严谨、依据充分，但两部分内容存在没有交叉的事实。以印刷文件鉴定、篡改（污损）的文件检验/鉴定方法检验形成时间先后的问题，本着科学、严谨、只陈述客观事实的原则，故出具倾向性意见。倾向性意见属于鉴定意见的一种，符合相关规范的要求。

经再次质证，汪某某、陈某某对四份回复函的真实性无异议，对广东南天司法鉴定所、西南政法大学司法鉴定中心、甘肃中科司法物证技术鉴定中心复函的关联性有异议，认为该三家机构的回函与本案无关联。李某某、郑某某认为，本案鉴定机构复函里没有说明是用的哪种方法，都是推测的，复函第3条与第2条相矛盾；据其来看，本次鉴定就是用的鉴定笔迹真伪的方法，所以对本次鉴定及复函有异议。

经审核：（1）甘肃中科司法物证技术鉴定中心、西南政法大学司法鉴定中心、广东南天司法鉴定所对法院咨询的回函，具有帮助审查本案司法鉴定意见书的价值，予以采纳。（2）具有相关鉴定资质的机构均说明，测电阻值法并非鉴定笔迹形成时间的唯一方法，也非最优方法。各种方法均有其优势和局限，根据鉴定的需要可以选择一种或多种方法。（3）浙江汉博司法鉴定中心在复函中已说明其选择鉴定方法的理由和考虑，且复函第2条与第3条并不矛盾。（4）《司法鉴定意见书》第3项已说明了本次鉴定方法及依据，并详细描述了检验过程。据此，本案鉴定机构就鉴定方法的选择作出了说明，并无明显缺陷。至于究竟需要使用何种鉴定方法，应属鉴定机构的工作内容，已超出司法审查范围。此外，经审核，《司法鉴定意见书》具有最高人民法院《民事诉讼证据规定》第29条规定的内容，予以采信。

此外,一审认定的其他事实,予以确认。

【案件争点】

李某某就本案借款的保证责任,是否应作为李某某、郑某某夫妻共同债务处理。

【裁判要旨】

法院认为自然人的保证债务不当然构成夫妻共同债务,还需要考虑:夫妻有无共同举债的合意;该债务是否明显超过了家庭日常生活范围。如不满足上述两个条件之一,则保证债务不能视作夫妻共同债务。

例案二 | 李某与龙某某、陈某保证合同纠纷案

【法院】

广东省深圳市中级人民法院

【案号】

(2017)粤03民终10157号

【当事人】

上诉人(原审被告):李某,系陈某之妻

被上诉人(原审原告):龙某某

原审被告:陈某

【基本案情】

2015年11月20日,原告作为有限合伙人、深圳前海国泰华基金有限公司(以下简称国泰华基金公司)作为普通合伙人,共同签订《深圳国泰华天天盈创投资基金企业(有限合伙)合伙协议》(以下简称《合伙协议》)(合同编号0055),设立深圳国泰华天天盈创业投资基金企业(有限合伙)(以下简称天天盈基金企业),投资国泰华(襄阳)纺织企业有限公司供应链物流项目。该协议约定:合伙协议签字之日起5个工作日内,有限合伙人应向合伙企业缴纳其100%认购出资额;本企业投资存续期限1年;收益每月分配一次,以项目成立日为起始日期,每个月期满后,将在5个工作日内支付。同时,该协议非格式条款约定,本合同按13.68%年化收益兑付收益。中国民生银行出具的《业务受理单》及《个人汇款业务凭证》显示,原告于2015年11月20日通过其名下尾号为8097的账号向天天盈基金企业名下0494的账号转账投资款200万元。同日,天天盈基金企业出具《收款收据》,确认收到原告

200万元投资款。天天盈基金企业于2015年11月20日向原告出具《出资确认书》及《有限合伙人出资证明书》。《出资确认书》内容显示：原告为天天盈基金企业的有限合伙人；实际出资金额为200万元，期限12个月；本合伙企业预期收益为13.68%/年；计息起始日期为2015年11月21日，每个月的1～5日为上个月的付息时间（节假日顺延到节后第一个工作日）；计息起始日到付息时间不足一个月的，按日计算收益；投资本金归还时间为2016年11月20日。《有限合伙人出资证明书》确认，原告已如期履行了足额缴纳出资的义务，享有合伙企业有限合伙人的相应权利、履行相应义务。原告提交了一份由被告陈某书写的《承诺书》，载明：陈某承诺给龙某某在我司投资的“55号”合同基金共计200万元整的本息提供担保责任；2016年11月30日之前若没有收到本息由陈某兑付本息。该《承诺书》落款时间为2011年11月20日。原告称，《承诺函》的签署时间应为2015年11月20日，即签订合伙协议当天，“2011年”系被告陈某的笔误。被告主张该《承诺函》签署日期为2011年11月20日。原告名下尾号为8097账户的《个人账户对账单》显示，天天盈基金企业自2015年11月至2016年10月，共支付原告229,480元；原告名下尾号为3698的《个人账户对账单》显示，被告陈某于2016年8月18日向原告转账5万元。对于上述款项，原告主张应计为利息。被告主张该5万元应计为本金。原告当庭提供了国泰华基金公司的工商登记信息，显示该公司的法定代表人为陈勤丰。被告认为该份证据不能证明被告负有向原告还本付息的义务。原告当庭提交了微信记录打印单，以证明被告陈某确认《承诺书》内容及被告李某知悉本案担保债务且愿意共同偿还的事实。原告当庭提交了微信信息，以证明被告陈某确认为原告就本案投资事宜提供担保，并证明出具《承诺书》的年份是2015年。对上述微信记录信息，原告当庭提交了微信截屏，以证明被告陈某为公司招揽投资业务可获得收益，所获收益用于夫妻共同生活。被告对上述证据的真实性、合法性、关联性不予确认。被告认为微信信息不能证明被告负有向原告还本付息的义务，同时本案所诉的保证责任并非法律规定的夫妻共同债务，被告李某未在《承诺书》中签字，对《承诺书》中约定的保证责任并不知情，故被告李某不应承担保证责任。同时，原告还提交了《天天盈基金表》复印件及《天天盈基金已兑付表》复印件，用于印证微信截屏的拟证明事实。被告对该证据的真实性、合法性、关联性不予确认，认为该证据与《合伙协议》没有直接必然联系，且被告李某对国泰华（襄阳）纺织企业有限公司的投资与本案保证债务的承担无必然联系。庭审中，被告承认《承诺书》中“‘55号’合同基金共计200万元”是指本案中的投资基金，并承认原告签订合伙协议时,被告陈某在国泰华基金公司任职。

原审法院认为,原告与国泰华基金公司签订《合伙协议》,系真实意思表示。原告在足额缴纳出资义务的情形下,国泰华基金公司应按协议约定兑付利息并归还本金。被告陈某出具《承诺书》,自愿为原告的"55号"基金本息提供担保责任。虽《承诺书》签署时间显示为2011年11月20日,但因《承诺书》内容与《合伙协议》内容高度吻合,且被告庭审中承认《承诺书》中的承诺对象系指本案中的投资基金,故法院认定承诺书签署时间"2011年11月20日"为笔误。综上,原告与被告陈某间已形成保证合同关系,被告陈某应对国泰华基金公司未能清偿原告债务承担保证人责任。关于保证债务的本息问题。因《合伙协议》未对本息支付顺序作出约定,故转账款项应先支付利息,利息支付完毕后剩余部分偿还本金。在本金方面,原告与国泰华基金公司签订的《出资确认书》显示,原告实际出资200万元,预期收益为13.68%/年,投资期限12个月。故原告在投资期限内应收取的利息为273,600元(2,000,000×13.68%)。原告提供的《个人账户对账单》显示,天天盈基金企业及被告陈某共向原告转账279,480元。故投资期限届满后,国泰华基金公司仍应偿还原告本金1,994,120元(2,000,000+273,600-279,480)。故原告诉讼请求中要求被告李某偿还本金1,993,760元人民币,予以支持。在利息方面,原告主张按月息1.14%的标准计算至实际付清之日止,符合《合伙协议》约定及法律规定,亦予以支持。关于被告李某的责任问题。两被告为夫妻关系,保证合同成立于两被告夫妻关系存续期间。原告在庭审中陈述,被告陈某任职于国泰华基金公司,因被告陈某为原告提供担保,原告才进行投资。被告在庭审中承认了被告陈某在国泰华基金公司任职事实,且确认被告陈某为该公司法定代表人陈勤丰拉资金。原告当庭提交的微信截屏可佐证被告陈某为公司招揽投资业务可获得收益并用于夫妻共同生活。故认为被告陈某在促成原告与国泰华基金公司签订合伙协议时系基于其职业需要,于其经济收入有益,进而作用于家庭生活;另两被告所举证据无法证明被告陈某与原告约定该保证责任由陈某个人承担,或者两被告实行分别财产制且原告知晓相关情况。故应由两被告对该担保之债承担连带清偿责任。

【案件争点】

被告李某作为保证人,其丈夫陈某对该担保债务是否承担连带责任。

【裁判要旨】

法院认为:自然人的保证债务不当然构成夫妻共同债务,还需要考虑夫妻有无共同举债的合意，以及该债务有无用于夫妻共同生活。如不满足上述两个条件，则保证债务不能视作夫妻共同债务。

例案三 浙江长荣建设工程有限公司与费某、杭州明讯贸易有限公司等保证合同纠纷案

【法院】

浙江省杭州市中级人民法院

【案号】

(2014)浙杭商终字第18号

【当事人】

上诉人(原审被告)：费某

被上诉人(原审原告)：浙江长荣建设工程有限公司

法定代表人：陈某某

原审被告：杭州明讯贸易有限公司

法定代表人：孙某

原审被告：浙江尔峰金属家具有限公司

法定代表人：庞某某

原审被告：孙某某

原审被告：庞某某

原审被告：孙某甲

【基本案情】

2012年12月27日，长荣公司与浙江稠州商业银行股份有限公司杭州城北支行(以下简称城北支行)签订最高额保证合同一份，约定，为确保城北支行与明讯公司在一定期限内连续发生的债务的清偿，长荣公司自愿为明讯公司与城北支行发生的债务提供连带责任保证，保证额度有效期自2012年12月27日至2013年4月30日。保证最高额本金限额为5,000,000元。保证范围为在保证额度有效期内即保证最高本金限额内实际发生的所有债权余额，包括本金、利息(罚息)、违约金、损害赔偿金、债权人实现债权的费用等。合同项下每笔债务的保证期间均为两年，自每笔主债务履行期限届满之日起计。合同还对其他事项作了约定。2012年12月27日，长荣公司分别与尔峰公司、孙某某签订反担保保证合同，合同约定，尔峰公

司、孙某某就长荣公司与杭州银行股份有限公司丰潭支行签订的保证合同及长荣公司与城北支行签订的最高额保证合同向长荣公司提供反担保,并承担反担保的连带保证责任。反担保保证范围为长荣公司代明讯公司、杭州昱辰家具有限公司(以下简称昱辰公司)清偿的全部债务,包括本金、利息、罚息、违约金、滞纳金、赔偿金等,长荣公司为实现债权而产生的费用,包括但不限于借款合同、保证合同、委托担保合同、反担保保证合同中涉及的诉讼费、律师费、咨询费、差旅费、调查费等;反担保期间为自反担保保证合同签订之日起4年。合同还约定,明讯公司与昱辰公司是事实关联公司,孙某某是尔峰公司的实际股东和实际控制人。当昱辰公司、明讯公司未依约向杭州银行或稠州银行偿还其中任何一家银行的任何一笔本金或利息时,且无论长荣公司是否实际向上述各银行债权人履行了代为清偿的担保责任,长荣公司即有权立即要求尔峰公司、孙某某按昱辰公司、明讯公司尚欠各家银行全部债务数额(包括未到期债务)根据合同第3条约定的担保范围向长荣公司先行承担清偿责任。2013年1月29日,长荣公司与庞某某、孙某签订了反担保保证合同,合同约定,庞某某、孙某为就长荣公司与杭州银行股份有限公司丰潭支行签订的保证合同及长荣公司与城北支行签订的最高额保证合同、长荣公司与温州银行股份有限公司杭州分行签订的最高额保证合同向长荣公司提供反担保,并承担反担保的连带保证责任。反担保保证范围为长荣公司代昱辰公司、明讯公司清偿的全部债务,包括本金、利息、罚息、违约金、滞纳金、赔偿金等,长荣公司为实现债权而产生的费用,包括但不限于借款合同、保证合同、委托担保合同、反担保保证合同中涉及的诉讼费、律师费、咨询费、差旅费、调查费等;反担保期间为自反担保保证合同签订之日起4年。合同还约定,昱辰公司与明讯公司是事实关联公司,当昱辰公司、明讯公司未依约向杭州银行或稠州银行、温州银行偿还其中任何一家银行的任何一笔本金或利息时,且无论长荣公司是否实际向上述各银行债权人履行了代为清偿的担保责任,长荣公司即有权立即要求尔峰公司、孙某某按昱辰公司、明讯公司尚欠各家银行全部债务数额(包括未到期债务)根据合同第3条约定的担保范围向长荣公司先行承担清偿责任。2013年4月29日,明讯公司在城北支行的贷款到期,明讯公司未能按期归还借款。2013年6月26日,长荣公司作为明讯公司的担保人向城北支行代偿贷款本金5,000,000元、利息117,865.27元。后,因尔峰公司、孙某某、庞某某、孙某未承担反担保责任,长荣公司向原审法院起诉。

原审法院另查明:孙某与费某系夫妻关系,双方于2012年12月26日登记结婚。

原审法院又查明：长荣公司与浙江浙联律师事务所于 2013 年 4 月 21 日签订法律服务委托合同书，约定长荣公司委托浙江浙联律师事务所就本案进行一审诉讼代理，律师费为 210，000 元。浙江浙联律师事务所陆某某、郑某律师到庭参加了诉讼。

原审法院认为：保证人承担保证责任后，有权向债务人追偿。长荣公司作为连带保证的担保人之一在明讯公司未及时偿付城北支行到期贷款时履行了其连带保证义务，代为偿付 5，000，000 元到期贷款本金，有权向明讯公司追偿。尔峰公司、孙某某、庞某某、孙某自愿为明讯公司上述债务向长荣公司提供反担保，故尔峰公司、孙某某、庞某某、孙某应当对明讯公司上述债务承担连带清偿责任。关于费某在本案中是否应承担民事责任，即孙某的担保之债是否系夫妻共同债务，原审法院认为，《婚姻法》第 19 条第 3 款“夫妻对婚姻关系存续期间所得的财产约定归各自所有的，夫或妻一方对外所负的债务，第三人知道该约定的，以夫或妻一方所有的财产清偿”与最高人民法院《婚姻法解释二》第 24 条“债权人就婚姻关系存续期间夫妻一方以个人名义所负债务主张权利的，应当按夫妻共同债务处理。但夫妻一方能够证明债权人与债务人明确约定为个人债务，或者能够证明属于婚姻法第十九第三款规定情形的除外”，将夫妻一方在婚姻关系期间以个人名义所负债务推定为夫妻共同债务的前提是为了日常家事，如果夫妻一方的行为是为了日常家事，那么适用民法基本原理表见代理，推定为夫妻共同行为。本案孙某的担保债务发生在其与费某夫妻关系存续期间，根据尔峰公司及孙某某与长荣公司签订的反担保保证合同的约定，尔峰公司、孙某某确认昱辰公司与明讯公司是事实关联公司，孙某某是昱辰公司的法定代表人也是本案反担保人之一孙某的父亲，反担保人尔峰公司的法定代表人庞某某也是本案反担保人，系孙某的母亲，孙某的担保行为明显是为家族企业的经营所需，是为家庭开办的企业向银行借款而承担反担保责任，该担保行为明显具有为家庭经济利益而提供担保的特征，费某作为孙某的妻子应当知道孙某的担保行为，并且认可此种担保行为，其也是家庭企业对外融资的受益人，故孙某的担保之债应属夫妻共同债务，费某应承担连带清偿责任。

对于长荣公司主张的实现债权的费用即律师费，因长荣公司与尔峰公司、孙某某、庞某某、孙某签订的反担保合同约定该费用属于反担保保证范围，长荣公司虽未能提供已支付律师费的相关凭证，但其委托的律师到庭参加诉讼，履行了相关代理人的义务，委托合同约定的律师费系长荣公司必然发生的费用，原审法院予以支持。该费用属于孙某的担保之债，系孙某与费某的夫妻共同债务，费某应承担连带清偿责任,理由同上。据此,依照《民事诉讼法》第144条,《合同法》第8条,《担保法》第4条、第31条,《婚姻法》第19条第3款,最高人民法院《婚姻法解释二》第24条之规定,判决:(1)明讯公司于判决生效后十日内支付长荣公司代偿款5,000,000元;(2)尔峰公司、孙某某、庞某某、孙某、费某对明讯公司上述债务承担连带清偿责任;(3)尔峰公司、孙某某、庞某某、孙某、费某于判决生效后十日内支付长荣公司律师费210,000元。如未按判决指定的期间履行金钱给付义务的,应当依照《民事诉讼法》第253条之规定加倍支付迟延履行期间的债务利息。案件受理费48,270元,由明讯公司、尔峰公司、孙某某、庞某某、孙某、费某负担;保全费5000元,由明讯公司、尔峰公司、孙某某、庞某某、孙某、费某负担。

费某不服原审法院上述民事判决,向法院提起上诉称:(1)费某对配偶孙某的担保行为毫不知情,更未认可,孙某的担保之债不属于夫妻共同债务,原审判决费某承担连带清偿责任错误。第一,费某没有在反担保协议上签字,长荣公司也未举证证明费某知道且认可孙某的担保行为。第二,原审法院仅以家庭关系或所谓的"家族企业""家庭开办的企业"推论费某知道且认可孙某的担保行为不符合法律规定和日常经验法则。企业法人与自然人是独立的主体,不应混为一谈。本案债务人明讯公司的法定代表人孙某并非"家庭成员",所谓的事实关联公司也没有证据可以证明。第三,从家庭关系上,即便费某的婆婆系反担保人之一即尔峰公司的法定代表人,费某的配偶及公公也参与了反担保,但费某与孙某系夫妻关系,也是个家庭,其与家族企业无关。第四,费某与孙某结婚登记时间为2012年12月26日,婚礼尚未举办,费某如何知晓一天后即2012年12月27日孙某某签订的反担保协议和孙某在之后签订的反担保协议。从夫妻共同债务的角度,孙某的担保行为既非为了夫妻家庭间的日常家事,也非用于共同经营,费某与孙某均在银行工作,不存在经营活动。从法律理论及法律规定上讲,原审法院对有关夫妻共同债务的法律适用也是错误的。根据浙江省高级人民法院相关指导意见的规定,夫妻一方超出日常生活需要范围负债的,应认定为个人债务,若出借人认为系夫妻共同债务,应援引表见代理的规定,就表见代理的构成要件承担证明责任。本案中,孙某的担保行为不是为了夫妻共同生活或日常家事,费某既未与孙某有过举债(担保)的合意,也未享受到债务(担保)带来的利益,原审法院推定费某系家庭企业融资的受益人没有事实与法律依据,因此孙某的担保之债不是夫妻共同债务,费某无须承担连带清偿责任。(2)长荣公司存在伪造证据、擅自制作证据的情况。第一,在本案的关联案件,即长荣公司起诉昱辰公司、庞某某、孙某、孙某某案中,长荣公司提交的由“孙某某”签名的落款时间为 2013 年 1 月 29 日的《反担保保证合同》，经司法鉴定“孙某某”的签名系伪造。第二，长荣公司在本案中提交的庞某某、孙某作为反担保人署名的、落款日期为 2013 年 1 月 29 日的《反担保保证合同》，实际签字日期是 2012 年 12 月 19 日，落款日期未填写，且庞某某、孙某仅在空白合同署名处签名，合同中借款人“昱辰公司、明讯公司”、反担保范围及合同第 7 条“约定的其他条款”均系长荣公司事后擅自添加，特别是“乙方两借款人是事实关联公司”系长荣公司为增加反担保人责任刻意添加。庞某某、孙某于 2012 年 12 月 19 日在合同上签名，原本孙某某也要签名，但当时孙某某不在，庞某某、孙某便将签好名的合同放在长荣公司处，以等下次孙某某签名。不料此后长荣公司让孙某某单独签订了反担保合同，即 2012 年 12 月 27 日的《反担保保证合同》，孙某某签这份合同时，合同也是空白的，但落款日期是真实的，长荣公司无法改动。但长荣公司在庞某某、孙某签名的合同上大肆添加对反担保人不利的条款，扩大反担保范围，将落款日期擅自填写为 2013 年 1 月 29 日，其目的是加重反担保人的责任，这样的证据不应被采信。第三，长荣公司在起诉时并未将费某列为被告，这恰恰说明费某对孙某的担保行为不知情不认可。事实上，长荣公司参加了费某与孙某 2013 年 1 月 13 日的婚礼，知道两人结婚，但在所谓的 2013 年 1 月 29 日反担保合同上未要求费某签字，起诉时未列费某为被告，这是长荣公司的本意。只是该案律师介入以后，作为一种诉讼技巧，将反担保合同的落款日期填写在此之后，追加费某为被告，这属于滥用诉权。明讯公司并非所谓的“家族企业”，与费某毫无关联，原审法院根据长荣公司的单方主张推定费某承担该公司的反担保责任没有依据。综上，请求撤销原判第二、三项，改判费某不承担连带清偿责任，不承担本案一审、二审诉讼费用。

被上诉人长荣公司答辩称：(1)本案中，孙某的担保之债发生于其与费某夫妻关系存续期间。根据最高人民法院《婚姻法解释二》第 24 条的规定，孙某所负债务虽系以其一方名义所负，但应当按孙某与费某的夫妻共同债务认定。若费某认为孙某所负债务非夫妻共同债务，则应由其承担相应的举证责任。但费某没有任何证据证明长荣公司与孙某明确约定本案债务属于孙某个人之债或孙某所负债务属于《婚姻法》第 19 条第 3 款规定的情形。据此，原审法院认定孙某所负债务属夫妻共同债务，费某应承担连带清偿责任，既有充分的事实依据，也有充分的法律依据。(2)根据尔峰公司、孙某某确认昱辰公司与明讯公司是事实关联公司，孙某某是昱成公司的法定代表人也是孙某父亲，尔峰公司的法定代表人庞某某是孙某母亲的事实，任何具有生活常识的人都足可作出判断，孙某的担保行为是为家族企业的经营所需,是为家庭开办的企业向银行借款而承担反担保责任,该担保行为具有为家庭经济利益而提供担保的特征。孙某为家族企业提供担保所形成的债务当然是其与费某的夫妻共同债务。浙江是我国民营经济最为发达的地区,民营企业与家庭及其成员在财产关系上联系十分密切,主体上混同的现象十分普遍。本案中,昱辰公司及其事实关联公司明讯公司向银行进行融资,开办该企业的家庭成员进行担保,即充分说明昱辰公司、明讯公司呈现家庭化、家族化的特征,甚至公司与家庭及其成员在财产关系发生混同的情况。孙某不仅为事实关联公司明讯公司向银行融资进行反担保,还为昱辰公司向银行借款进行反担保。若昱辰公司及事实关联公司明讯公司不是其家庭家族企业,若孙某及其家庭未从这些家庭家族企业融资及担保等经营活动中直接或间接受益,怎么可能提供这样的担保。孙某的担保事实上是获得完全对价的,且该担保行为发生于其与费某婚姻关系存续期间,费某当然要对孙某在婚姻存续期间的担保之债承担连带清偿责任。孙某承认其与费某已谈了几年恋爱。2013 年 1 月 13 日,孙某与费某举办奢华的婚礼,其巨额开支的主要经济来源明显不可能是其双方的工资收入,而是与其家庭开办的企业经营收益有关,孙某及费某均是家庭家族企业经营的受益人。(3)本案所涉《反担保保证合同》中,孙某某、庞某某、孙某及尔峰公司均承认明讯公司与昱辰公司是事实关联公司。明讯公司的法定代表人孙某是孙某某的侄儿。在孙某某要求长荣公司为昱辰公司、明讯公司向银行借款提供担保时,孙某某就明言明讯公司是他家庭借其侄儿孙某的名义开办的公司,实际投资人是他的家庭,并称孙某是小年轻,没有什么钱。据此可以看出明讯公司与昱辰公司及孙某某家庭的实际关系。原审法院认定明讯公司与昱辰公司系事实关联公司既有充分的书面证据证明,也有符合常理的事实佐证,是完全正确的认定。(4)夫妻关系是各种社会关系中最为密切,且其主观意思联络通常一致但却不易为外人掌握证据的一种关系。夫妻之间通常具有利益上的一致性和混同性。正是基于夫妻关系的上述特征,我国《婚姻法解释二》第 24 条对夫妻共同债务的认定作出了规定。原审法院认定“费某作为孙某的妻子应当知道孙某的担保行为,并且认可此种担保行为”正确。依据本案证据和审理查明的事实,客观上已足以认定昱辰公司及其事实关联公司明讯公司向银行借款及孙某提供担保的行为是其家庭经营所需,孙某及费某均是家庭家族企业经营的受益人。即使费某辩称“毫不知情”,也不影响其依法对婚姻关系存续期间孙某所负债务承担连带责任的认定。(5)在民营经济最发达的浙江地区,家庭的基本功能已远远超出了传统意义上的日常生活功能,开办和经营公司企业等生产经营性活动也已成为现代家庭的重要功能。家庭所开办的企业的经营收益已成为某些家庭成员日常生活重要的甚至是最主要的经济来源。公司具有独立法人资格与家庭经营公司是两个概念。在本案中，孙某、费某所在家庭家族开办、投资和经营的昱辰公司及其关联公司明讯公司向银行借款，孙某进行担保，属于家庭经营行为，也表明其所在家庭与公司之间存在利益上的密切关联性。故费某称孙某的担保行为不是为了其夫妻家庭间的日常家事，也不用于共同经营系在片面理解“日常家事”和“家庭经营”的概念。费某称长荣公司擅自制作或伪造证据是没有事实与法律依据的。综上，请求二审法院驳回上诉，维持原判。

【案件争点】

孙某在与费某夫妻关系存续期间以个人名义对外所负的担保债务是否属夫妻共同债务。

【裁判要旨】

法院认为自然人的保证债务不当然构成夫妻共同债务，还需要考虑：夫妻有无共同举债的合意；该债务是否明显超过了家庭日常生活范围。如不满足上述两个条件，则保证债务不能视作夫妻共同债务。

三、裁判规则提要

夫妻共同债务的根据是夫妻共同意思表示，共同意思表示必须有证据加以证明，个人通过签订保证合同等形式承担的保证责任，原则上不能认定为夫妻共同债务，其根本在于缺乏夫妻共同意思表示这一根据。

1. 夫妻共同债务以夫妻共同承担债务的意思表示为核心根据。意思表示由意思和表示构成，是判断夫妻共同债务的关键，尊重当事人的意思表示是民法意思自治原则的法理内容，不能动摇，因此遇到配偶单方签订保证合同的情形，原则上不得认定配偶另一方承担共同保证责任。2018 年 1 月 8 日最高人民法院通过的《夫妻债务纠纷解释》即体现了这一原则。

2. 担保行为一般而言包含着经济内容，甚至涉及较大或巨额债务，因此需要明示意思表示才能认定，即担保的意思表示不能推定，担保人必须明确以担保人的身份在合同上签章。比如，在担保合同中以担保人身份签章，或者在没有担保条款的借贷合同中明确以担保人身份签章，一个既不是担保合同又没有担保条款的合同中，第三人又不表明自己的担保人身份的，不能推定该第三人系担保人。

3. 夫妻共同意思表示在不能推定的大前提下，可以依照常识例外认定为代理关系,按照代理关系认定配偶共同的意思表示。夫妻代理关系的常识是为追求共同生活利益或共同经营利益,前者如为购买日常生活必需品、子女读书而借贷,或者如家庭承包、夫妻合伙、夫妻股东情形下为生产经营需要而负债,其中,依照常识认定配偶单方意思表示代表了另一方是关键。比如,虽然配偶是企业股东,但不参与经营,参与经营的配偶以公司名义与第三人签订巨额对赌协议,并以个人名义为巨额对赌协议承担保证责任,因巨额对赌难以纳入常识,即一般有理性的人依日常生活经验难以识别,为巨额对赌提供保证的意思表示不能推定,因此不参与经营的配偶不应对参与经营的配偶签订的巨额保证债务承担夫妻共同债务责任。

4. 坚持夫妻共同债务以共同意思表示为根据,坚持担保意思表示不能推定,既有利于维护社会经济秩序,又有利于维护家庭的和谐稳定,更符合家庭是人生港湾的伦理追求。一个人不因配偶单方意思表示失去重要财产(共同财产共同处分原则),不因配偶单方意思表示承担大额债务,安全和睦的家庭伦理观才能得到正常的维护。

四、辅助信息

高频词条:

《合同法》

第 8 条 依法成立的合同,对当事人具有法律约束力。当事人应当按照约定履行自己的义务,不得擅自变更或者解除合同。

依法成立的合同,受法律保护。

第 60 条 当事人应当按照约定全面履行自己的义务。

当事人应当遵循诚实信用原则,根据合同的性质、目的和交易习惯履行通知、协助、保密等义务。

第 107 条 当事人一方不履行合同义务或者履行合同义务不符合约定的,应当承担继续履行、采取补救措施或者赔偿损失等违约责任。

第 196 条 借款合同是借款人向贷款人借款,到期返还借款并支付利息的合同。

第 205 条 借款人应当按照约定的期限支付利息。对支付利息的期限没有约定或者约定不明确,依照本法第六十一条的规定仍不能确定,借款期间不满一年的,应当在返还借款时一并支付;借款期间一年以上的,应当在每届满一年时支付,剩余期间不满一年的,应当在返还借款时一并支付。

第 206 条 借款人应当按照约定的期限返还借款。对借款期限没有约定或者约定不明确，依照本法第六十一条的规定仍不能确定的，借款人可以随时返还；贷款人可以催告借款人在合理期限内返还。

第 207 条 借款人未按照约定的期限返还借款的，应当按照约定或者国家有关规定支付逾期利息。

《担保法》

第 12 条 同一债务有两个以上保证人的，保证人应当按照保证合同约定的保证份额，承担保证责任。没有约定保证份额的，保证人承担连带责任，债权人可以要求任何一个保证人承担全部保证责任，保证人都负有担保全部债权实现的义务。已经承担保证责任的保证人，有权向债务人追偿，或者要求承担连带责任的其他保证人清偿其应当承担的份额。

第 18 条 当事人在保证合同中约定保证人与债务人对债务承担连带责任的，为连带责任保证。

连带责任保证的债务人在主合同规定的债务履行期届满没有履行债务的，债权人可以要求债务人履行债务，也可以要求保证人在其保证范围内承担保证责任。

第 21 条 保证担保的范围包括主债权及利息、违约金、损害赔偿金和实现债权的费用。保证合同另有约定的，按照约定。

当事人对保证担保的范围没有约定或者约定不明确的，保证人应当对全部债务承担责任。

第 31 条 保证人承担保证责任后，有权向债务人追偿。

《物权法》

第 176 条 被担保的债权既有物的担保又有人的担保的，债务人不履行到期债务或者发生当事人约定的实现担保物权的情形，债权人应当按照约定实现债权；没有约定或者约定不明确，债务人自己提供物的担保的，债权人应当先就该物的担保实现债权；第三人提供物的担保的，债权人可以就物的担保实现债权，也可以要求保证人承担保证责任。提供担保的第三人承担担保责任后，有权向债务人追偿。

第 179 条 为担保债务的履行，债务人或者第三人不转移财产的占有，将该财产抵押给债权人的，债务人不履行到期债务或者发生当事人约定的实现抵押权的情形，债权人有权就该财产优先受偿。

前款规定的债务人或者第三人为抵押人，债权人为抵押权人，提供担保的财产为抵押财产。

第187条 以本法第一百八十条第一款第一项至第三项规定的财产或者第五项规定的正在建造的建筑物抵押的,应当办理抵押登记。抵押权自登记时设立。

第195条 债务人不履行到期债务或者发生当事人约定的实现抵押权的情形,抵押权人可以与抵押人协议以抵押财产折价或者以拍卖、变卖该抵押财产所得的价款优先受偿。协议损害其他债权人利益的,其他债权人可以在知道或者应当知道撤销事由之日起一年内请求人民法院撤销该协议。

抵押权人与抵押人未就抵押权实现方式达成协议的,抵押权人可以请求人民法院拍卖、变卖抵押财产。

抵押财产折价或者变卖的,应当参照市场价格。

第203条 为担保债务的履行,债务人或者第三人对一定期间内将要连续发生的债权提供担保财产的,债务人不履行到期债务或者发生当事人约定的实现抵押权的情形,抵押权人有权在最高债权额限度内就该担保财产优先受偿。

最高额抵押权设立前已经存在的债权,经当事人同意,可以转入最高额抵押担保的债权范围。

《婚姻法解释二》

第24条 债权人就婚姻关系存续期间夫妻一方以个人名义所负债务主张权利的,应当按夫妻共同债务处理。但夫妻一方能够证明债权人与债务人明确约定为个人债务,或者能够证明属于婚姻法第十九条第三款规定情形的除外。

《担保法解释》

第19条 两个以上保证人对同一债务同时或者分别提供保证时,各保证人与债权人没有约定保证份额的,应当认定为连带共同保证。

连带共同保证的保证人以其相互之间约定各自承担的份额对抗债权人的,人民法院不予支持。

第20条 连带共同保证的债务人在主合同规定的债务履行期届满没有履行债务的,债权人可以要求债务人履行债务,也可以要求任何一个保证人承担全部保证责任。

连带共同保证的保证人承担保证责任后,向债务人不能追偿的部分,由各连带保证人按其内部约定的比例分担。没有约定的,平均分担。

第42条 人民法院判决保证人承担保证责任或者赔偿责任的,应当在判决书主文中明确保证人享有担保法第三十一条规定的权利。判决书中未予明确追偿权的,保证人只能按照承担责任的事实,另行提起诉讼。

保证人对债务人行使追偿权的诉讼时效，自保证人向债权人承担责任之日起开始计算。

《夫妻债务纠纷解释》

第 1 条 夫妻双方共同签字或者夫妻一方事后追认等共同意思表示所负的债务，应当认定为夫妻共同债务。

第 2 条 夫妻一方在婚姻关系存续期间以个人名义为家庭日常生活需要所负的债务，债权人以属于夫妻共同债务为由主张权利的，人民法院应予支持。

第 3 条 夫妻一方在婚姻关系存续期间以个人名义超出家庭日常生活需要所负的债务，债权人以属于夫妻共同债务为由主张权利的，人民法院不予支持，但债权人能够证明该债务用于夫妻共同生活、共同生产经营或者基于夫妻双方共同意思表示的除外。

担保纠纷案件裁判规则第3条:
营利性法人作保证人不得违反《公司法》第16条的限制性规定

〔**规则描述**〕:公司为他人提供担保的法律规则集中体现在《公司法》第16条,该条是对公司担保行为的限制,是通过公司章程以及股东会、董事会的决议限制公司高级管理人员擅自为他人担保,目的在于保护公司股东和其他善意第三人。原则上,公司高级管理人员违反章程或股东会、董事会的决议为他人提供担保属于越权行为,没有法律效力,仅在担保相对人构成善意时才例外适用表见原则承认其担保效力。原则和例外不能混淆,司法实践应当充分认识到《公司法》第16条在促进公司治理体系和能力现代化中的重要意义,切不可退回到20世纪《公司法》出台之前的"认章不认人"的时代,简单粗暴地认为"只要担保合同盖了公司的章即有效"。这种简单粗暴的认识和做法既不符合《公司法》本意,也将会致使我国在公司法治建设和公司现代治理上的努力付诸东流。

一、类案检索大数据报告

时间:2019年5月11日之前,案例来源:Alpha案例库,案件数量:2185件,数据采集时间:2019年5月11日。本次检索获取了2019年5月11日前共2185篇合同纠纷裁判文书。其中认同营利性法人作保证人不得违反《公司法》第16条的限制性规定的案件756件,不认同的案件1279件,不相关案件150件。整体情况如下:

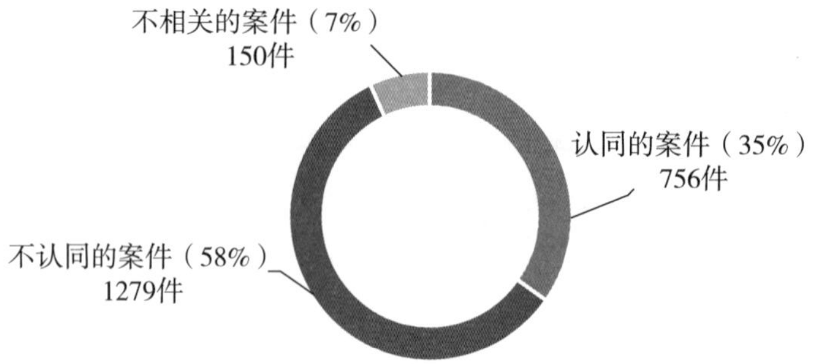

图3-1 是否认同营利性法人作保证人不得违反《公司法》第16条的限制性规定

如图3-1所示,从法院是否认同营利性法人作保证人不得违反《公司法》第

16 条的规定的角度来看，不认同的案件占 58%，认同的案件占 35%，不相关案件占 7%。

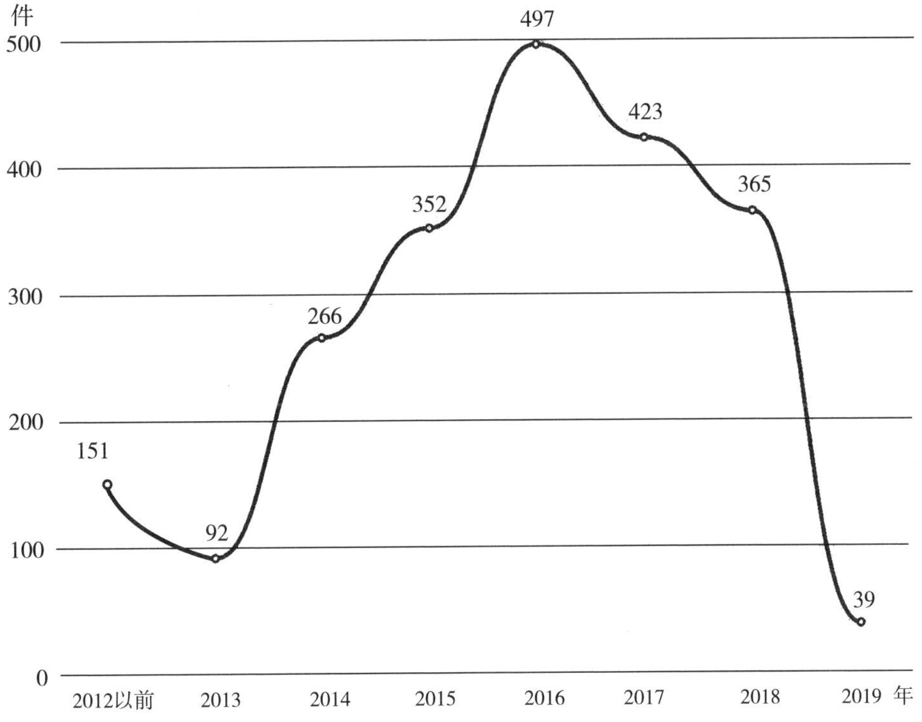

图 3－2　案件年份分布情况

如图 3－2 所示，从上方的年份分布可以看到当前条件下合同纠纷案例数量的变化趋势。

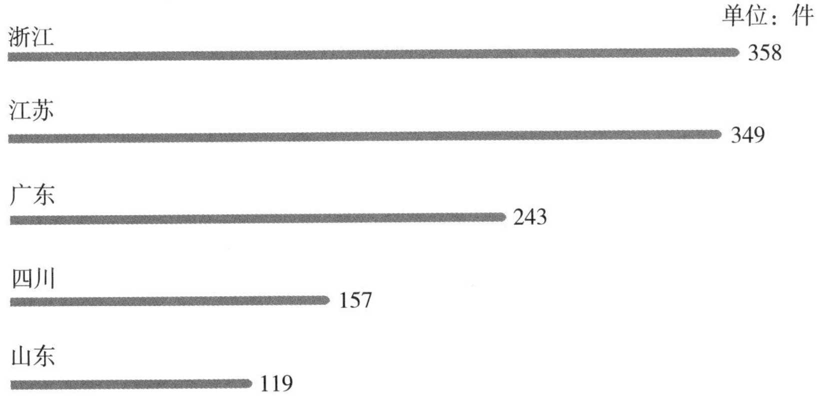

图 3－3　案件主要地域分布情况

如图3－3所示,从地域分布来看,当前合同纠纷案例主要集中在浙江省、江苏省、广东省,分别占比约16.38%、15.97%、11.12%。其中浙江省的案件量最多,达到358件。

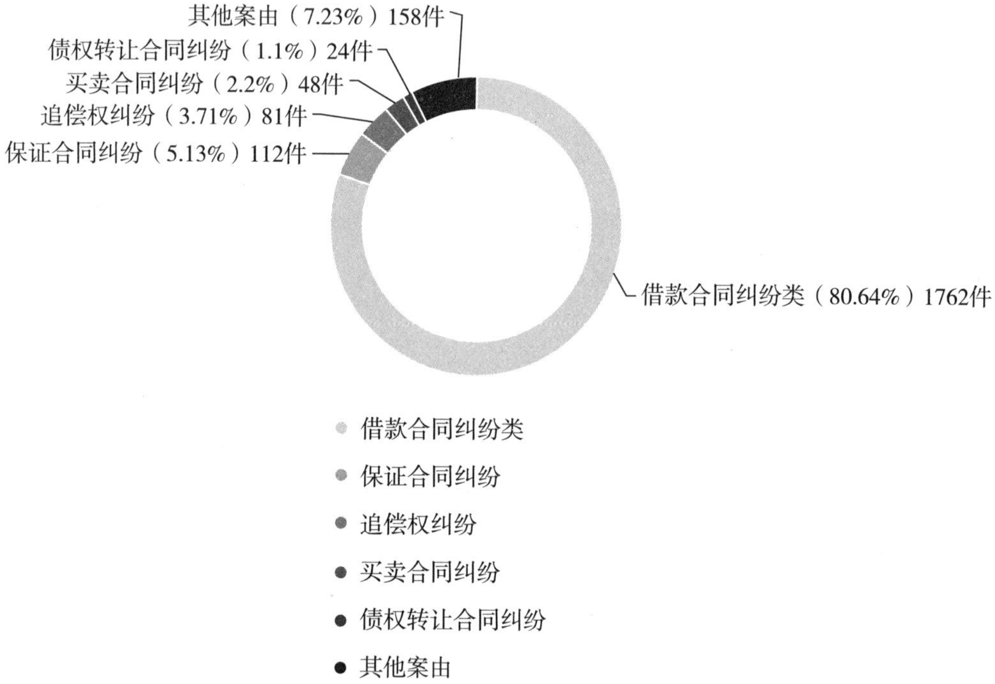

图3－4　案件案由分类情况

如图3－4所示,从上面的案由分类情况可以看到,合同纠纷当前最主要的案由是借款合同纠纷类,有1762件,占一半以上;其次是其他案由、保证合同纠纷、追偿权纠纷、买卖合同纠纷。

二、可供参考的例案

例案一　丁某某、孟某某与丁某甲、扬州安瑞达建材经营有限公司保证合同纠纷案

【法院】

江苏省扬州市中级人民法院

【案号】

(2016)苏10民终51号

【当事人】

上诉人(原审第三人)：淮安锦程国际货运代理有限公司

法定代表人：李某，总经理

被上诉人(原审原告)：丁某某

被上诉人(原审原告)：孟某某

原审被告：丁某甲

原审被告：扬州安瑞达建材经营有限公司(原扬州安达投资管理有限公司)

法定代表人：丁某甲

【基本案情】

1995年1月14日，扬州安达咨询有限公司成立，注册资本50万元，股东为丁某某、孟某某、童某，并由童某任公司法定代表人。1997年8月12日，扬州安达咨询有限公司取得位于扬州市双桥乡武塘村武庄组第一层至第三层房屋的产权证书。2007年3月19日，扬州安达咨询有限公司取得位于扬州市双桥乡武塘村武庄组第四至六层房屋的产权证书。2012年10月27日，股东童某将其股权转让给原告丁某某、孟某某，并退出公司。2012年11月27日起，由丁某甲任公司法定代表人、执行董事。2014年2月24日，扬州安达咨询有限公司经工商行政管理部门核准变更为扬州安达投资管理有限公司。

2013年12月13日，因丁某甲与锦程公司之间的民间借贷纠纷，江苏省淮安市中级人民法院作出(2013)淮中商初字第0227号民事判决书，判决丁某甲归还锦程公司借款1000万元及相应利息。判决确定的履行期限届满后，丁某甲未能清偿上述债务，该案进入执行程序。

2014年1月22日，丁某甲在丁某某、孟某某不知情的情况下，以安瑞达公司名义向江苏省淮安市中级人民法院和锦程公司出具担保书一份，载明：贵公司诉丁某甲借款纠纷一案，淮安市中级人民法院已于2013年12月31日作出(2013)淮中商初字第0227号民事判决书。为保证债务人丁某甲履行判决书确认的还款义务，我公司自愿为其提供位于扬州市双桥乡武塘村武庄组，本公司所有的六层建筑面积合计为2102.4174平方米的房屋产权(以产权证为准)作担保。如丁某甲在判决书指定的期限不履行还款义务，贵公司可依法变卖我公司提供担保的上述房屋产权优先受偿。该房产于2011年11月29日被扬州维扬市中级人民法院查封，案号为(2012)扬维民初字第113－1号。

2014年2月22日，在江苏省淮安市中级人民法院执行局给丁某甲做的谈话笔录中,丁某甲向该院执行法官陈述了其仅是公司法定代表人,并非公司股东,并告知担保房产的查封情况,另提供了丁某某的电话号码,并希望能继续以其在沭阳的楼盘清偿债务。

2014 年 5 月 21 日,江苏省淮安市中级人民法院在安瑞达公司门前张贴拍卖公告,丁某某、孟某某知晓丁某甲以安瑞达公司房产为其个人债务提供担保的事实后,多方协调未果。

【案件争点】

丁某甲于 2014 年 1 月 22 日以安瑞达公司的名义为其个人债务向锦程公司提供的担保是否有效。

【裁判要旨】

公司高级管理人员违反章程或股东会、董事会的决议为他人提供担保属于越权行为,没有法律效力,仅在担保相对人构成善意时才例外适用表见原则承认其担保效力。

例案二 | 刘某某与陈某某、金某保证合同纠纷案

【法院】

登封市人民法院

【案号】

(2017)豫 0185 民初 646 号

【当事人】

原告:刘某某

被告:陈某某

被告:金某

被告:郑州东亚投资管理有限公司

法定代表人:金某,该公司执行董事

【基本案情】

兴登刚玉公司欲向原告刘某某借款 100 万元。原告刘某某为筹集借款资金,其女儿赵某通过北京盛世联家房地产经纪有限公司将其所有的位于北京市大兴区长丰园三区 17 幢 1 单元 402 号的房屋(房屋所有权证号:京房权证兴私字第 ×× 号)出卖,2014 年 9 月 19 日刘某某丈夫将其女儿卖房款中的 100 万元作为本金借

给了兴登刚玉公司，当时为现金交易。2014年9月19日，刘某某为甲方，兴登刚玉公司为乙方，东亚公司为丙方，三方签订了《借款合同》，约定借款金额为100万元，借款期限自2014年9月19日至2015年3月18日，月利率为2%，被告东亚公司为上述借款提供连带责任担保，保证责任范围为主债权、利息、违约金及实现债权的全部费用。合同签订当日，原告预扣了一个月利息2万元，交付了兴登刚玉公司98万元，兴登刚玉公司收到原告98万元借款后向原告出具了100万元的借据。借款期限届满后，被告仅支付了10万元利息，未偿还本金。2015年8月15日，被告东亚公司向原告出具还款承诺函，承诺于2016年8月18日前偿付全部借款本息。后因被告东亚公司未能按约还款，原告经催讨无果，故而成讼。

另查明：案外人牛某某诉陈某某、金某、东亚公司民间借贷一案已经法院作出(2016)豫0185民初1232号民事判决书，该判决作出后原、被告均未上诉。后金某向郑州市中级人民法院申请再审，郑州市中级人民法院审理后作出(2017)豫01民申530号民事裁定书，驳回了金某的再审申请。在(2016)豫0185民初1232号民事判决书中已认定，被告东亚公司于2009年1月13日经工商登记成立，经营期限30年，注册资本3000万元，被告金某和被告陈某某为公司股东。经股东会决议，金某任公司执行董事兼经理，陈某某任公司监事，公司章程约定二人出资3000万元，分三期缴纳，其中金某缴纳出资2850万元，陈某某出资150万元，并约定金某首次出资450万元，陈某某首次出资150万元，其余出资由金某于2010年12月30日前缴清。2014年4月19日，东亚公司作出股东会决议，公司住所变更为登封市区嵩阳路北段，股东会还通过了新的公司章程，并进行了工商变更登记。截至原告起诉之日，二被告实际出资600万元，其中金某出资450万元，陈某某出资150万元，被告金某尚余2400万元注册资本未出资到位。

【案件争点】

东亚公司是否对涉案借款承担连带保证责任。

【裁判要旨】

公司高级管理人员违反章程或股东会、董事会的决议为他人提供担保属于越权行为，没有法律效力，仅在担保相对人构成善意时才例外适用表见原则承认其担保效力。

例案三 | 上海泰赋仓储有限公司与徐某某保证合同纠纷案

【法院】

上海市第二中级人民法院

【案号】

(2018)沪02民终3142号

【当事人】

上诉人(原审被告):上海泰赋仓储有限公司

法定代表人:张某,该公司总经理

被上诉人(原审原告):徐某某

原审第三人:许某甲

原审第三人:许某乙

原审第三人:黄某某

原审第三人:严某某

【基本案情】

徐某某提交股东会决议一份,主要内容为:上海泰赋仓储有限公司(以下简称泰赋公司)临时股东会会议于2015年4月1日在淞浦路×××号召开,应到会股东3人,实际到会股东3人,占总股数100%;同意股东陈某受让陈某某持有的泰赋公司20%的股权;股权转让后,泰赋公司股东持股情况为,陈某某出资比例30%,徐某某出资比例40%,陈某出资比例20%,万某某出资比例10%。泰赋公司表示对该证据的真实性无法确认。

徐某某提交了一份签订日期为2015年7月2日的《房产及股权转让协议书》,协议载明的出让方为徐某某、陈某某、陈某,受让方为许某甲,主要内容为:泰赋公司(目标公司)成立于2008年4月9日,注册资金500万元,法定代表人为陈某,公司类型为有限责任公司(国内合资),徐某某持有40%的股权,陈某某持有30%的股权,陈某持有20%的股权,万某某持有10%的股权;出让方由于自身的经营策略调整需要,拟将其持有的占目标公司100%的股权及目标公司名下房产转让给受让方及其指定人名下;徐某某、陈某某、陈某同意向许某甲出售,许某甲同意购买徐某某、陈某某、陈某持有的目标公司100%的股权以及目标公司名下位于上海市嘉定区仓场路361、363、365、367、369号所有的12,330.05平方米房地产所有权利,本协议项下的股权及房产的转让总价为10,500万元；因目标公司名下的全部房产被案外人中国投融资担保有限公司上海华东分公司(以下简称中投保)诉讼查封，并抵押给该公司，中投保承诺以5000万元的对价解除对目标公司名下房产的查封及抵押，因该款项包含在本房产及股权转让款项中，双方一致同意由徐某某、陈某某、陈某、泰赋公司委托许某甲将该款项直接支付给中投保公司，双方确认，在本合同签订前，许某甲已经根据徐某某、陈某某、陈某、泰赋公司的委托向中投保支付800万元，许某甲再支付4200万元。许某甲向中投保付款前，徐某某、陈某某、陈某应先与许某甲办理泰赋公司90%股权的过户手续，向许某甲提供泰赋公司截止到股权转让日的财务报表，明确泰赋公司的债权债务，将泰赋公司90%股权变更至许某甲及指定第三人名下，将泰赋公司法定代表人变更为许某甲或其指定的人员，向许某甲移交泰赋公司公章、财务专用章、营业执照、税务登记证等公司法定或必备的证照、印章；在徐某某、陈某某、陈某完成上述工作后7个工作日内，许某甲应按徐某某、陈某某、陈某的委托将第一期款项差额4200万元付至其指定的中投保的账户。许某甲第一期款项付清后，徐某某、陈某某、陈某应保证在7天内将中投保万某某所持有的泰赋公司剩余10%股权过户至许某甲或指定人名下，达到将目标公司100%股权过户至许某甲或指定第三方名下；其余房产及股权转让款4900万元分期支付，在目标公司将所有房产过户至许某甲或指定第三方名下后10个工作日内，许某甲向徐某某、陈某某、陈某支付第二期房产及股权转让款500万元。在目标公司将所有房产过户至许某甲或指定第三方名下后30个工作日内及许某甲办理完房产抵押贷款手续后，许某甲向徐某某、陈某某、陈某支付第三期房产及股权转让款3900万元；如许某甲不能按期支付房产及股权转让款，每逾期一日，应向徐某某、陈某某、陈某支付逾期部分转让款的每日万分之五的违约金。逾期30天以上的，徐某某、陈某某、陈某有权采取措施处理转让给许某甲的房产以获取后续的转让款。许某甲及其指定的房产受让方应对许某甲后续的付款义务提供连带责任保证。泰赋公司表示对该证据的真实性无法确认。

审理中，徐某某提交一份2016年1月5日的欠条，内容为“欠款人及担保人一致同意，于2016年2月18日前将上海泰赋仓储有限公司位于上海市嘉定区仓场路×××号的物业3、4两层抵押给陈某某、徐某某指定的任何第三方，作为还款保证，截止到今日，欠陈某某1440万元，欠徐某某960万元整，上述欠款在3月10日前还清”。欠款人处由许某甲签字，保证人处加盖了“上海泰赋仓储有限公司”字样的印章。

【案件争点】

泰赋公司为实际控制人提供担保未经股东会决议的合同效力问题。

【裁判要旨】

法院认为:公司高级管理人员违反章程或股东会、董事会的决议为他人提供担保属于越权行为,没有法律效力,仅在担保相对人构成善意时才例外适用表见原则承认其担保效力。

三、裁判规则提要

公司作为商法人可以依照意思自治原则为他人提供担保;同时,公司作为股东利益共同体在为他人提供担保时要慎重,要考虑股东利益,因此,公司法关于公司担保方面的规定包含了允许和限制两重法意,公司法实践和司法裁判都必须对这两个方面高度关注。肯定公司在担保上的意思自治,不能无视公司治理的需要,无视股东权益,无限制担保,尤其是对董事长、控股股东越权担保采取默认、无视等"鸵鸟政策";肯定公司在担保上应受到法律和章程的限制,也不能违背公法和私法的界限,限制公司合理的商业运营,限制公司在经营范围内的自主权。综观我国,从20世纪开始到现在,公司担保在规则和认识上的演变和冲突,《公司法》第16条仍然是解决问题、最大限度减少法律适用分歧的基本立足点和出发点。其基本内涵和外延可以总结如下:

1. 一条原则——意思自治原则

《公司法》第16条第1款规定"公司向其他企业投资或者为他人提供担保,依照公司章程的规定,由董事会或者股东会、股东大会决议……"也表明了公司可以通过制定公司章程,自行决定本公司为他人提供担保的决策机构。因此,公司从事担保行为在我国原则上属于公司意思自治范畴,法律对此不做限制。

2. 两个选择——董事会或者股东会

根据《公司法》第16条第1款规定的"公司向其他企业投资或者为他人提供担保,依照公司章程的规定,由董事会或者股东会、股东大会决议……"的文义,公司章程在公司为他人担保的决策机构上,只能在董事会或者股东会(含股东大会,以下同)两者之间进行选择,超出法律允许的选择范围,意思自治将归于无效,不具有法律拘束力。例如,某公司章程规定"本公司为他人提供担保由董事长、CEO或总经理决定",该规定无效。这就如同我国《民事诉讼法》虽然规定合同当事人有权通过协议管辖选择解决纠纷的法院,但只能在《民事诉讼法》第34条规定的"被告住所地、合同履行地、合同签订地、原告住所地、标的物所在地人民法院”范围内选择，超出该范围的协议管辖条款无效。

3. 两种担保——一般担保与特殊担保

《公司法》第16条第1款规定：“公司向其他企业投资或者为他人提供担保，依照公司章程的规定，由董事会或者股东会、股东大会决议；公司章程对投资或者担保的总额及单项投资或者担保的数额有限额规定的，不得超过规定的限额。”此乃对公司一般担保的规定。所谓一般担保，系与该条第2款规定的特殊担保相比较而言。该条第2款规定：“公司为公司股东或者实际控制人提供担保的，必须经股东会或者股东大会决议。”因其规定的担保受益人特殊化，也特定化，所以被称为特殊担保。因此，《公司法》第16条规定的公司担保从担保受益人方面可以分为一般担保和特殊担保。所谓特殊担保，即公司为有投资关系的股东或者有实际控制力的其他主体提供的担保，担保受益人与公司存在利益关系甚至对公司有控制力；所谓一般担保即公司为无投资关系和无实际控制关系的其他法人、经济组织、个人提供的担保。

一般担保的决策权由公司董事会或股东会行使，以公司章程规定为准，而特殊担保的决策权只能由股东会行使；而且，《公司法》第16条第3款规定，“前款规定的股东或者受前款规定的实际控制人支配的股东，不得参加前款规定事项的表决。该项表决由出席会议的其他股东所持表决权的过半数通过”。从中，我们可以看到最高人民法院对“中福实业公司担保案”裁判的身影。

4. 两层决策——经营层决策与所有者决策

根据《公司法》第16条的规定，公司为他人提供一般担保可以由公司董事会行使担保决策权，提供特殊担保则必须由公司股东会亲自决策，这就形成了公司担保能力上的两层决策体制。董事会系由股东会产生，向股东会负责，是公司最高经营决策机构，因此董事会行使一般担保的决策权从形式上属于公司经营层决策。相比之下，由于股东属于公司的所有者，由股东会行使公司特殊担保的决策权，属于公司所有者阶层集体决策。两者存在区别。其实，董事会的一般担保决策权也是经由公司章程授权产生的，因公司章程是公司股东集体意思表示的产物，所以董事会的担保决策权在本质上也是公司所有者授权公司经营层行使的特殊权利。

（1）《公司法》关于公司担保能力的规定建立在对公司担保行为非常规化的认识之上。由于立法者认识到公司（除银行、担保公司外）应当根据其设立的目的和登记的经营范围从事日常经营活动，为他人提供担保则属于公司非常规的、特殊的经营行为,涉及股东利益和善意第三人的利益,所以才专门从担保决策权的角度规定了公司为他人提供担保的决策机构,也通过对公司担保决策权的规定,限制了公司的担保能力。因此,在公司常规经营领域,不能类推适用《公司法》关于公司担保能力的规定。公司常规化的经营行为,仅需要根据公司内部分工确定经营行为的决策权,否则将不适当地增加公司的经营成本,也将增加市场交易成本。

(2)由于公司为他人提供担保属于公司非常规经营行为,所以法律特别规定该行为的经营权不当然授予公司经营层行使,原则上由公司所有者行使,即便通过公司章程的规定由公司董事会行使一般担保的决策权,本质上也是公司所有者对公司经营者的特别授权。如果公司章程不作授权或者未规定担保决策机构的,一律推定由公司股东会决策,即公司所有者阶层决策。

(3)对于不设董事会或者股东会的一人公司、小公司而言,《公司法》关于公司担保能力的规定无适用的必要,因为不设董事会或者股东会的一人公司或小公司在公司所有权和经营权上未作两权分离,公司经营权也由公司所有者行使,而公司为他人担保的决策权如上所述恰好属于公司所有者的权利。所以《公司法》关于公司担保能力的规定主要适用于大公司,尤其是股份公司,对上市公司的适用意义更大。

(4)公司章程规定一般担保的决策权是由公司董事会行使的,董事会不得转授权其他主体行使,因为按照《公司法》的规定,担保决策权是通过董事会集体决议的方式行使的,不能由其他任何个体行使。如果公司章程规定一般担保决策权由公司股东会行使,公司股东会如果愿意一揽子授权董事会行使一般担保的决策权,则应当通过修改公司章程另行规定;否则公司为他人担保必须同时提供股东会对董事会授权的决议和董事会对某一担保事项的决议,方为有效。特殊担保的决策权必须由股东会行使,不得转授权。

(5)《公司法》对公司担保决策权和决策机构作明确规定后,任何接受公司提供的担保(包括人保和物保)的相对人,其必要注意义务也相应提高。一般担保的相对人,有义务向公司索取公司章程规定的担保决策机构关于同意担保的决议;特殊担保的相对人,有义务向公司索取公司股东会关于同意担保的决议。否则,一旦公司越权提供担保(公司董事会、董事、高级管理人员均可能成为越权实施人),相对人因未尽到必要注意义务而存在过失,无法获得我国《合同法》第 49 条规定的表见代理制度的保护,担保合同归于无效。当然,担保合同无效并不一定免除公司的赔偿责任,如公司承担了赔偿责任,则可以按照《公司法》第 148 条规定的董事、高级管理人员不得“违反公司章程的规定，未经股东会、股东大会或者董事会同意，将公司资金借贷给他人或者以公司财产为他人提供担保”，追究董事、高级管理人员的赔偿责任。

值得注意的是，相对人对所取得的公司同意担保的决议，必须严格按照《公司法》的规定，对决议进行形式审查。董事会决议必须有出席董事会的董事签名，股东会的决议必须有会议主持人、出席会议的董事在会议记录上签名。相对人对决议仅负有形式审查的义务，对决议实质真伪则无审查义务（实际上也无审查的能力）。

（6）公司法对上市公司为他人提供担保作的特殊规定，公司必须按照法律规定进行，相对人也必须按照法律规定尽必要注意义务。比如，《公司法》第121条规定“上市公司在一年内……担保金额超过公司资产总额百分之三十的，应当由股东大会作出决议，并经出席会议的股东所持表决权的三分之二以上通过”，相对人在要求上市公司提供担保时，必须向该上市公司索取其资产负债表，或对照该公司公布的资产总额，进行合理判断。否则，相对人可能因疏于审查而存在重大过失或一般过失，不能得到法律的保护。

（7）银行等金融机构的担保能力依照特别法规定，比如商业银行依照《商业银行法》的规定，特别法没有规定的，参照《公司法》。担保公司的主营业务就是提供担保，但它也属于公司法规定的公司，因此担保公司的担保决策机构也必须符合公司法的规定。目前我国担保公司一般都设有担保委员会，由担保委员会行使担保决策权，在《公司法》修订后，担保公司应当将所有公司董事吸收进担保委员会，共同行使担保决策权。如果担保公司为自己的上级单位或者股东提供担保，也应当依照《公司法》规定的股东经担保公司开办人、投资人、主管部门同意方能进行。

四、辅助信息

高频词条：

《合同法》

第60条　当事人应当按照约定全面履行自己的义务。

当事人应当遵循诚实信用原则，根据合同的性质、目的和交易习惯履行通知、协助、保密等义务。

第207条　借款人未按照约定的期限返还借款的，应当按照约定或者国家有关规定支付逾期利息。

《担保法》

第18条第1款 当事人在保证合同中约定保证人与债务人对债务承担连带责任的,为连带责任保证。

《公司法》

第16条第1款 公司向其他企业投资或者为他人提供担保,依照公司章程的规定,由董事会或者股东会、股东大会决议;公司章程对投资或者担保的总额及单项投资或者担保的数额有限额规定的,不得超过规定的限额。

《民间借贷司法解释》

第26条 借贷双方约定的利率未超过年利率24%,出借人请求借款人按照约定的利率支付利息的,人民法院应予支持。

借贷双方约定的利率超过年利率36%,超过部分的利息约定无效。借款人请求出借人返还已支付的超过年利率36%部分的利息的,人民法院应予支持。

《公司法解释三》

第13条 股东未履行或者未全面履行出资义务,公司或者其他股东请求其向公司依法全面履行出资义务的,人民法院应予支持。

公司债权人请求未履行或者未全面履行出资义务的股东在未出资本息范围内对公司债务不能清偿的部分承担补充赔偿责任的,人民法院应予支持;未履行或者未全面履行出资义务的股东已经承担上述责任,其他债权人提出相同请求的,人民法院不予支持。

股东在公司设立时未履行或者未全面履行出资义务,依照本条第一款或者第二款提起诉讼的原告,请求公司的发起人与被告股东承担连带责任的,人民法院应予支持;公司的发起人承担责任后,可以向被告股东追偿。

股东在公司增资时未履行或者未全面履行出资义务,依照本条第一款或者第二款提起诉讼的原告,请求未尽公司法第一百四十七条第一款规定的义务而使出资未缴足的董事、高级管理人员承担相应责任的,人民法院应予支持;董事、高级管理人员承担责任后,可以向被告股东追偿。

担保纠纷案件裁判规则第 4 条：
非营利性法人中的事业单位法人不得作保证人

〔**规则描述**〕：事业单位改革之前，我国的事业单位法人可以分为营利性的事业单位法人和非营利性的事业单位法人；事业单位改革后仅保留非营利性事业单位，《民法总则》也仅承认非营利性的事业单位法人。因为司法实践中存在不同性质的事业单位，本规则正是区分不同性质的事业单位确定其是否具有保证能力，重点是针对非营利性事业单位法人作保证人的问题进行分析，提供参考。

一、类案检索大数据报告

时间：2019 年 5 月 11 日之前，案例来源：Alpha 案例库，案件数量：1092 件，数据采集时间：2019 年 5 月 11 日。本次检索获取了 2019 年 5 月 11 日前共 1092 篇合同纠纷裁判文书。其中认同非营利性法人中的事业单位法人不得作保证人的案件 656 件，不认同的案件 354 件，不相关案件 82 件。整体情况如下：

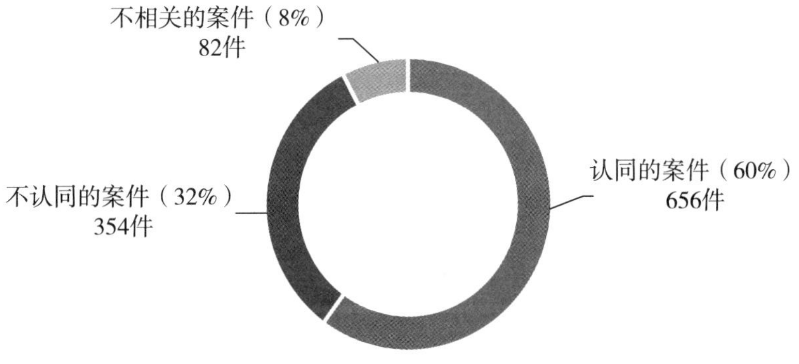

图 4－1　是否认同非营利性法人中的事业单位法人不得作保证人

如图 4－1 所示，从法院是认同非营利性法人中的事业单位法人不得作保证人的角度来看，法院不认同的案件占 60%，认同的案件占 32%，不相关案件占 8%。

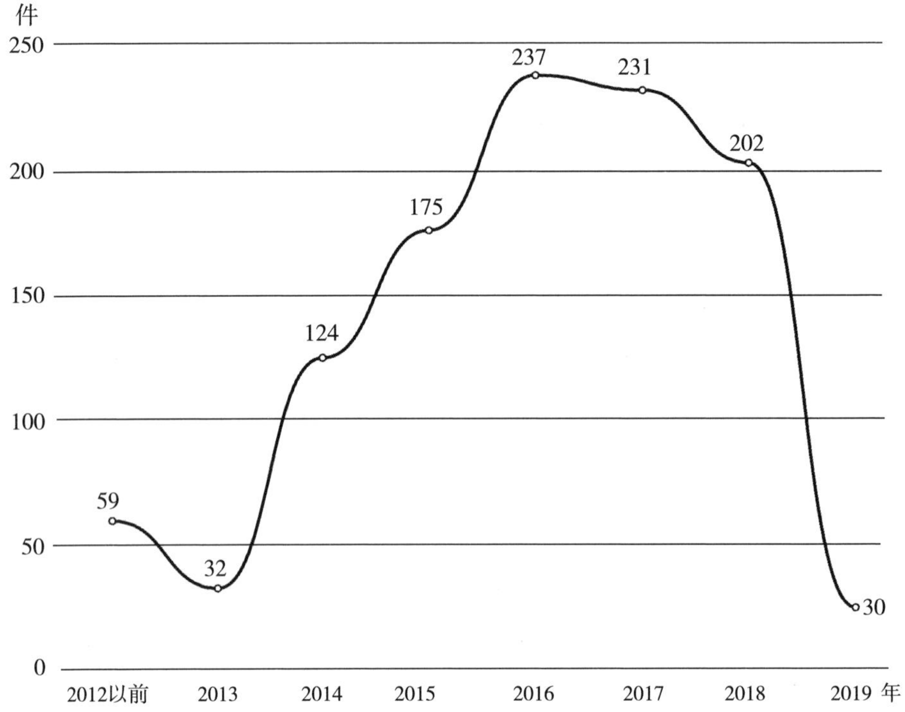

图 4－2　案件年份分布情况

如图 4－2 所示,从上方的年份分布可以看到当前条件下合同纠纷案例数量的变化趋势。

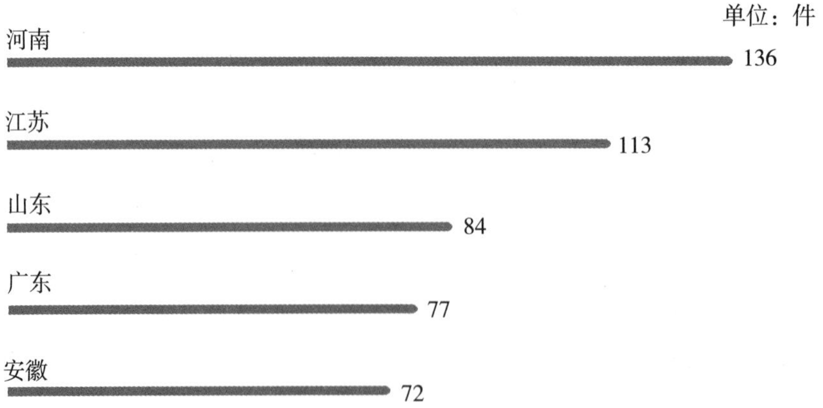

图 4－3　案件主要地域分布情况

如图 4－3 所示,从地域分布来看,当前合同纠纷案例主要集中在河南省、江苏省、山东省，分别占比约12.45%、10.35%、7.69%。其中河南省的案件量最多，达到136件。

图4-4　案件案由分类情况

如图4-4所示，从上面的案由分类情况可以看到，合同纠纷当前最主要的案由是借款合同纠纷类，有702件，占一半以上；其次是其他案由、追偿权纠纷、保证合同纠纷、租赁合同纠纷类。

二、可供参考的例案

例案一 | 宁波博洋控股集团有限公司与宁波第五医院有限公司保证合同纠纷案

【法院】

宁波市镇海区人民法院

【案号】

(2016)浙0211民初1839号

【当事人】

原告：宁波博洋控股集团有限公司

法定代表人:戎某某,该公司总经理

被告:宁波第五医院有限公司

法定代表人:韩某某,该公司执行董事

【基本案情】

1999年11月17日,原告与春天宾馆签订《房屋租赁协议书》(以下简称《协议》)1份,约定原告将其所属的江东贺丞路6号房屋出租给春天宾馆使用,其中2015年度租金为685,000元,房屋交付后春天宾馆自2013年5月1日起未支付租金。2015年2月6日春天宾馆向原告出具《关于贺丞路6号房屋租赁费用分期还款计划的函》1份,载明:春天宾馆承诺自2013年5月1日至2015年2月6日的租金1,350,000元分三期还清,2015年3月31日前支付350,000元,2015年4月30日前支付500,000元,2015年5月31日前支付500,000元,另2015年5月1日至2015年10月31日租金342,500元于2015年5月31日前支付,若逾期未支付按日万分之三支付滞纳金。2015年4月30日,被告向原告出具《关于贺丞路6号房屋租赁费用担保书》(以下简称《担保书》)1份,载明:春天宾馆上述函中拖欠的租金连同直至《协议》结束期间的所有租金及《协议》中所述违约金和相关滞纳金由被告向春天宾馆提供担保,保证2015年12月31日前偿还所有欠款。

2015年7月1日,原告向宁波市江东区人民法院起诉,要求解除《协议》,春天宾馆支付租金并腾退房屋,被告承担连带保证责任。该院于2015年12月10日作出(2015)甬东民初字第1217号民事判决书,认为被告作为保证人应当承担连带责任,主债务履行期届满,保证责任产生,但保证债务的履行期限尚未届满,故对原告要求保证人履行债务的诉讼请求不予支持。该判决判令:(1)宁波博洋控股集团有限公司(以下简称博洋公司)与春天宾馆于1999年11月17日签订的《协议书》于2015年7月3日解除。(2)春天宾馆于本判决生效之日起十日内支付博洋公司自2013年5月1日起至2015年7月3日止的房屋租金1,469,359.69元,按685,000元/年的标准支付自2015年7月4日起至实际腾退之日止的房屋占有使用费;按日万分之三标准支付350,000元款项自2015年4月1日起、500,000元款项自2015年5月1日起、842,500元款项自2015年6月1日起至实际履行之日止的违约金,违约金金额最高不超过1,000,000元。(3)春天宾馆于本判决生效之日起十五日内从位于宁波市江东区贺丞巷6号房屋内腾退,并将房屋恢复原状。(4)驳回博洋公司的其他诉讼请求。后春天宾馆不服,向宁波市中级人民法院提起上诉,该院于2016年3月15日作出(2016)浙02民终383号民事判决书,判决驳回上诉,维持原判。

2016年4月13日、2016年5月5日，原告分别向被告邮寄《通知书》《律师函》各1份，要求被告支付拖欠租金1,692,500元及违约金83,420.25元，被告分别于2016年4月14日、2016年5月6日签收。

【案件争点】

保证合同的效力。

【裁判要旨】

法院认为：非营利性法人中的事业单位法人不得作保证人。根据《担保法》第9条规定："学校、幼儿园、医院等以公益为目的的事业单位、社会团体不得为保证人。"若某类医院属于营利性法人，非以公益为目的，可以定性为从事经营活动的企业法人，不属于该条规定不得承担保证责任的主体，应承担保证责任。

例案二 | 江西新能源科技职业学院与胡某某民间借贷纠纷案

【法院】

江西省新余市中级人民法院

【案号】

（2017）赣05民终318号

【当事人】

上诉人（原审被告）：江西新能源科技职业学院（原名：江西太阳能科技职业学院）

法定代表人：杨某某，该学院董事长

被上诉人（原审原告）：胡某某

原审被告：张某

原审被告：廖某某

原审被告：新余市建盟商品混凝土有限责任公司，住所地江西省新余市渝水区下村工业平台

法定代表人：廖某某，该公司董事长

原审被告：新余市建盛商品混凝土有限公司，住所地江西省新余市经济开发区袁河工业平台

法定代表人：王某某，该公司执行董事兼总经理

【基本案情】

2014年,胡某某、张某、江西太阳能科技职业学院、廖某某、新余市建盟商品混凝土有限责任公司(以下简称建盟公司)、新余市建盛商品混凝土有限公司(以下简称建盛公司)签订《借款及保证合同》,约定张某向胡某某借款1000万元;借期一个月,自2014年8月1日起至2014年9月1日止;月利率2%,借款到期,先息后本,利随本清;如张某未按期归还借款本金及利息,胡某某通过法律途径主张权利的,则由此发生的律师服务费(按诉讼标的额的5%计算)、诉讼费用、保全费、公告费等为实现债权的所有费用由张某承担;廖某某、建盟公司、建盛公司、江西太阳能科技职业学院自愿为该合同项下的借款本金、利息、逾期利息、律师服务等胡某某为实现债权的所有费用提供连带责任担保,担保期间为债务履行期限届满日次日起两年止。

2014年8月1日,胡某某、张某、江西太阳能科技职业学院、廖某某、建盟公司、建盛公司签订《融资中介服务合同》,约定胡某某收取中介费用,每月中介费用按融资金额的1.5%计算,如延长融资期限,则胡某某继续按此标准收取中介费,如张某逾期归还借款本金、利息、中介费,则按每月融资总金额的1.5%向胡某某支付违约金;廖某某、建盟公司、建盛公司、江西太阳能科技职业学院自愿为该合同项下规定张某应履行的义务提供连带责任担保,担保范围包括中介费本金、利息、律师费用、违约金等胡某某为实现债权的所有费用。

2014年8月1日,张某向胡某某出具借条,写明借到胡某某1000万元,借款期限为一个月,即2014年8月1日起至2014年9月1日止,月利率2%。江西太阳能科技职业学院、廖某某、建盟公司、建盛公司在该借条担保人一栏签名或盖章,愿意承担连带保证责任。2014年8月1日、2014年8月14日、2014年8月26日,胡某某分别向张某支付400万元、400万元、200万元。

胡某某委托渝水区城南办法律服务所法律工作者钟某某、涂某某作为一审的诉讼代理人,支付了50,000元的代理费用。

胡某某陈述张某于2014年9月5日还100万元,2014年9月22日还100万元,2014年9月29日还200万元,2014年10月17日还400万元,总共归还了800万元,其余借款本金及利息未支付。

二审期间,江西新能源科技职业学院(以下简称新能源学院)向法院提交了一份江西省教育厅出具的《关于民办高校经营属性情况的复函》,拟证明新能源学院是非营利性事业单位。胡某某对该组证据的真实性没有异议,对证明内容有异议,认为该函所称的事业单位不同于《担保法》第 9 条规定的以公益为目的的事业单位,事业单位系指通过国有资产设立,且须持有事业单位法人证书,而新能源学院登记为民办非企业,不符合《担保法》第 9 条的规定。

【案件争点】

新能源学院与胡某某、张某签订的保证合同是否合法有效。

【裁判要旨】

法院认为:非营利性法人中的事业单位法人不得作保证人。根据《担保法》第 9 条规定:"学校、幼儿园、医院等以公益为目的的事业单位、社会团体不得为保证人。"相较于公办学校,民办学校仅是投资渠道上的不同,并不能因此否定其公益属性,民办学校中的设施仍属于社会公益设施。根据上述法律规定,民办学校为借款提供担保的行为属依法不得为保证人的情形,保证合同无效。

例案三 | 河南省中小企业发展服务中心与周某保证合同纠纷案

【法院】

河南省郑州市中级人民法院

【案号】

(2017)豫 01 民终 6885 号

【当事人】

上诉人(原审被告):河南省中小企业发展服务中心

法定代表人:万某某,该服务中心主任

被上诉人(原审原告):周某

【基本案情】

2014 年 11 月 5 日,周某与高某、河南新光大投资担保有限公司及中小企业发展服务中心(以下简称中小企业服务中心)签订一份合同编号:2014 字第金 0624 - 1 号的《借款合同》,借款人高某向周某借款 150,000 元;借款利息:月利率千分之十六;借款期限:六个月,自 2014 年 6 月 24 日至 2014 年 12 月 23 日止。中小企业服务中心为该借款合同提供连带责任担保,保证期间为本合同借款届满之日起两年,担保范围为本合同约定的借款本金、利息、违约金以及周某为实现债权支付的合理费用。周某于同日即通过中国建设银行股份有限公司新密支行向高某的广发银行郑州未来路支行以银行转账形式转账 150,000 元整。在借款合同履行过程中,借款人向周某支付的利息至2014年12月20日。

一审法院认为:借款应当归还,提供连带责任担保的应负连带清偿责任。借款人高某、河南新光大投资担保有限公司及中小企业服务中心与周某签订有《借款合同》,周某依照合同约定履行了出资义务,以上事实均有借款合同、打款凭证等证据予以证明,故对于借款及担保的事实,该院予以确认。中小企业服务中心辩称河南新光大投资担保有限公司因涉及非法吸收公众存款罪被公安机关立案侦查,故法院不应受理该案。该院认为借款人涉嫌犯罪或生效判决认定其有罪,出借人起诉请求担保人承担民事责任的,人民法院应当受理,故对于中小企业服务中心的该项辩称不予支持。中小企业服务中心另辩称本案担保合同已经超过担保期限,合同明确约定保证期限为债权届满后两年,周某于保证期间内向该院起诉,并未超出保证期限。中小企业服务中心还辩称河南省中小企业发展服务中心融资信用担保中心,不是独立法人单位,是一个内设机构,依照《担保法》的规定,债权人明知担保人为企业法人内设机构的担保无效,所造成的损失,由债权人自己承担。本案中中小企业服务中心办理有组织机构代码证及事业单位法人证书,该院认为中小企业服务中心系有独立资格的法人,其应承担相应的担保责任。周某起诉的违约金4500元,该部分违约金在合同中有明确约定,且周某要求的违约金数额及利息并未超出我国法律保护的范围,该院予以支持。周某于诉状中承认中小企业服务中心已经支付利息至2014年12月20日。

经审理查明的事实除同一审一致外,另查明,中小企业服务中心成立内设机构河南省中小企业发展服务中心融资信用担保中心,与河南新光大投资担保有限公司合作从事融资贷款担保业务签订有合作协议,刻制有河南省中小企业发展服务中心融资信用担保中心印章,对外悬挂有河南省中小企业发展服务中心融资信用担保中心匾额。

【案件争点】

周某与中小企业服务中心之间签订的保证合同合法是否有效。

【裁判要旨】

法院认为:《担保法解释》第16条规定,从事经营活动的事业单位、社会团体为保证人的,如无其他导致保证合同无效的情况,其所签订的保证合同应当认定为有效。《民间借贷司法解释》第13条第1款规定借款人或者出借人的借贷行为涉嫌犯罪,或者已经生效的判决认定构成犯罪,当事人提起民事诉讼的,民间借贷合同并不当然无效。人民法院应当根据《合同法》第52条、《民间借贷司法解释》第14

条之规定，认定民间借贷合同的效力。根据《民间借贷司法解释》第 13 条第 2 款规定，担保人以借款人或者出借人的借贷行为涉嫌犯罪或者已经生效的判决认定构成犯罪为由，主张不承担民事责任的，人民法院应当依据民间借贷合同与担保合同的效力、当事人的过错程度，依法确定担保人的民事责任。

三、裁判规则提要

不同性质的事业单位法人其保证能力相异。随着改革，具有高度公共管理职能的非营利性事业单位种类日益增多，必须否定这些事业单位介入担保领域，才能防止扰乱社会经济秩序、公共秩序，防止当事人恶意转移债务。

法人以设立目的不同分为公益性法人、营利性法人和非营利性法人。公益性法人与非营利性法人的区别在于，公益性法人系为全体社会成员的利益成立的，不以营利为目的；而非营利性法人虽然不以营利为目的，但有可能不代表全体社会成员的利益。非营利性法人区别于营利性法人的关键之处在于后者以营利为目的，前者不以营利为目的，但前者仍然可以有收入，主要用于全体社团成员事务。事业单位法人是我国特有的一类法人类型，依照我国《事业单位登记管理暂行条例》的规定，“事业单位，是指国家为了社会公益目的，由国家机关举办或者其他组织利用国有资产举办的，从事教育、科技、文化、卫生等活动的社会服务组织。事业单位依法举办的营利性经营组织，必须实行独立核算，依照国家有关公司、企业等经营组织的法律、法规登记管理”。根据以上界定，我国事业单位属于公益性法人。《担保法》第 9 条规定：“学校、幼儿园、医院等以公益为目的的事业单位、社会团体不得为保证人。”根据《担保法解释》第 3 条的规定，国家机关和以公益为目的的事业单位、社会团体违反法律规定提供担保的，担保合同无效。

目前，我国的国有事业单位可分为四种类型：一是全部依靠政府预算拨款的公益性事业单位；二是部分财政拨款即政府补贴的半公益性和半经营性事业单位；三是自收自支的事业单位；四是完全按照企业化经营的事业单位。由此可见，我国事业单位可分为非营利性事业单位法人和营利性事业单位法人，非营利性事业单位法人近乎于机关，而且是承担社会公益服务职能的机关。从非营利性事业单位法人成立的社会目的来看，是为了更好地发展公益事业。若允许非营利性事业单位法人作保证人，当其所担保的债权无法实现的时候，该事业单位法人将承担保证责任，这就会影响到其履行公共服务的社会职能，违背此类非营利性事业单位法人设立的目的。

一般情况下“以公益为目的非营利组织”的构成条件有三:一是组织的宗旨不以营利为目的,当然这并不等于组织不盈利;二是任何单位或个人不因为出资而拥有组织的所有权,收支结余不得向出资者分配;三是组织的资产不能以任何形式转变为私人财产,清算后的剩余财产应按规定继续用于社会公益事业。为保障这些非营利性事业单位法人收支结余不分配、组织资产不私有、剩余财产公益使用的宗旨,防范资金管理者的道德风险,除了明确禁止管理者分配资金以外,还要防止资金管理者采用变相的方式私自使用资金,其中利用该法人作为保证人、提供抵质押就是重要的手段之一。因此,为了防范代理人的道德风险,应该严格杜绝非营利性事业单位法人作保证人或抵质押人。

为正确审理涉及非营利性事业单位法人作保证人的案件,积极保护社会公益事业的顺利发展,根据《民法总则》《民事诉讼法》《担保法》等法律规定,应该认定非营利性法人中的事业单位法人不得作保证人。

四、辅助信息

高频词条:

《民法总则》

第87条 为公益目的或者其他非营利目的成立,不向出资人、设立人或者会员分配所取得利润的法人,为非营利法人。

非营利法人包括事业单位、社会团体、基金会、社会服务机构等。

第88条 具备法人条件,为适应经济社会发展需要,提供公益服务设立的事业单位,经依法登记成立,取得事业单位法人资格;依法不需要办理法人登记的,从成立之日起,具有事业单位法人资格。

《担保法》

第9条 学校、幼儿园、医院等以公益为目的的事业单位、社会团体不得为保证人。

《合同法》

第52条 有下列情形之一的,合同无效:

(一)一方以欺诈、胁迫的手段订立合同,损害国家利益;

(二)恶意串通,损害国家、集体或者第三人利益;

(三)以合法形式掩盖非法目的;

(四)损害社会公共利益;

（五）违反法律、行政法规的强制性规定。

《担保法解释》

第3条 国家机关和以公益为目的的事业单位、社会团体违反法律规定提供担保的，担保合同无效。因此给债权人造成损失的，应当根据担保法第五条第二款的规定处理。

第7条 主合同有效而担保合同无效，债权人无过错的，担保人与债务人对主合同债权人的经济损失，承担连带赔偿责任；债权人、担保人有过错的，担保人承担民事责任的部分，不应超过债务人不能清偿部分的二分之一。

第16条 从事经营活动的事业单位、社会团体为保证人的，如无其他导致保证合同无效的情况，其所签定的保证合同应当认定为有效。

《民间借贷司法解释》

第13条（节选） 借款人或者出借人的借贷行为涉嫌犯罪，或者已经生效的判决认定构成犯罪，当事人提起民事诉讼的，民间借贷合同并不当然无效。

担保纠纷案件裁判规则第5条:
非营利性法人中的社会团体法人可以在章程允许范围内作保证人

〔**规则描述**〕:《担保法》第9条规定,以公益为目的的事业单位、社会团体不得为保证人。然而,作为非营利性的社会团体法人可以分为公益目的和其他非营利目的两类,随着改革的不断深入,从事经营活动的社会团体具有经济收入,有的实行企业化管理,应当承认其具有从事保证的行为能力。

一、类案检索大数据报告

时间:2019年5月11日之前,案例来源:Alpha案例库,案件数量:832件,数据采集时间:2019年5月11日。本次检索获取了2019年5月11日前共832篇合同纠纷裁判文书。其中认同非营利性法人中的社会团体法人可以在章程允许范围内作保证人的案件543件,不认同的案件254件,不相关案件35件。整体情况如下:

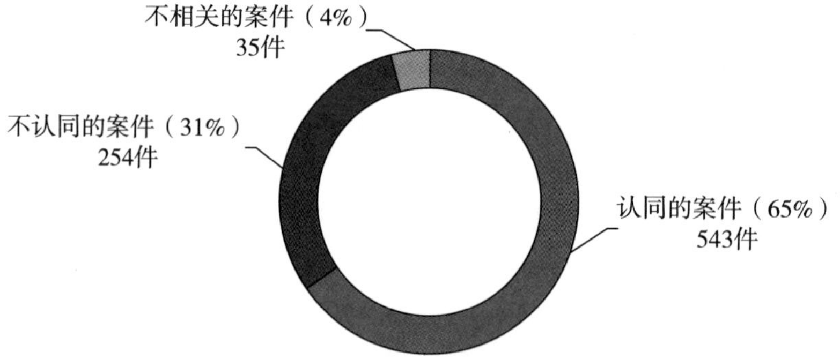

图5-1 是否认同非营利性法人中的社会团体法人可以在章程允许范围内作保证人

如图5-1所示,从非营利性法人中的社会团体法人是否可以在章程允许范围内作保证人的角度来看,认同不构成保证合同的案件占31%,认同构成保证合同的案件占65%,不相关案件占4%。

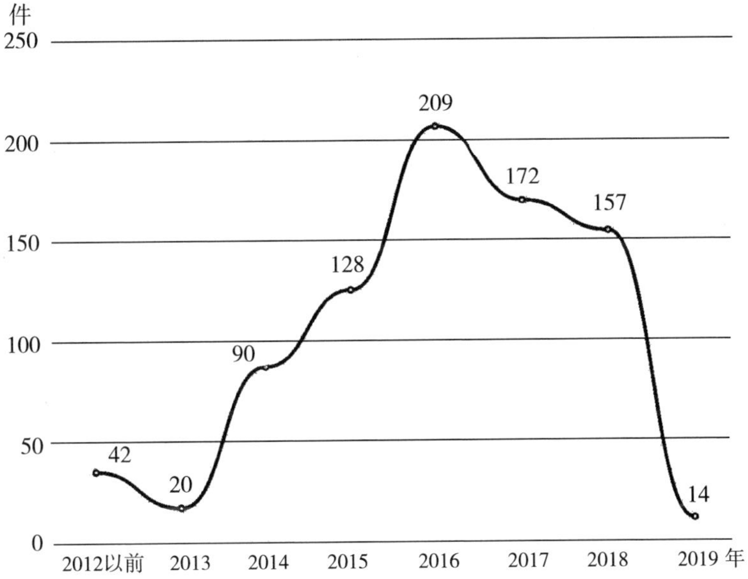

图5－2　案件年份分布情况

如图5－2所示，从上方的年份分布可以看到当前条件下合同纠纷案例数量的变化趋势。

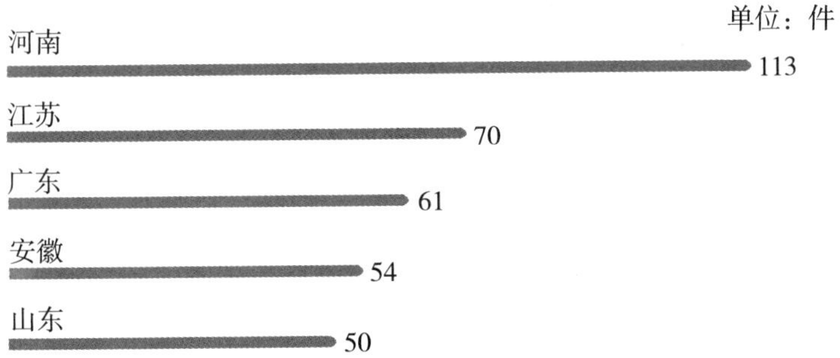

图5－3　案件主要地域分布情况

如图5－3所示，从地域分布来看，当前合同纠纷案例主要集中在河南省、江苏省、广东省，分别占比约13.58%、8.41%、7.33%。其中河南省的案件量最多，达到113件。

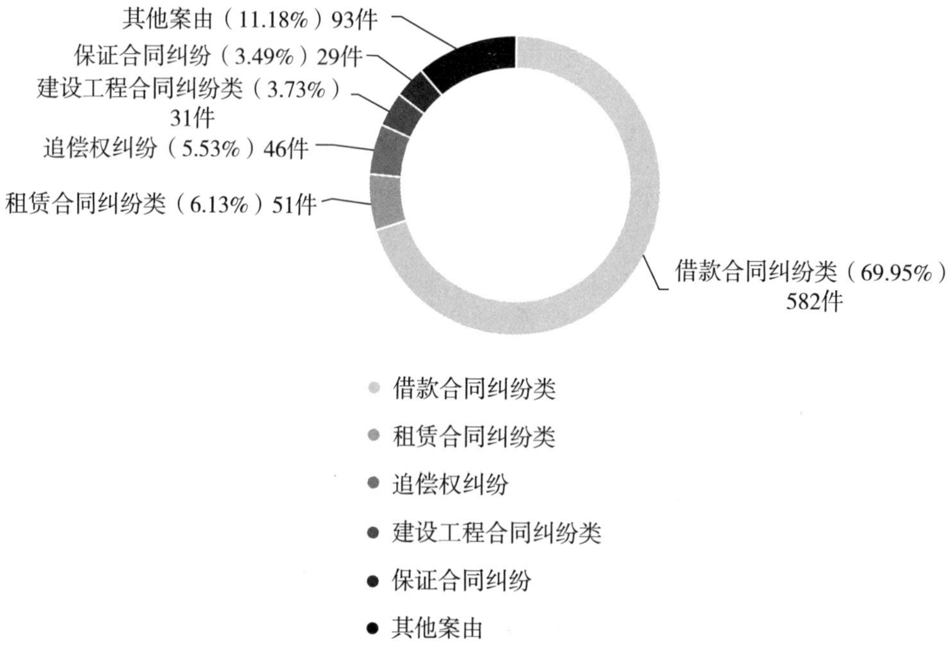

图 5-4 案件案由分类情况

如图 5-4 所示,从上面的案由分类情况可以看到,合同纠纷当前最主要的案由是借款合同纠纷类,有 582 件,占一半以上;其次是其他案由、租赁合同纠纷类、追偿权纠纷、建设工程合同纠纷类。

二、可供参考的例案

例案一 | 武汉市民商小微企业互助服务中心与张甲、张乙追偿权纠纷案

【法院】

武汉市江汉区人民法院

【案号】

(2017)鄂 0103 民初 2858 号

【当事人】

原告:武汉市民商小微企业互助服务中心

法定代表人:马某某

被告:张甲

被告：张乙

被告：武汉博源科技发展有限公司

法定代表人：张甲

【基本案情】

原告武汉市民商小微企业互助服务中心（以下简称民商服务中心）所诉属实。经审理查明，2013年7月29日，原告民商服务中心与民生银行武汉分行签订了《最高额质押合同》，约定原告民商服务中心以基金会员委托其管理的基金对基金会员在民生银行武汉分行的借款提供最高额质押担保，最高债权额为50亿元，质押财产为保证金账户内的全部款项。被告张甲向中国民生银行小微企业互助合作基金会填写了入会申请书，并成为该基金会的会员。

另查明，2013年9月23日，被告张甲与民生银行武汉分行签订了《借款合同》，约定被告张甲向民生银行武汉分行借款500,000元用于经营周转，借款期限为12个月，自2013年9月23日至2014年9月23日止，贷款利率为年利率8.4%；还款方式为按月结息，到期一次性偿还本金，借款到期时利随本清。合同还约定了罚息和复利、违约责任等事项。被告张乙与民生银行武汉分行签订了《个人借款合同之补充协议》，约定被告张乙愿意与借款人共同承担原合同中所有借款人的义务，承诺按照原合同的约定，与借款人连带清偿原合同项下所有应付款项。同年9月23日，被告武汉博源科技发展有限公司（以下简称博源公司）与民生银行武汉分行签订了《担保合同》，约定被告博源公司自愿为被告张甲的上述债务提供连带责任保证。原告民商服务中心作为基金管理人向民生银行武汉分行出具了《互助合作基金担保确认函》，确认被告张甲已缴纳了相关费用，获得授信额度500,000元，承诺以基金财产向借款人在民生银行武汉分行的债务提供最高额质押担保责任。同日，民生银行武汉分行向被告张甲发放贷款500,000元。借款到期后，被告张甲未按合同约定偿还借款本息。2014年12月24日，原告民商服务中心为被告张甲向民生银行武汉分行代偿了借款464,737.37元、罚息5372.83元，合计470,110.20元。

再查明，原告民商服务中心与基金会员共同制定的《小微企业互助合作基金章程》第7条约定，各基金会员还应按基金管理人的合理预算缴纳基金运营管理费，用于支付维持本业务的日常运作、法律诉讼、资产管理等产生的费用。2016年8月，原告民商服务中心与湖北正义行律师事务所签订了《诉讼、仲裁案件委托代理协议》，约定由湖北正义行律师事务所代理原告民商服务中心的该追偿权纠纷案件，支出了律师代理费23,500元。

【案件争点】

互助合作基金担保是否有效,以及原告民商服务中心是否有权向被告张乙追偿被告张甲的债务。

【裁判要旨】

非营利性法人中的社会团体法人可以在章程允许范围内作保证人。《武汉市小微企业互助合作基金入会申请书》、《小微企业互助合作基金章程》、《借款合同》、《担保合同》、《互助合作基金担保确认函》及《借款合同之补充协议》均系各方当事人真实意思表示,未违反法律、行政法规的强制性规定,属有效合同,在章程允许的范围内非营利性法人中的社会团体法人可以作保证人。

例案二 嘉善县紧固件行业协会与卞某某、嘉善恒泰五金工业有限公司追偿权纠纷案

【法院】

嘉善县人民法院

【案号】

(2015)嘉善商初字第633号

【当事人】

原告:嘉善县紧固件行业协会

法定代表人:张某某

被告:卞某某

被告:嘉善恒泰五金工业有限公司

法定代表人:卞某某

【基本案情】

被告卞某某系原告嘉善县紧固件行业协会会员。为支持小微企业授信融资,卞某某等人提交入会申请书、签署《嘉善紧固件行业小微企业互助合作基金章程》设立了嘉善紧固件行业小微企业互助合作基金。《嘉善紧固件行业小微企业互助合作基金章程》主要内容有:

“第二条 本章程所称基金用于本基金管理人嘉善县紧固件行业协会与中国民生银行合作,以同意本章程的委托人(全体基金会员)缴纳的资金集合为所有委托人在中国民生银行发生的债务提供质押担保的业务。

基金指委托人向基金管理人信托的资金集合，包括互助保证金和风险准备金两部分，基金管理人作为信托受托人将两类资金分别在中国民生银行开立专户，按信托财产管理。

第三条　基金目的。委托人以信托方式设立本基金，仅用于为所有基金委托人在中国民生银行发生的债务提供担保，此类信托为自益信托，信托受益人为委托人（即基金会员）本人。

第四条　本章程所称‘基金会员’指同意本章程认缴基金的资金委托人。

第五条　本章程所称‘互助保证金’指各基金会员按中国民生银行要求的额度比例缴纳并委托基金管理人按基金目的运用的资金集合。

第六条　本章程所称‘风险准备金’包括各基金会员在每次提用授信前按照中国民生银行要求的提用授信比例缴纳的，及基金接受的其他机构捐赠或政府奖励、补贴的并委托基金管理人按基金目的运用的资金集合。

第八条　基金管理人作为基金的信托受托人，应将互助保证金、风险准备金分别在中国民生银行开立账户，并设定最高额质押，用以担保全体基金会员在中国民生银行发生的债务。

第九条　基金管理人将上述两类资金作为信托财产，独立于管理人的任何自有资金，不得用于基金目的以外的其他用途。

……

第十二条　基金会员的权利。

……

4. 基金中止是按章程规定分配基金余额的权利。

第十三条　基金会员的义务。

……

3. 配合基金管理人对自身或其他会员的风险贷款实行债务追偿。

……

第二十条　基金管理人为依法注册的法人机构，自然人和行政事业单位不得为本基金的基金管理人。

……

第二十二条　基金管理人按照本章程的约定，以自己的名义将基金中的互助保证金和风险准备金分别在中国民生银行开立保证金账户，用以设定对所有基金会员在中国民生银行发生债务的最高额质押，具体内容见基金管理人与中国民生银行签订的相关质押合同。

……

第二十九条　基金会员发生违约时,中国民生银行有权直接从基金账户中扣划,无须征得基金会员或基金管理人同意,在法律许可的范围内,本业务基金尽可能按如下顺序扣划:(1)从互助保证金账户中先行扣划违约基金会员缴纳的互助保证金余额;(2)从风险准备金账户扣划;(3)从互助保证金账户扣划。

第三十条　互助保证金账户发生代偿时,由基金管理人按照代偿时每个会员互助保证金余额占总互助保证金数额的比例核算每个会员分担的代偿数额,调整每个会员的互助保证金余额,及时向全体会员公示,会员再次贷款时按照剩余的互助保证金余额核定授信额度。

……

第三十五条　基金进入清偿程序后,不开展清算以外的活动,但不影响中国民生银行行使担保权。

第三十六条　清算财产包括互助保证金和风险准备金账户的资金余额。清算财产的分配方式为:1. 互助保证金账户资金按照会员的互助保证金余额进行清算……

第三十七条　本章程的修改应经中国民生银行同意。"

2012年10月19日,原告嘉善县紧固件行业协会与嘉兴民生银行签订《小微企业互助合作基金业务合作协议》(编号:X201491684),约定:原告以各基金会员委托管理的基金,分别按照互助保证金、风险准备金的集合在甲方开立保证金账户,用以设立对已缴纳各类资金的基金会员在甲方使用授信产生债务的最高额质押担保;嘉兴民生银行行使质权时,在法律许可的范围内,尽可能按如下顺序扣划:(1)从互助保证金账户中先行扣划违约基金会员缴纳的互助保证金余额;(2)从风险准备金账户扣划;(3)从互助保证金账户扣划剩余部分;未经修改基金章程的业务范围,基金不得用于担保基金会员在甲方的债务而设定最高额质押担保外的其他用途。

2012年10月19日,原告嘉善县紧固件行业协会(甲方)与嘉兴民生银行(乙方)签订《最高额质押合同》(编号:个高质字第X201491684号)约定:在最高债权额150,000,000元范围内,原告为嘉兴民生银行与主合同债务人从2012年10月19日至2022年10月19日签订的所有合同提供最高额质押担保;质押财产为进入质押清单内所列保证金账户内的全部款项,质押设立在本合同签署后的,双方同意以其担保包含质押设立以前主债权的本合同第1条的全部债权，质押财产清单详见附件（单位保证金账户内存款质押清单）；本合同项下质押财产为保证金账户内存款，乙方有权直接扣划相应的存款以抵偿债务；如除本合同约定的担保方式外，主合同项下还存在其他担保的，则甲方对乙方承担的担保责任不受任何其他担保的影响，也不因之而免除或减少，乙方有权选择优先行使本合同项下的担保权利，甲方放弃任何其他担保优先抗辩权。

《单位保证金账户内存款质押清单》记载的户名为“嘉善县紧固件行业协会”的三个账号分别为57×××87、57×××95、57×××00。其中57×××87账户于2012年10月22日开立并存入4,554,000元；57×××95账户于2012年10月22日开立并存入389,000元，此后陆续有资金存入或结息，至2013年12月20日最高余额为710,100.35元；57×××00于2012年10月22日开立并存入5,446,000元，此后陆续有资金存入或结息，至2013年3月21日最高余额为9,912,224.87元。账户57×××87和57×××95于2014年1月3日销户；57×××00账户在2014年1月3日退还多笔保证金后，于2014年1月6日销户；对账单明细显示，三个账户除互助基金扣款和退保证金外无其他支出明细。

2012年10月19日，被告嘉善恒泰五金工业有限公司与嘉兴民生银行签订《担保合同》（编号：157012012002210）对被告卞某某的借款承担连带保证责任；同日，原告出具《互助合作基金担保确认函》确认“借款人（卞某某）属于本司与贵行签署的编号为个高质字第X201491684号的《最高额质押合同》项下的主债务人”。

2012年10月19日，被告卞某某与嘉兴民生银行签订《个人借款合同》（编号：个借贷字第157012012002210号），约定被告向嘉兴民生银行借款200万元，借款期限12个月，自2012年10月19日起至2013年10月19日止，年利率6.9%，该笔借款由嘉善恒泰五金工业有限公司、嘉善众邦担保有限公司提供保证或最高额担保，嘉善紧固件行业协会提供最高额质押。

借款协议签订后，嘉兴民生银行于2012年10月19日向被告卞某某发放了贷款，并由被告卞某某个人借款凭证；借款到期后，被告卞某某未归还借款，被告嘉善恒泰五金工业有限公司也未承担保证责任，嘉兴民生银行于2013年12月24日从原告保证金账户（账号：57×××00）扣款1,769,200.88元，用于归还银行贷款本息。

另查明：原告嘉善紧固件行业协会为民办社会团体法人，业务范围为业务指导、标准制定、专业管理、国际国内交流、人才培训、咨询服务、行业协调仲裁等；嘉善紧固件行业协会财务管理制度第5条规定:“协会的银行账户、账号不得出租、出借或转让其他单位或个人使用,不得将公款借给外单位,以及以协会名义对其他单位和个人提供经济担保。”

【案件争点】

涉案《最高额质押合同》是否有效。

【裁判要旨】

法院认为:非营利性法人中的社会团体法人可以在章程允许范围内作保证人。根据最高人民法院《担保法解释》第3条的规定:“国家机关和以公益为目的的事业单位、社会团体违反法律规定提供担保的,担保合同无效。”该规定的本意是限制相关单位以自有财产提供担保,本案原告虽以自身的名义对外提供担保,但其提供的担保财产属于独立于自有资产的信托财产,因此并不违反前述条款之规定;同时,章程也规定允许当事人在特定的范围内作保证人。因此,非营利性法人中的社会团体法人可以在章程允许范围内作保证人。

例案三 | 苏州市民商小微企业城市商业合作社与裴某、邱某某等追偿权纠纷案

【法院】

昆山市人民法院

【案号】

(2016)苏0583民初10100号

【当事人】

原告:苏州市民商小微企业城市商业合作社

法定代表人:林某某

被告:裴某

被告:邱某某

被告:昆山画之家艺术产业发展有限公司

法定代表人:裴某,该公司负责人

被告:上海万帝投资管理有限公司

法定代表人:裴某

【基本案情】

原告苏州市民商小微企业城市商业合作社(以下简称苏州民商合作社)系经苏

州市民政局登记设立的民办非企业单位，为昆山市小微企业互助合作基金的管理人。该基金章程第2条规定：本章程所称基金用于基金管理人与中国民生银行合作，以同意本章程的所有委托人（全体基金会员）缴纳的资金集合为所有委托人在中国民生银行发生的债务提供质押担保的业务。第3条规定：基金目的。委托人以信托方式设立本基金，仅用于为所有基金委托人在中国民生银行发生的债务提供担保。此类信托为自益信托，信托关系下的受益人为委托人（基金会员）本人。第7条规定：……基金管理人履行质押担保责任后因行使追索权所产生的全部费用（包括但不限于诉讼费、律师费、差旅费等），可一并向被追索人要求追偿。后被告裴某申请加入该昆山市小微企业互助合作基金，且同意该基金章程的全部内容。

2013年3月，原告苏州民商合作社（甲方，基金管理人）与中国民生银行股份有限公司苏州分行（乙方，以下简称民生银行苏州分行）签订业务合作协议，以及最高额质押合同，双方约定：甲方为昆山市小微企业互助合作基金受托人，以受托管理的基金在乙方开立保证金账户，为2013年3月至2015年3月基金会员在乙方使用授信产生的主合同项下债务提供最高额质押担保；甲方所担保的最高债权额为2亿元整；互助基金贷款利率由乙方与基金会员协商确定；乙方行使质权时，有权从甲方的有关账户中扣划。双方对其他权利义务条款亦进行具体约定。

2013年3月28日，被告裴某与民生银行苏州分行签订了编号为926032013010541的《综合授信合同》一份，双方约定：在合同约定的授信有效期内，被告裴某作为授信提供人可以向原告申请使用的最高授信额度为70万元；合同项下的最高额授信可用于个人贷款；最高额授信额度的有效使用期限为24个月，即从2013年3月28日至2015年3月28日；合同项下的授信用途为经营周转；合同项下的每笔借款的利率以及利率调整方式由双方另行协商确定，并约定在适用的具体业务合同或具体业务申请书中，该利率标准不得低于8.1%。《综合授信合同》第15.1条约定，授信提用人在本合同项下的任一笔贷款发生逾期或者有本合同约定违约情形的，应当向借款人支付逾期利息与违约罚息，逾期利率按照约定利率上浮50%收取，违约罚息按照约定利率上浮100%收取。《综合授信合同》对其他权利义务亦进行具体约定。被告裴某、邱某某作为授信人/借款人在该合同上签字确认。

2013年3月28日，原告向民生银行苏州分行出具编号为X201550519的互助合作基金担保确认函一份，确认为被告裴某在2013年3月28日至2015年3月28日向民生银行苏州分行的借款承担保证责任，具体要求从属于原告与民生银行苏州分行签订的《小微企业互助合作基金业务合作协议》《最高额质押合同》以及民生银行苏州分行与借款人签订的《综合授信合同》。同日,被告昆山画之家艺术产业发展有限公司(以下简称昆山画之家公司)、上海万帝投资管理有限公司(以下简称上海万帝公司)分别与民生银行苏州分行签订《最高额担保合同》一份,约定分别由被告昆山画之家公司、上海万帝公司为被告裴某与民生银行苏州分行签订的《综合授信合同》项下的债务提供最高额保证担保,最高额担保所担保的主债权的发生期间为2013年3月28日至2015年3月28日。担保合同第2条约定,被告昆山画之家公司所担保的最高债权额为70万元,该最高债权额为尚未清偿的本金余额的最高限额,在债权本金余额不超过上述限额的前提下,由此而产生的本合同约定担保范围内所有应付款项,担保人均同意承担担保责任。担保合同第3条约定,被告昆山画之家公司承担保证方式为连带责任保证。担保合同第19条约定,担保人的担保范围为合同约定的被担保主债权本金和其他应付款项,其他应付款项包括利息、罚息、复利、违约金、损害赔偿金、实现债权和担保权利的费用(包括但不限于诉讼费、律师费、差旅费、房产抵押人安置费用、保全费等)和其他应付合理费用。担保合同第28条约定,担保人承担的担保责任不受主合同及本合同其他担保的影响,也不因之免除或减少。原告有权选择优先向任何一方主张权利,本合同下任何担保人均放弃任何其他担保的优先抗辩权(包括但不限于先诉抗辩,债务人自身物上抗辩等)。

2013年3月28日,被告裴某向民生银行苏州分行申请一笔借款,借款金额70万元,借款期限起始日2013年3月28日,借款到期日为2014年3月28日。2014年3月28日民生银行苏州分行向被告裴某发放贷款70万元,被告裴某向原告出具借款借据,载明:借款金额70万元,借款期限自2013年3月28日至2014年3月28日,借款执行年利率8.1%,借款用途为经营周转。借款到期后,被告裴某未能向民生银行苏州分行足额归还借款本息。民生银行苏州分行根据其与原告之间的《综合授信合同》约定于2014年6月9日从原告保证金账户扣119,000元,于2014年6月30日扣划604,235.23元。原告共为被告裴某向民生银行苏州分行代偿了借款本金、利息共计723,235.23元。后因原告向被告裴某追偿未果,诉至法院。

另查明:被告裴某与被告邱某某于1998年11月16日办理结婚登记,被告裴某向民生银行苏州分行借款时,处于其与被告邱某某夫妻婚姻关系存续期间。

【案件争点】

原告、被告之间的委托担保合同关系是否依法成立并生效。

【裁判要旨】

法院认为：非营利性法人中的社会团体法人可以在章程允许范围内作保证人。非营利性法人中的社会团体法人，根据基金会章程以及所签订的《小微企业互助合作基金业务合作协议》、《最高额质押合同》和《互助基金担保确认函》履行了质押担保人和保证人的义务，其作为担保人履行代偿义务后，有权向债务人追偿并要求其赔偿相应损失。

三、裁判规则提要

根据《民法总则》第90条的规定："具备法人条件，基于会员共同意愿，为公益目的或者会员共同利益等非营利目的设立的社会团体，经依法登记成立，取得社会团体法人资格；依法不需要办理法人登记的，从成立之日起，具有社会团体法人资格。"社会团体法人是自然人的联合体，一般经登记取得法人资格，不得从事营利性经营活动，相当于国外非营利性社团法人，其中也有公益性质的，如政党。按照我国《社会团体管理条例》的规定，社团法人分为需经审查同意并登记的社会团体和依法不需要登记的社会团体两种。不需要登记的社会团体法人主要指参加中国人民政治协商会议的人民团体、由国务院机构编制管理机关核定，并经国务院批准免于登记的团体、机关以及团体、企事业单位内部经本单位批准成立、在本单位内部活动的团体。除此以外，其他的社会团体都需要登记。[①] 最高人民法院《担保法解释》第3条规定："国家机关和以公益为目的的事业单位、社会团体违反法律规定提供担保的，担保合同无效。"可见，法律并未禁止所有类型的社会团体法人实施担保，只是规定公益性社会团体不能违反法律规定提供担保。判断社会团体法人是否能够作保证人，需要根据其法人章程确定。《民法总则》第91条第1款规定："设立社会团体法人应当依法制定法人章程。"倘若法人章程允许本社会团体作保证人，则其可以在章程允许的范围内作保证人。

根据成立目的不同，非营利性法人的成立原因可分为由公益目的而成立和由于其他非营利目的而成立。根据《担保法》的规定，以公益为目的的事业单位、社会团体不得为保证人。但无规定其他性质的社会团体是否可以充当保证人。从社会职能的角度来看，以公益为目的的社会团体是直接为社会公众服务的，如果允许其担任保证人而最终履行保证责任的话，必然会直接影响社会公共利益。随着经济

---

① 参见曹士兵：《中国担保制度与担保方法》（第4版），中国法制出版社2017年版，第74、75页。

体制改革的不断深入,从事经营活动的社会团体具有经济收入,并且实行企业化管理,自负盈亏,其具有从事保证活动的法定能力,应当允许其担任保证人。《担保法解释》考虑这些客观情况,确认"从事经营活动的事业单位、社会团体为保证人的,如无其他导致保证合同无效的情况,其所签订的保证合同应当认定为有效"。符合社会发展的需要。

社会团体法人基于会员共同意愿而设立,会员共同的意愿均应反映在法人章程中,法人的行为准则在不违反法律法规的前提下,均应根据法人章程来确定。社会团体法人开展业务要忠于社团章程。因此,社团法人作为保证人的范围自然也要遵循章程的规定。此外,社会团体法人虽然为非营利性法人,但其中有很大一部分具有盈利能力,这种盈利能力正是此类社会团体法人生存发展的基础。特别是有一种社会团体法人设立的目的正是为中小企业提供担保,若禁止其担保功能,则这种中小企业社会担保团体法人将丧失产生的基础。针对这类社团法人,我们只要注意其保证范围要遵从社团法人章程。

为正确审理涉及非营利性法人作保证人的案件,积极保护社会团体组织的顺利发展,根据《民法总则》《民事诉讼法》《担保法》等法律规定,应该认定非营利性法人中的社会团体法人可以在章程允许范围内作保证人。

四、辅助信息

高频词条:

《民法总则》

第 87 条 为公益目的或者其他非营利目的成立,不向出资人、设立人或者会员分配所取得利润的法人,为非营利法人。

非营利法人包括事业单位、社会团体、基金会、社会服务机构等。

第 90 条 具备法人条件,基于会员共同意愿,为公益目的或者会员共同利益等非营利目的设立的社会团体,经依法登记成立,取得社会团体法人资格;依法不需要办理法人登记的,从成立之日起,具有社会团体法人资格。

第 91 条 设立社会团体法人应当依法制定法人章程。

社会团体法人应当设会员大会或者会员代表大会等权力机构。

社会团体法人应当设理事会等执行机构。理事长或者会长等负责人按照法人章程的规定担任法定代表人。

《担保法》

第 9 条 学校、幼儿园、医院等以公益为目的的事业单位、社会团体不得为保证人。

第 65 条 质押合同应当包括以下内容：

（一）被担保的主债权种类、数额；

（二）债务人履行债务的期限；

（三）质物的名称、数量、质量、状况；

（四）质押担保的范围；

（五）质物移交的时间；

（六）当事人认为需要约定的其他事项。

质押合同不完全具备前款规定内容的，可以补正。

《担保法解释》

第 3 条 国家机关和以公益为目的的事业单位、社会团体违反法律规定提供担保的，担保合同无效。因此给债权人造成损失的，应当根据担保法第五条第二款的规定处理。

第 7 条 主合同有效而担保合同无效，债权人无过错的，担保人与债务人对主合同债权人的经济损失，承担连带赔偿责任；债权人、担保人有过错的，担保人承担民事责任的部分，不应超过债务人不能清偿部分的二分之一。

第 16 条 从事经营活动的事业单位、社会团体为保证人的，如无其他导致保证合同无效的情况，其所签定的保证合同应当认定为有效。

第 20 条 连带共同保证的债务人在主合同规定的债务履行期届满没有履行债务的，债权人可以要求债务人履行债务，也可以要求任何一个保证人承担全部保证责任。

连带共同保证的保证人承担保证责任后，向债务人不能追偿的部分，由各连带保证人按其内部约定的比例分担。没有约定的，平均分担。

担保纠纷案件裁判规则第 6 条:

捐助法人应当根据其性质认定其担保人资格,但登记为社会团体法人的和依常识认为不能涉入经济活动的捐助法人不得作保证人

〔**规则描述**〕:捐助法人是新颁布的《民法总则》规定的法人新分类,该分类包含的法人种类繁多,这些种类繁多的捐助法人是否具备作担保人的主体资格,要个别分析,不能一概而论,但限制是显而易见的。比如,依照《担保法》的规定,以公益为目的的事业单位法人、社会团体法人性质的捐助法人,依法不具备担保主体资格;捐助法人在注册登记的章程中规定不得从事商业活动的,该捐助法人不得从事担保行为,担保行为的相对人原则上也不构成善意;宗教场所法人因其宗教教义限制和世俗识见的常识化,而不得从事商业性、经济性活动,担保行为的相对人亦因常识要求而难以构成善意第三人。

一、类案检索大数据报告

时间:2019 年 5 月 11 日之前,案例来源:Alpha 案例库,案件数量:40 件,数据采集时间:2019 年 5 月 11 日。本次检索获取了 2019 年 5 月 11 日前共 40 篇合同纠纷裁判文书。其中认同登记为社会团体法人的和依常识认为不能涉入经济活动的捐助法人不得作保证人的案件 22 件,不认同的案件 15 件,不相关案件 3 件。整体情况如下:

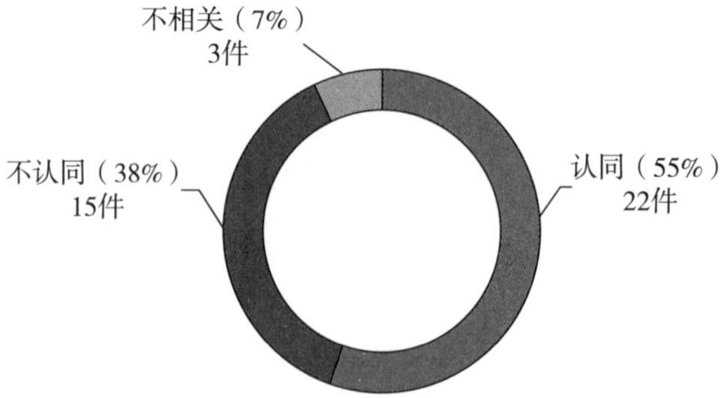

图 6-1 是否认同登记为社会团体法人的和依常识认为不能涉入经济活动的捐助法人不得作保证人

如图6－1所示，从法院是认同登记为社会团体法人的和依常识认为不能涉入经济活动的捐助法人不得作保证人的角度来看，法院不认同的案件占38%，认同的案件占55%，不相关的案件占7%。

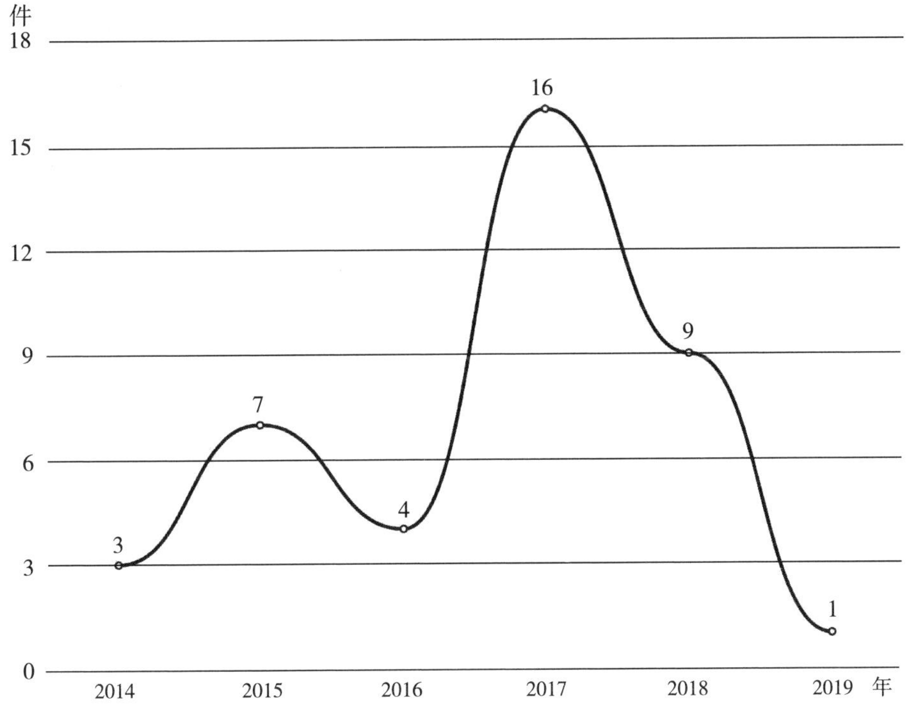

图6－2　案件年份分布情况

如图6－2所示，从上方的年份分布可以看到当前条件下合同纠纷案例数量的变化趋势。

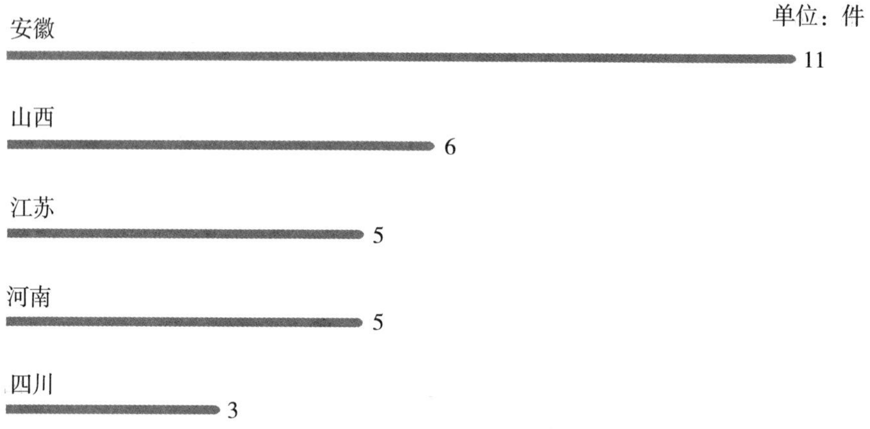

图 6－3　案件主要地域分布情况

如图 6－3 所示,从地域分布来看,当前合同纠纷案例主要集中在安徽省、山西省、江苏省,分别占比约 27.50%、15.00%、12.50%。其中安徽省的案件量最多,达到 11 件。

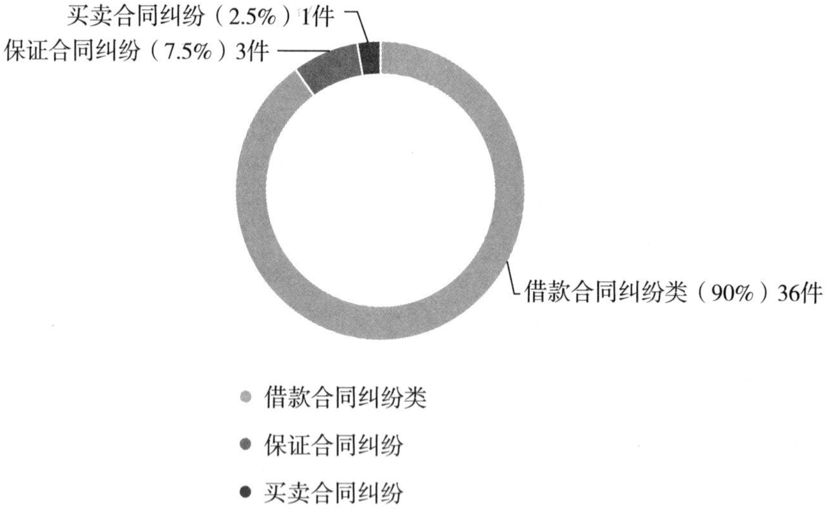

图 6－4　案件案由分类情况

如图 6－4 所示,从上面的案由分类情况可以看到,合同纠纷当前最主要的案由是借款合同纠纷类,有 36 件,占一半以上。其次是保证合同纠纷、买卖合同纠纷。

二、可供参考的例案

例案一 | 刘某某与宁波江北护龙禅寺、王某某等建设工程施工合同纠纷案

【法院】

宁波市江北区人民法院

【案号】

(2018)浙0205民初5329号

【当事人】

原告:刘某某

被告:宁波江北护龙禅寺(统一社会信用代码:71330205725163093L)

主要负责人:释某某

被告:林某某

【基本案情】

2016年,王某某从护龙禅寺承包了地宫建设工程,后王某某将工程转包给林某某。刘某某为上述工程提供吊车并担任司机。2016年11月29日,为使刘某某在林某某接手后重新进场,刘某某、护龙禅寺员工胡某某、林某某在护龙禅寺签订《护龙禅寺吊车租赁合同》(以下简称《租赁合同》)一份,该合同载明:2016年2月1日至2016年7月5日工程款尚欠27,500元,其中25,000元由林某某承担,2500元由护龙禅寺承担,款项应于2017年1月22日付清或地宫封顶后付清。刘某某重新进场后护龙禅寺支付给林某某1万元,林某某将该笔1万元支付给刘某某,另外重新进场后的款项已经结清,故林某某尚欠刘某某15,000元,护龙禅寺尚欠2500元。刘某某认为,护龙禅寺应对林某某所欠15,000元承担连带责任,理由如下:(1)本案系建设工程施工合同,护龙禅寺是发包方,其将工程发包给无资质的个人,应对工程款承担连带责任;(2)护龙禅寺的代表胡某某签订了租赁合同,承诺护龙禅寺系该笔工程款的担保人;(3)护龙禅寺系工程受益方,应在受益范围内承担责任。刘某某多次(包括在担保期限内)向胡某某和护龙禅寺住持催讨,未果,故本案成讼。

王某某向护龙禅寺承包了地宫建设工程,刘某某为该工程提供吊车并担任吊车司机。后王某某退出不再继续施工,由林某某接手继续施工。

为使刘某某在林某某接手后继续为涉案工程提供吊车并担任司机,2016年11

月29日,林某某、刘某某、胡某某签订租赁合同一份。租赁合同载明林某某为承租方,刘某某为出租方。胡某某在租赁合同抬头"护龙禅寺吊车租金担保方"一栏及落款"护龙禅寺代表人签字"一栏签名。各方约定:承租方因施工需要租用出租方吊车,为明确责任和义务,经三方友好协商,特订立本合同,共同遵守执行;吊车一台,施工地点慈城护龙禅寺,施工内容为吊石头、泥土,吊车进场时间为2016年12月2日;吊车租金为900元一个台班,停工(晴天)按450元收取;晴天停工的台班费由护龙禅寺支付,下大雨不收台班费,每个台班为8个小时,每日以一个台班起算;付款方式"吊车进场由护龙禅寺付进场费1万元,顶2016年7月5日的账目,每10天结清一次,逾期不支付刘某某有权停工,停工期间台班费由护龙禅寺支付";2016年2月1日至2016年7月5日的台班费用由林某某付25,000元,护龙禅寺付2500元,以上吊车费用于2017年1月22日付清,护龙禅寺负责担保。租赁合同上述内容左下方还备注:或地宫封顶后付清。

2016年12月2日,刘某某重新进场,护龙禅寺支付1万元进场费给林某某,林某某已将该笔款项支付给刘某某。另外,护龙禅寺已经付清吊车2016年12月2日后的全部款项,款项计算方式与租赁合同约定一致。

2017年2月、3月,刘某某曾向护龙禅寺方丈和胡某某催讨17,500元。

【案件争点】

护龙禅寺是否可以承担保证责任。

【裁判要旨】

根据《宗教事务条例》第52条的规定:"宗教团体、宗教院校、宗教活动场所是非营利性组织,其财产和收入应当用于与其宗旨相符的活动以及公益慈善事业,不得用于分配。"禅寺系以公益为目的非私人修建的寺庙,根据《担保法》第9条规定,不能担任保证人。

例案二 | 范某某与王某某民间借贷纠纷案

【法院】

河南省郑州市中级人民法院

【案号】

(2017)豫01民终10352号

【当事人】

上诉人（原审原告）：范某某

上诉人（原审原告）：王某某

被上诉人（原审被告）：翟某某

被上诉人（原审被告）：生某某

被上诉人（原审被告）：赵某某

被上诉人（原审被告）：河南省炎黄姓氏历史文化基金会

法定代表人：赵某某

【基本案情】

2015年5月25日、2016年7月7日范某某与赵某某签订两份借款合同，载明：两笔借款均为25万元，出借人为范某某，借款人为赵某某，担保单位为河南省炎黄姓氏历史文化基金会。落款处范某某、赵某某签字确认，河南省炎黄姓氏历史文化基金会加盖公章。

2014年9月25日，范某某向翟某某转款20万元。2015年6月28日，王某某取款5万元，称出借给翟某某。2015年7月7日，范某某向翟某某转款25万元。2015年7月24日，王某某通过河南省农村信用社向翟某某转款20万元。以上款项共计70万元，翟某某认可收到上述款项。

一审法院认为，债务应当偿还。范某某、王某某提交的两份借款合同均载明，出款人范某某，借款人为赵某某，担保单位为河南省炎黄姓氏历史文化基金会。合同各方在借款落款处均签字确认，系各方真实意思表示，各方权利义务应受合同约束。赵某某未按照约定偿还借款本金50万元，河南省炎黄姓氏历史文化基金会也未按照约定履行保证义务，均存在违约，应承担偿还本金50万元及保证责任。

赵某某提交的借款合同复印件中出借人未签字确认，范某某对此借款合同真实性予以否认。故赵某某、河南省炎黄姓氏历史文化基金会辩称其系借款人及担保人，法院无法予以采信。范某某、王某某持银行转款凭证主张与翟某某之间存在20万元的借款关系，且翟某某认可已收到20万元，故该院对王某某与翟某某之间存在20万元借款事实予以认可。翟某某与生某某系夫妻，翟某某未偿还借款，构成违约，故范某某、王某某请求翟某某、生某某共同继续偿还借款本金20万元，法院予以支持。

二审法院经审理查明的事实与一审法院相同。

当事人对自己提出的诉讼请求所依据的事实或者反驳对方诉讼请求所依据的

事实,应当提供证据加以证明,但法律另有规定的除外。在作出判决前,当事人未能提供证据或者证据不足以证明其事实主张的,由负有举证证明责任的当事人承担不利的后果。范某某、王某某主张向翟某某借款70万元,提交有银行转账明细以支持其诉讼请求。翟某某不予认可,辩称实际借款人是赵某某和河南省炎黄姓氏历史文化基金会,其系受河南省炎黄姓氏历史文化基金会委托代收款项,不是实际贷款人。但翟某某提交的河南省炎黄姓氏历史文化基金会出具的该《委托书》系让翟某某收取款项,而范某某、王某某及赵某某提交的《借款合同》中河南省炎黄姓氏历史文化基金会不是借款人,故《委托书》与本案无关。本案一审、二审庭审时,翟某某对法庭询问涉案借款是否交付赵某某、河南省炎黄姓氏历史文化基金会以及交付数额时陈述不清或拒绝回答,且《借款合同》也未约定翟某某为指定收款人,故翟某某关于其是借款的指定收款人、不是借款人的主张缺乏证据支持,应当承担举证不利的后果。翟某某应为涉案款项的实际借款人。

赵某某、河南省炎黄姓氏历史文化基金会与范某某签订的《借款合同》,系三方的真实意思表示,合法有效,对三方均具有约束力。故赵某某应为《借款合同》所涉款项的共同借款人,河南省炎黄姓氏历史文化基金会为《借款合同》所涉款项的连带责任保证人。

【案件争点】

河南省炎黄姓氏历史文化基金会是否可以作连带责任保证人。

【裁判要旨】

法院认为:作为非营利性法人中的捐助法人的基金会与原告签订的《借款合同》,系真实意思表示,合法有效,对当事人均具有约束力。

例案三 | 李某与河南美事达置业有限公司、河南省黄河文化基金会合同纠纷案

【法院】

河南省郑州市中级人民法院

【案号】

(2016)豫01民初227号

【当事人】

原告:李某

被告:河南美事达置业有限公司

法定代表人：翁某某，经理

被告：河南省黄河文化基金会

法定代表人：黄某某

被告：河南正茂房地产开发有限公司

法定代表人：张某某，经理

【基本案情】

2015年1月30日，原告李某与被告河南美事达置业有限公司签订委托投资协议，约定委托人李某与受托人河南美事达置业有限公司商定的委托资金额为贰仟玖佰万元人民币(29,000,000元)；双方商定委托投资期限为半年(从委托人将资金付给受托人或受托人指定的第三人之日起半年)；委托人与受托人商定：委托人半年的资金收益率不低于30%(委托人半年资金净收益大于或等于向受托人交付的资金总额乘以30%)；委托期限到期后，受托人至迟应于到期后次日将委托资金及收益足额支付至委托人账户；受托人未能按约定将委托资金交付受托人时，需另向委托人按委托资金总额的日千分之五承担违约责任。附：受托人账户：户名，河南美事达置业有限公司，或河南正茂房地产开发有限公司。委托投资协议落款为：委托人李某，委托人河南美事达置业有限公司黄某某；受托人的连带保证人：河南省黄河文化基金会，河南正茂房地产开发有限公司。2015年2月3日，原告李某向被告河南正茂房地产开发有限公司在中国建设银行南阳分行的账户汇入29,000,000元(付款人户名李某，付款人账号/卡号为62××77；收款人户名为河南正茂房地产开发有限公司，收款人账号/卡号为41××99)。2015年2月3日收据显示：今收到李某委托投资款贰仟玖佰万元整(29,000,000元)。收款人：河南美事达置业有限公司黄某某2015.2.3。委托投资期限到期后，被告河南美事达置业有限公司未按约定将委托资金交付委托人，双方发生纠纷。原告李某于2016年1月28日向法院提起诉讼。

【案件争点】

河南省黄河文化基金会作为保证人是否应履行连带保证债务。

【裁判要旨】

法院认为：公募基金会可以作为保证人，承担连带保证责任。故被告河南省黄河文化基金会、河南正茂房地产开发有限公司应对被告河南美事达置业有限公司的债务及利息承担连带保证责任。

三、裁判规则提要

解决捐助法人能否作担保人的问题,需要首先厘清捐助法人的概念和种类,然后分析现行法律的限制性规定,最后将特定性质的捐助法人和法律限制进行对照。

(一)首先是捐助法人的概念和种类

按《民法总则》的规定,捐助法人是基于捐助财产而设立的法人,包括基金会、社会服务机构和宗教活动场所。"捐助法人"是生造出来的概念,这一概念与公益法人、基金会之间的关系也有待厘清,可以用大陆法系通用概念"财团法人"(Foundation)的内涵和外延来作为理解参考。依据我国《慈善法》的规定,慈善组织可以采用基金会、社会团体、社会服务机构等组织形式,并非只能采用捐助的方式设立,比如提供慈善服务的大学生志愿者服务协会,也可以采用社会团体或非法人组织的形式。因此,慈善组织属于捐助法人,依然要查阅其登记材料和相关证书。

《民法总则》使用"宗教活动场所捐助法人"概念,旨在强化活动地点、加强行政审批和监管(1994 年《宗教活动场所登记办法》和 2005 年《宗教活动场所设立审批和登记管理办法》),它既不能反映出法人的团体构造,也不符合宗教组织也可能有多个场所的事实,因此,可以用大陆法系"宗教团体法人"的概念来加强理解。

社会服务机构已经占据我国数十万家社会组织的半壁江山,广泛活跃在教育、科技、文化、卫生、体育、养老、社会工作、环境保护、法律援助等领域。比如民办学校、民办医院、民办养老院、民办博物馆、民办社会工作机构等组织。此外还有儿童、青年、康复、养老、智障、社会矫正、怡情、体育、教育、文化、博物馆(如中国金融博物馆、樊建川博物馆等)。广州慧灵智障人士服务机构于 1990 年建立,2000 年进入北京,就属于社会服务机构捐助法人中的优秀代表。

(二)法律关于公益性质法人担保资格的限制

《担保法》与《民法通则》均制定于 20 世纪,根据《民法通则》关于国家机关、事业单位、社会团体、企业法人四分法,《担保法》规定以公益为目的的事业单位和社会团体法人不能作保证人,其目的在于既保护公益单位免于担保沉疴,又限制公益单位"越界"。到目前为止,关于公益单位担保资格的限制仅见于《担保法》及其司法解释，限制的要素也仅有两个，一是以公益为目的，二是事业单位和社会团体；就后一个要素而言，仅仅是现行《民法总则》捐助法人中的一小部分，比如登记为社会团体法人的慈善组织性质是捐助法人，而大部分事业单位和社会团体法人属于《民法总则》中的非营利性法人。因此，如果将《担保法》和《民法总则》相对照，必须注意到两者不能无缝对接，这也就为捐助法人的担保资格的认定提供新的法律逻辑。

（三）捐助法人原则上具有担保资格，但属于社会团体法人性质的捐助法人依然不能作保证人

判断捐助法人的担保资格，需要将《担保法》第9条和《民法总则》关于捐助法人的规定相对照，这是认定捐助法人担保资格的基本法律逻辑。对照的结果也至为清晰，即符合《担保法》第9条规定的以公益为目的的社会团体性质的捐助法人不能作保证人，其公益性质的财产也不能作担保物，因此不具备担保主体资格。由于按照《民法总则》的规定，捐助法人均以公益为目的，因此判断捐助法人担保资格的法律逻辑就剩下考察捐助法人设立的性质是否为事业单位或社会团体法人这一条，因此得出以上结论。因为捐助法人不能登记为事业单位，而登记为社会团体的捐助法人数量又少，因此大量非社会团体法人的捐助法人，如基金会、社会服务机构，后者包括民办学校、医院、幼儿园、养老院等，在《民法总则》颁布后因登记为捐助法人而不再落入《担保法》第9条的限制范围，并因此具有了担保资格。这是法律适用逻辑上的分析结果。

从社会效果上分析，捐助法人因捐助行为而成立，不利用国家、政府、国有企业资金，因此不需要法律“家长式的关怀”，捐助法人的行为应当由捐助者负责监督和限制。这不仅有利于捐助者和管理者（捐助法人理事会）责任自负，也有利于捐助法人通过担保行为获得资金支持而进一步发展壮大。

（四）常识对捐助法人缔结担保关系的限制

捐助法人因从事公益活动而依法设立，其中还有受严格宗教教义限制的宗教场所法人，这些在设立和存在上就区别于一般法人的捐助法人，要求社会按照常识与之打交道，包括缔结合同关系。常识构成社会伦理，对行为有强制约束力，其强制性体现在违背社会伦理的民事行为，依照民法公序良俗的基本原则，不具有法律拘束力。具体而言：对捐助法人在认识上的常识是，捐助法人以公益为设立目的，

不从事营利性的商业活动,原则上也不从事商业性质的民事活动,如民间借贷和担保活动,在注册登记的章程中明确规定捐助法人不得从事商业活动的,该捐助法人不得从事担保行为,常识要求担保行为的相对人应知捐助法人不能作保证人,因此相对人不构成善意第三人;宗教场所法人因其宗教教义限制,世俗社会应当明知或应知其不得从事商业性、经济性活动,担保行为的相对人亦因这样的常识而难以构成善意第三人。常识的存在,其意义是否定相对人的善意,这是社会伦理在司法实践中的运用,值得法官高度关注。

四、辅助信息

高频词条:

《合同法》

第6条 当事人行使权利、履行义务应当遵循诚实信用原则。

第8条 依法成立的合同,对当事人具有法律约束力。当事人应当按照约定履行自己的义务,不得擅自变更或者解除合同。

依法成立的合同,受法律保护。

第60条 当事人应当按照约定全面履行自己的义务。

当事人应当遵循诚实信用原则,根据合同的性质、目的和交易习惯履行通知、协助、保密等义务。

第107条 当事人一方不履行合同义务或者履行合同义务不符合约定的,应当承担继续履行、采取补救措施或者赔偿损失等违约责任。

第114条 当事人可以约定一方违约时应当根据违约情况向对方支付一定数额的违约金,也可以约定因违约产生的损失赔偿额的计算方法。

约定的违约金低于造成的损失的,当事人可以请求人民法院或者仲裁机构予以增加;约定的违约金过分高于造成的损失的,当事人可以请求人民法院或者仲裁机构予以适当减少。

当事人就迟延履行约定违约金的,违约方支付违约金后,还应当履行债务。

《担保法》

第6条 本法所称保证,是指保证人和债权人约定,当债务人不履行债务时,保证人按照约定履行债务或者承担责任的行为。

第19条 当事人对保证方式没有约定或者约定不明确的,按照连带责任保证承担保证责任。

第 21 条 保证担保的范围包括主债权及利息、违约金、损害赔偿金和实现债权的费用。保证合同另有约定的，按照约定。

当事人对保证担保的范围没有约定或者约定不明确的，保证人应当对全部债务承担责任。

担保纠纷案件裁判规则第7条:

特别法人中的国家机关、居委会、村委会不得作保证人

〔**规则描述**〕:国家机关、居委会、村委会、业主委员会都具有机关法人的本质,因法定或约定职能所限,不能从事担保行为,不得作保证人。

一、类案检索大数据报告

时间:2019年5月9日之前,案例来源:Alpha案例库,案件数量:440件,数据采集时间:2019年5月9日。本次检索以特别法人中的国家机关为例,获取了民事2019年5月9日前共440篇裁判文书,其中认同国家机关不得作保证人案件440件。整体情况如下:

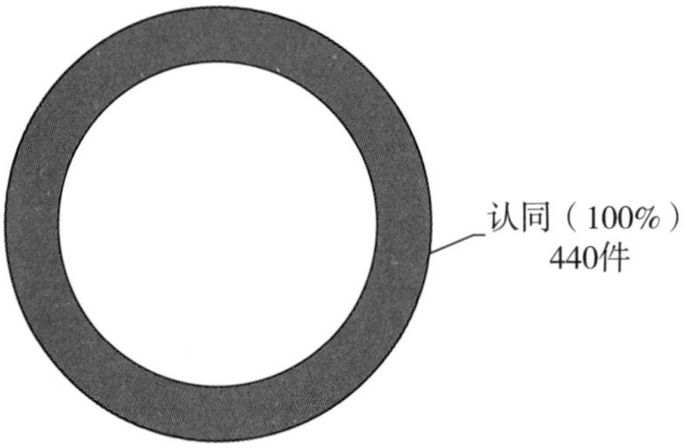

图7-1 是否认同国家机关不得作保证人

如图7-1所示,从案件中国家机关是否能够作为保证人的角度来看,认同国家机关不得作为保证人案件占100%。

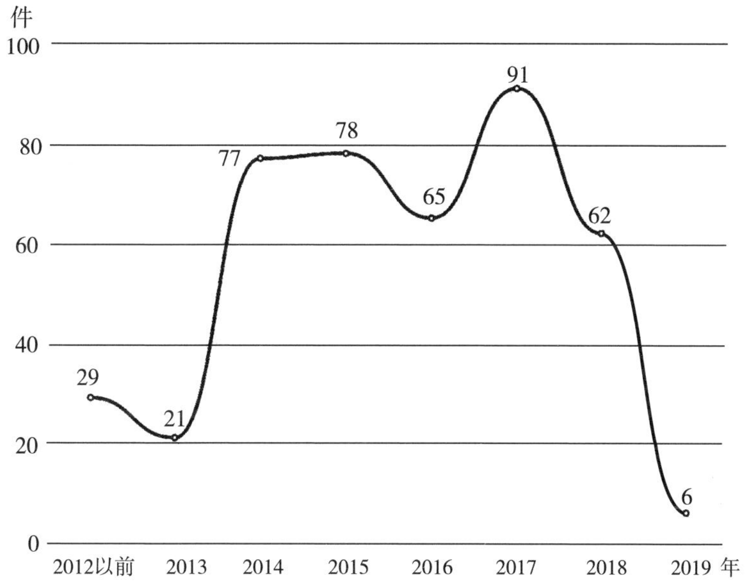

图 7－2　案件年份分布情况

如图 7－2 所示，从案件年份情况可以看出，当前条件下案件数量的变化趋势。

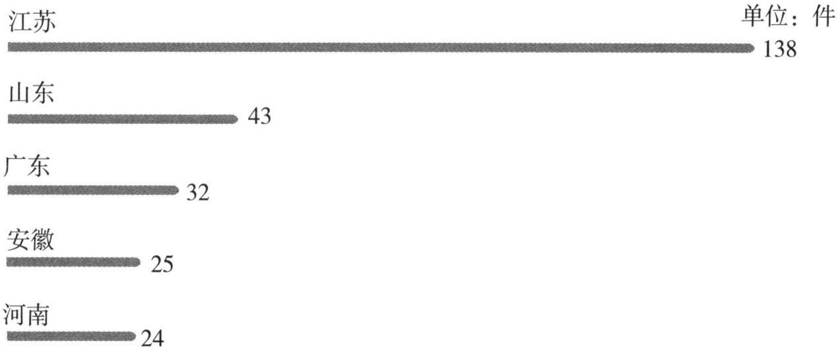

图 7－3　案件主要地域分布情况

如图 7－3 所示，从案件地域分布情况可以看出，当前案件主要集中在江苏省、山东省、广东省，分别占比约 31.36%、9.77%、7.27%。其中江苏省的案件量最多，达到 138 件。

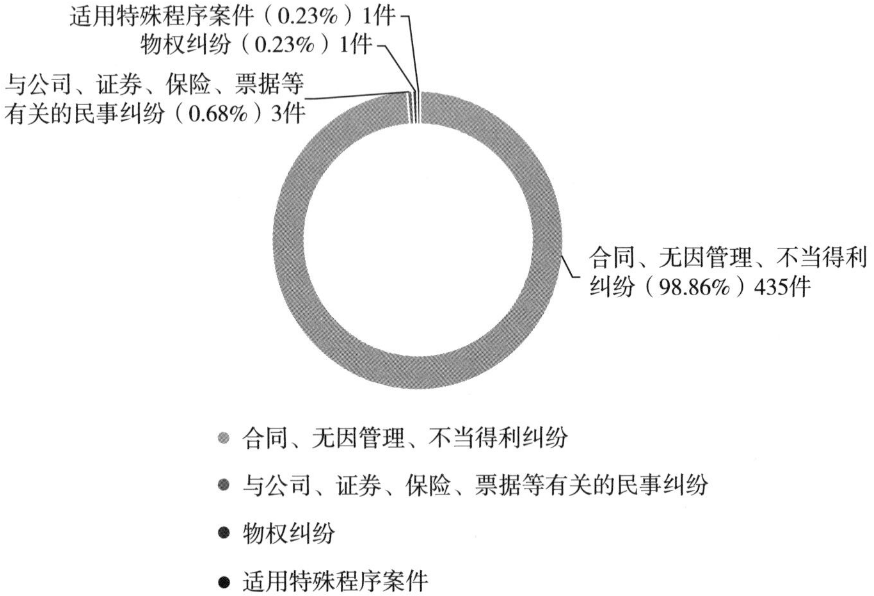

图 7－4　案件案由分类情况

如图 7－4 所示,从案件案由分类情况可以看出,当前最主要的案由是合同纠纷,有 435 件。其中借款合同纠纷案件 155 件(包括民间借贷纠纷案件 38 件),追偿权纠纷案件 97 件,保证合同纠纷案件 93 件,买卖合同纠纷案件 26 件,其他合同纠纷案件 64 件。其次是与公司、证券、保险、票据等有关的民事纠纷,物权纠纷,适用特殊程序案件。

二、可供参考的例案

例案一　中国东方资产管理公司广州办事处与惠州大亚湾经济技术开发区财政局、惠州市大亚湾财联投资实业总公司金融不良债权追偿权纠纷案

【法院】

广东省惠州市中级人民法院

【案号】

(2014)惠中法民二终字第 289 号

【当事人】

上诉人(原审原告):中国东方资产管理公司广州办事处

被上诉人（原审被告）：惠州大亚湾经济技术开发区财政局

原审被告：惠州市大亚湾财联投资实业总公司

【基本案情】

1993年3月12日，中国人民建设银行惠阳支行澳头办事处（以下简称建行澳头办）与被告惠州市大亚湾财联投资实业总公司（以下简称财联投资公司）、惠州大亚湾经济技术开发区财政局（以下简称大亚湾财政局）在原惠阳县公证处的公证下签订一份《中国人民建设银行借款合同》（以下简称《借款合同》），《借款合同》约定：被告财联投资公司向建行澳头办借款人民币500万元整用于临时资金周转，借款期限为6个月，即从1993年3月12日至1993年9月11日。贷款利息按月息8.1‰计算，按季结息，如不按期归还贷款，逾期部分加收利息20%；不按规定用途使用贷款，挪用部分罚收利息50%；如国家调整利率，从调整之日起，按调整后的贷款利率计算贷款利息。被告财联投资公司不能按时付息时，建行澳头办有权从其账户中扣收或暂时停止支付贷款。借款到期，被告财联投资公司如不能按期偿还，担保单位代为偿还。合同还约定被告财联投资公司用其在澳头虎爪地皮1块，面积1500平方米作为抵押。被告财联投资公司在借款合同的借款单位上盖章，当时的法定代表人及经办人分别签名，被告大亚湾财政局在担保单位上盖章，当时的法定代表人也在其上签名。同时，建行澳头办与被告财联投资公司签订《抵押协议》，协议约定：被告财联投资公司以位于大亚湾区澳头虎爪2号地地段面积1500平方米的地皮作为上述贷款的抵押。被告财联投资公司并将该土地使用权的《建设用地许可证》、红线图、附图、广东省行政事业性收费单据交给建行澳头办收执，但双方未就该抵押担保办理登记手续。

自1995年至2004年，建行澳头办分别向被告财联投资公司发出《到（逾）期贷款催收通知书》，被告财联投资公司在上述通知书上盖章承诺履行还款义务。其中2001年3月26日的《催收通知书》载明："至2001年3月20日止，尚欠贷款本金320万元，利息4,101,744.24元（利息计算到2001年3月20日止）"。2004年6月28日，建行澳头办与信达公司广州办签订《债权转让协议》（第332号），协议约定：建行澳头办将享有被告财联投资公司截至2003年12月31日的上述债权及全部从权利转让给信达公司广州办。同年9月26日，建行澳头办与信达公司广州办在《南方日报》发布《债权转让暨债务催收联合公告》。同年11月29日，信达公司广州办与中国东方资产管理公司广州办事处（以下简称东方资产公司广州办）签订《债权转让协议》，协议约定：信达公司广州办将享有被告财联投资公司的上述债权及全部从权利转让给原告东方资产公司广州办。2005~2009年,信达公司广州办与原告东方资产公司广州办就上述债权三次在《南方日报》发布《债权转让暨债务催收联合公告》《债权催收暨招商公告》。

原告东方资产公司广州办因被告财联投资公司、大亚湾财政局没有按时还本付息向法院提起诉讼,要求被告财联投资公司偿还贷款剩余本金人民币320万元及相应的利息,并以其提供的抵押物对上述债务向原告承担抵押担保责任,同时要求被告大亚湾财政局对上述债务向原告承担保证担保责任。

惠州市大亚湾经济技术开发区人民法院一审认为,1993年3月12日,原被告双方签订了《借款合同》,《借款合同》第5条约定"借款到期,甲方(指被告财联投资公司)如不能按期偿还,由担保单位(指被告大亚湾财政局)代为偿还",因上述保证行为发生在《担保法》施行之前,因此,应适用行为时的法律。根据1988年10月4日最高人民法院《关于国家机关能否作经济合同的保证人及担保条款无效时经济合同是否有效问题的批复》的精神:"国家机关不应作为经济合同的保证人。经济合同中以国家机关作为保证人的,其保证条款,应确认为无效。"被告大亚湾财政局作为国家机关,没有经过相应部门的批准,其不能作为经济合同的保证人,因此,《借款合同》第5条中关于担保单位即被告大亚湾财政局承担保证责任的内容违反法律、行政法规的强制性规定,为无效条款。另外,根据法(2002)144号最高人民法院《关于处理担保法生效前发生保证行为的保证期间问题的通知》规定:"对于当事人在担保法生效前签订的保证合同中没有约定保证期限或者约定不明确的,如果债权人已经在法定诉讼时效期间内向主债务人主张了权利,使主债务没有超过诉讼时效期间,但未向保证人主张权利的,债权人可以自本通知发布之日起6个月(自2002年8月1日至2003年1月31日)内,向保证人主张权利。逾期不主张的,保证人不再承担责任。"建行澳头办在本案诉讼时效期间或诉讼时效届满后虽然有向主债务人即被告财联投资公司主张权利,但从没有向保证人即被告大亚湾财政局主张权利,且也未在上述规定的时间内向被告大亚湾财政局主张权利,因此,依照上述规定,保证人即被告大亚湾财政局免除承担保证责任。

东方资产公司广州办不服一审判决,遂向广东省惠州市中级人民法院提起上诉。

【案件争点】

被告大亚湾财政局是否应当承担保证责任。

【裁判要旨】

广东省惠州市中级人民法院二审认为:原债权人建行澳头办与原审被告财联

投资公司签订的《借款合同》，是双方的真实意思表示，内容没有违反法律、行政法规的强制性规定，是合法有效的合同。被上诉人大亚湾财政局以保证人的身份在上述《借款合同》中签名，约定财联投资公司如不能按期偿还，担保单位代为偿还，应视为大亚湾财政局与建行澳头办成立了保证合同。关于保证合同的效力，我国《担保法》及担保法施行前的司法解释均规定国家机关不能作为保证人，大亚湾财政局作为国家行政机关，与建行澳头办成立的保证合同依法应确认无效。根据《担保法》第5条第2款“担保合同被确认无效后，债务人、担保人、债权人有过错的，应当根据其过错各自承担相应的民事责任”的规定，大亚湾财政局应承担相应的民事责任。由于《借款合同》约定的还款期限于1993年9月11日届满，诉讼时效从次日起开始计算，建行澳头办向财联投资公司多次主张权利，构成诉讼时效多次中断。上诉人东方资产公司广州办未能举证证明1999年5月12日主债务诉讼时效届满之后至2004年9月26日原债权人在《南方日报》上发布债权催收公告向主债务人、保证人主张权利此期间，原债权人有向保证人大亚湾财政局主张权利。因此，应认定大亚湾财政局基于无效保证合同应承担的相应民事责任的诉讼时效已超过。本案主债务超过诉讼时效后，财联投资公司在催收通知书上盖章，应视为对原债务的重新确认，但大亚湾财政局并未提供新的担保，故上诉人东方资产公司广州办上诉请求大亚湾财政局承担相应的赔偿责任，理据不足，不予支持。

例案二 | 宜良县马街镇马街居民委员会、郑某某等与昆明长青融资担保有限公司、赵某某等担保追偿权纠纷案

【法院】

云南省昆明市中级人民法院

【案号】

(2013)昆民再终字第16号

【当事人】

抗诉机关：云南省人民检察院

申诉人(一审被告、二审上诉人)：宜良县马街镇马街居民委员会(原宜良县马街镇马街村民委员会)

负责人：王某某，该居委会主任

申诉人(一审被告)：郑某某

申诉人(一审被告):高某某

申诉人(一审被告):王某某

申诉人(一审被告):李某某

申诉人(一审被告):朱某某

被申诉人(一审原告、二审被上诉人):昆明长青融资担保有限公司

法定代表人:朱某某,该公司总经理

被申诉人(一审被告、二审被上诉人):赵某某

被申诉人(一审被告、二审被上诉人):张某某

一审被告:林某某

【基本案情】

赵某某、张某某系夫妻关系。2009年11月30日,宜良县农村信用合作联社马街信用社与借款人赵某某签订《个人借款合同》,共同借款人张某某。合同约定:马街信用社向赵某某提供借款本金人民币160万元,期限自2009年11月30日至2010年11月30日,月利率为7.8‰,借款用途为化肥、烤烟、牛场周转金,本合同由原告昆明长青融资担保有限公司(以下简称长青担保有限公司)作为保证人,对被告赵某某履行本借款合同项下的债务提供连带责任担保,以保障马街信用社实现债权。同日,长青担保有限公司与马街信用社签订了保证合同,承诺对前述借款承担连带保证责任。2009年11月28日,长青担保有限公司与赵某某签订《反担保合同》,约定:长青担保有限公司为被告赵某某与马街信用社签订的《借款合同》项下的借款本金160万元及利息、实现债权的费用提供连带责任保证担保,并签订保证合同,赵某某依据《反担保合同》约定提供马街村委会、郑某某等为反担保人的反担保保证。双方还就反担保保证的范围、期限、方式及违约责任作了约定,违约责任为违约方须向守约方支付反担保金额总计10%的违约金。上述合同签订后,赵某某收到了马街信用社的贷款160万元。2010年11月30日,马街信用社向长青担保有限公司发出《担保人履行义务函》,提出由于借款人赵某某未按照《个人借款合同》履行还款义务,依照长青担保有限公司出具的《保证合同》,要求长青担保有限公司承担连带保证责任。2010年,长青担保有限公司,两次偿还本金及利息共计1,753,545.98元。因余款未付,长青担保有限公司起诉至云南省宜良县人民法院,称因其为二被告偿还贷款本息,现依法取得对被告赵某某、张某某的追偿权,并根据《反担保合同》及反担保约定要求各反担保人承担连带担保责任。

云南省宜良县人民法院一审认为:本案的债权债务关系清晰,长青担保有限公

司与赵某某之间形成的保证合同关系合法有效。长青担保有限公司作为赵某某的保证人，已经依约向债权人马街信用社承担了保证责任，其有权向债务人赵某某、张某某行使追偿权。

关于反担保应适用《担保法》中担保的相关规定。按《村民委员会组织法》的规定，村民委员会（以下简称村委会）是村民自我管理、自我教育、自我服务的基层群众性自治组织，办理本村的公共事务和公益事业，其并不是一个独立的经济组织，没有清偿债务的能力，不具备保证人的资格。同时，《担保法解释》第15条也对保证人的主体资格作了界定，而且村委会对外保证这一重大事项应根据《村民委员会组织法》第19条[1]的规定，提交村民会议讨论决定。可见，宜良县马街镇马街村民委员会（以下简称马街村委会）不在法定保证人主体范围内，其保证行为无效，故马街村委会的保证无效。长青担保有限公司与赵某某、张某某、马街村委会、郑某某等签订《反担保合同》中长青担保有限公司与马街村委会之间所涉及的反担保条款无效，基于反担保条款所产生违约金的条款，亦不具备法律效力。根据《担保法》相关规定，保证合同无效，保证人有过错的，应当对过错承担责任。本案中，时任村委会主任的赵某某，没有资格从事担保，却以村委会的名义为自己提供担保。马街村委会的其他委员对公章应尽妥善保管和监督公章用途的义务，对公章监管不当所造成的法律后果存在一定过错，故马街村委会应对其未尽监管义务承担相应的民事责任。长青担保有限公司作为经营融资担保业务的民事主体，应较普通民事主体对于担保问题更具专业能力，本案中反担保人马街村委会的主体资格的瑕疵及欠缺是明显的，而长青担保有限公司疏于审查显然也应当对无效民事行为的产生承担主要过错责任，作为本案反担保人的马街村委会承担民事责任的部分，不应超过债务人赵某某、张某某未清偿的债务本金不能清偿部分的1/10。

一审判决宣判后，宜良县马街镇马街居民委员会（以下简称马街居委会）不服，向云南省昆明市中级人民法院提起上诉。法院二审认为，1998年修订的《村民委员会组织法》第2条规定："村民委员会是村民自我管理、自我教育、自我服务的基层群众性自治组织，实行民主选举、民主决策、民主管理、民主监督。"由此可见，村委会不是实质意义上的政府组织，仅是受地方政府委托办理部分公共事务的基层群众性自治组织，但村委会作为村民集体经济组织，在承担一般公共事务管理、公益事业职能的同时，还承担了组织和发展农村经济的重要职能，具备经济组织发展

---

① 当时有效的《村民委员会组织法》对应现行有效《村民委员会组织法》第24条。

经济、抵抗风险的作用。根据《担保法》第7条“具有代为清偿债务能力的法人、其他组织或者公民,可以作保证人”。《担保法解释》第15条“担保法第七条规定的其他组织主要包括……”之规定,我国法律法规并未对村委会担任保证人作出禁止性规定,根据民法原则,法不禁止即允许,马街村委会担任保证人并未违反担保法禁止性规定,其保证人资格应予确认。

二审判决生效后,云南省人民检察院提出抗诉认为:马街居委会是村民自我管理、自我教育、自我服务的基层群众性自治组织,其主要职能是办理本村村民的公共事务和公益事业的自治性组织,不是独立的经济组织,不具有偿债能力,根据《担保法》第9条“学校、幼儿园、医院等以公益为目的的事业单位、社会团体不得为保证人”的规定,马街居委会的主体不适格,不具有保证人的资格,二审判决认定其有保证人资格属于认定的基本事实缺乏证据证明。根据《村民委员会组织法》第19条规定,“涉及村民利益的下列事项,村民委员会必须提请村民会议讨论决定,方可办理……(八)村民会议认为应当由村民会议讨论决定的涉及村民利益的其他事项”。为借款提供保证反担保是关乎村民切身利益的重大事项,应当经村民会议讨论决定。本案马街居委员并未按法定程序召开村民会议讨论决定,事后也未经村民会议追认,因此,马街居委会不具备保证人资格,其提供的保证反担保无效。时任马街村委会主任赵某某为办理其个人借款以村委会名义提供保证反担保,未经村民会议讨论决定,效力不及于全体村民。虽然,《反担保合同》《保证承诺函》加盖有马街村委会的公章,但因欠缺法定必经程序,即村委会讨论同意作为反担保人后加盖公章,故不产生提供保证反担保的法律效力。且马街村委会并无过错,其不应承担责任。长青担保有限公司作为从事融资担保的专业公司,熟知何种主体具有保证人资格,其未履行注意义务疏于审查,具有明显过错,应承担马街村委会保证反担保无效的民事责任。二审判决由马街村委会承担责任属于适用法律错误。

【案件争点】

马街村委会是否具有保证人资格应当承担保证责任。

【裁判要旨】

云南省昆明市中级人民法院再审认为:根据《担保法》第9条关于“学校、幼儿园、医院等以公益为目的的事业单位、社会团体不得为保证人”的规定,应确定马街居委会是否属于该法规定的以公益为目的的事业单位及社会团体。根据《村民委员会组织法》第2条“村民委员会是村民自我管理、自我教育、自我服务的基层群众性自治组织,实行民主选举、民主决策、民主管理、民主监督”,第8条“村民委员会应当支持和组织村民依法发展各种形式的合作经济和其他经济，承担本村生产的服务和协调工作，促进农村生产建设和经济发展。村委会依照法律规定，管理本村属于村农民集体所有的土地和其他财产，引导村民合理利用自然资源，保护和改善生态环境”的规定，明显可以看出马街居委会作为农村集体经济组织，除办理本村公共事务和公益事业外，还管理本村集体所有土地和其他财产，同时还组织发展各种经济的服务、协调工作，村委会并不属于《担保法》第8条规定的不得作为保证人的以公益为目的的事业单位及社会团体。况且，目前我国法律、法规并无对居委会作为保证人作出禁止性规定，故马街居委会具有保证人资格。

根据《村民委员会组织法》第19条规定：“涉及村民利益的下列事项，村民委员会必须提请村民会议讨论决定，方可办理……（八）村民会议认为应当由村民会议讨论决定的涉及村民利益的其他事项。”本案中，时任村委会主任赵某某为个人办理银行贷款160余万元，以村委会名义为其个人贷款的保证人提供反担保，因该事项涉及村民的重大利益，依法须提请村民会议讨论决定，方可办理。因该反担保在事前未依法定程序经村民会议讨论决定，且至一审辩论终结前也未得到村民会议同意追认，故马街居委会提供的反担保因违反法律规定无效。

虽然马街居委会所提供的反担保因违反法律规定无效，但马街居委会作为基层性群众性自治组织，承担着办理本村公共事务和公益事业，管理本村集体所有土地和其他财产的职责，应当依法规范公章管理制度。由于马街居委会未尽相关义务，对公章的使用疏于管理，超出其职责范围，为个人借款在《反担保合同》《保证承诺函》上使用公章，属于滥用范畴，马街居委会存在过错，依法应承担相应的责任。

例案三 | 汕头市礐石农村信用合作社诉汕头市利宝实业总公司、汕头市濠江区礐石街道红光社区居民委员会金融借款合同纠纷案

【法院】

汕头市濠江区人民法院

【案号】

（2014）汕濠法民二初字第24号

【当事人】

原告：汕头市礐石农村信用合作社

法定代表人:吴某某

被告:汕头市利宝实业总公司

法定代表人:黄某某

被告:汕头市濠江区礐石街道红光社区居民委员会

【基本案情】

被告利宝公司于1994年6月28日、1994年9月7日向原告借款四笔。原告汕头市礐石农村信用合作社(以下简称礐石信用社)和被告汕头市利宝实业总公司(以下简称利宝公司)、汕头市濠江区礐石街道红光社区居民委员会(以下简称红光居委会)还在上述借款的贷款借据中附带的贷款合同中约定"乙方保证贷款专款专用,依期归还,如过期不还,从过期之日起加收利息20%","乙方未能按期归还贷款,承保人要承担归还贷款本息的经济责任"。原告礐石信用社与被告利宝公司在合同中加盖公章、被告红光居委会在合同中承保人盖章处加盖财务专用章。另外,被告红光居委会还向原告出具了四份不可撤销贷款担保书,分别载明其同意为原告向被告利宝公司发放的290万元、290万元、20万元、200万元贷款提供信用担保,担保金额包括贷款合同项下本金以及由此而产生的利息(包括逾期贷款的罚息)和承担费等;确认对借款负有经济上、法律上的连带责任,若借款人未能依贷款合同规定清偿其应付本息,其保证在收到原告通知后十天内如数清还;担保书有效期至借款人还清上述贷款本息(包括逾期贷款罚息)和费用为止。上述借款期限届满后,被告利宝公司没有依约归还借款本金,利息支付至1995年8月31日。1996年12月28日,原告礐石信用社向被告利宝公司、红光居委会催收其于1994年6月28日发放的290万元、290万元及20万元的三笔借款;1997年3月5日,原告礐石信用社向被告利宝公司、红光居委会催收其于1994年9月7日发放的200万元借款;之后,原告礐石信用社又分别在1999年至2012年向被告利宝公司、红光居委会催收上述借款,被告利宝公司、红光居委会在催收通知书上盖章认可。截至2014年6月4日,被告利宝公司结欠借款本金800万元、利息31,574,016元。由于被告没有履行还款义务,红光居委会也没有履行担保责任,原告向法院提起诉讼,要求被告利宝公司偿还原告借款本金及利息,红光居委会对被告利宝公司的上述债务承担连带清偿责任。

【案件争点】

红光居委会对本案借款提供的担保有无效力。

【裁判要旨】

汕头市濠江区人民法院认为:被告红光居委会与原告礐石信用社签订贷款合同,并向原告礐石信用社出具不可撤销贷款担保书,自愿为被告利宝公司的借款向原告提供连带责任担保,并为原告礐石信用社所接受,双方的保证担保法律关系成立。最高人民法院《民通意见》规定:"保证人应当是具有代偿能力的公民、企业法人以及其他经济组织。"该规定应为强制性规定,被告红光居委会作为基层群众性自治组织,不属经济组织,更不属公民或企业法人,因此不应属于前述司法解释所规定的保证人主体范围,其提供保证违反了前述司法解释的强制性规定,其为被告利宝公司向原告礐石信用社借款本息所提供的保证担保行为无效。故被告红光居委会对于其是群众性自治组织,不是经济实体单位,不具有担保资格,其担保行为无效的抗辩理由成立。造成上述担保行为无效的责任在于原告礐石信用社与被告红光居委会,原告礐石信用社与被告红光居委会应各自承担相应的过错责任,故被告红光居委会应对原告礐石信用社因被告利宝公司不能清偿债务部分的 1/2 承担赔偿责任。无效合同产生的债务,诉讼时效从合同约定的履行期届满之日起计算 2 年。被告红光居委会在催收通知书中保证人处盖章,应视为对原债务的重新确认。

三、裁判规则提要

(一)机关、村委会、居委会属于机关法人,依照《民法总则》的规定,取得特别法人资格

机关法人分为公法机关法人和私法机关法人。公法机关法人是基于公权力,特别是依照法律规定成立的机关,如依照宪法、组织法成立的政府机关,依照村民、居民自治组织法选举产生的村委会、居委会,我国执政党依照《党章》规定设立的有编制、有经费预算的内设部门(组织部、宣传部等)也属于公法机关法人;私法法人机关指当事人依照法律行为(协议)成立的自然人联合体选举产生的执行机构,比如业主大会选举产生并经政府管理部门备案的业主委员会(以下简称业委会)。依照《民法总则》的规定,公法机关法人属于特别法人,私法机关法人虽未进入《民法总则》调整范围,但依其本质和承担的社会服务职能,应当列入服务性质的特别法人。

(二)机关法人不得从事经济活动,不得作保证人从事任何担保行为

无论是公法机关法人还是私法机关法人,都依照法律或者依照自然人共同体

的约定,承担管理和服务职能,不得从事经济活动,不得营利。《担保法》对国家机关不得作保证人作了明确限制,村委会、居委会甚至业委会未纳入法律调整范围,在法律适用上应当按照相同性质的法人相同处理的原则,类推适用《担保法》关于国家机关的规定。

(三)村委会代表农村集体经济组织作担保人,其本质并非村委会自己作担保人,而是村集体经济组织作担保人

村委会代表农村集体经济组织作担保人,其本质并非村委会自己作担保人,也并非以村委会财产承担担保责任,而是村集体经济组织作担保人,以村集体经济组织的财产承担担保责任。村委会依法依照《村民委员会组织法》开展活动,具有实施权和代表权,前者主要是村集体公共事务和公益事务的实施权,如建学校、体育设施等;后者指对涉及村集体全体成员利益的事项具有代表权,比如起诉应诉,以及按照《村民委员会组织法》第 24 条的规定,经村集体经济组织的授权,代表村集体缔结合同、处分财产、提供担保等。这里值得强调的是不经村集体的授权,村委会实施的涉及村集体财产方面的处分权、设定担保权均属越权行为,相对人不属于善意第三人(法律对村委会的权力限制,对任何第三人均可排除其善意),合同对村集体无法律效力;而村委会在担保合同上加盖印鉴,并非村委会作担保人,而是村集体经济组织作担保人,村委会仅为授权签约人,或者叫经手人,不具备担保人的身份和能力。

四、辅助信息

高频词条:

《担保法》

第 8 条 国家机关不得为保证人,但经国务院批准为使用外国政府或者国际经济组织贷款进行转贷的除外。

第 9 条 学校、幼儿园、医院等以公益为目的的事业单位、社会团体不得为保证人。

《村民委员会组织法》

第 2 条 村民委员会是村民自我管理、自我教育、自我服务的基层群众性自治组织,实行民主选举、民主决策、民主管理、民主监督。

村民委员会办理本村的公共事务和公益事业,调解民间纠纷,协助维护社会治

安，向人民政府反映村民的意见、要求和提出建议。

村民委员会向村民会议、村民代表会议负责并报告工作。

第24条 涉及村民利益的下列事项，经村民会议讨论决定方可办理：

（一）本村享受误工补贴的人员及补贴标准；

（二）从村集体经济所得收益的使用；

（三）本村公益事业的兴办和筹资筹劳方案及建设承包方案；

（四）土地承包经营方案；

（五）村集体经济项目的立项、承包方案；

（六）宅基地的使用方案；

（七）征地补偿费的使用、分配方案；

（八）以借贷、租赁或者其他方式处分村集体财产；

（九）村民会议认为应当由村民会议讨论决定的涉及村民利益的其他事项。

村民会议可以授权村民代表会议讨论决定前款规定的事项。

法律对讨论决定村集体经济组织财产和成员权益的事项另有规定的，依照其规定。

《民法总则》

第101条 居民委员会、村民委员会具有基层群众性自治组织法人资格，可以从事为履行职能所需要的民事活动。

未设立村集体经济组织的，村民委员会可以依法代行村集体经济组织的职能。

《担保法解释》

第3条 国家机关和以公益为目的的事业单位、社会团体违反法律规定提供担保的，担保合同无效。因此给债权人造成损失的，应当根据担保法第五条第二款的规定处理。

《民通意见》

第106条 保证人应当是具有代偿能力的公民、企业法人以及其他经济组织。保证人即使不具备完全代偿能力，仍应以自己的财产承担保证责任。

国家机关不能担任保证人。

担保纠纷案件裁判规则第 8 条:
特别法人中的村集体经济组织可授权村委会对外提供保证

〔**规则描述**〕:农村集体经济组织,是我国宪法明确规定的土地所有者,具有宪法地位,《民法总则》又首次承认了农村集体经济组织具有法人资格。经济组织可以参与经济活动,包括担保活动,因此农村集体经济组织具有担保主体资格。但农村集体经济组织具有特别内部决策结构,其是否授权村委会在担保上的决策权,将直接影响到担保合同的法律效力,《公司法》第 16 条规定的原则对解决该问题具有实质性的参考意义。

一、类案检索大数据报告

时间:2019 年 5 月 7 日之前,案例来源:Alpha 案例库,案件数量:606 件,数据采集时间:2019 年 5 月 7 日。本次检索获取了 2019 年 5 月 7 日前共 608 篇民事裁判文书,其中认同村委会保证人资格的案件 305 件,不认同案件 296 件,不相关案件 5 件。整体情况如下:

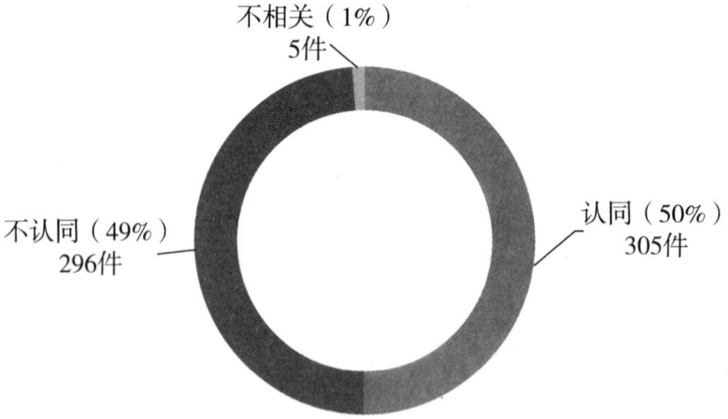

图 8 -1 是否认同村委会可以作保证人

如图 8 -1 所示,从案件中村委会是否可以作保证人的角度来看,认同可以作保证人的案件占 50%,不认同可以作保证人的案件占 49%,不相关案件占 1%。

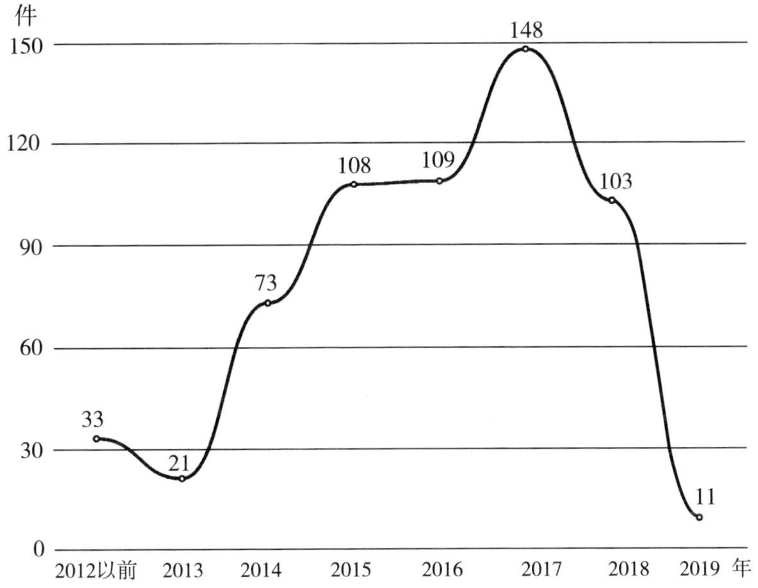

图 8－2　案件年份分布情况

如图 8－2 所示，从案件年份分布情况可以看出，当前条件下案件数量的变化趋势。

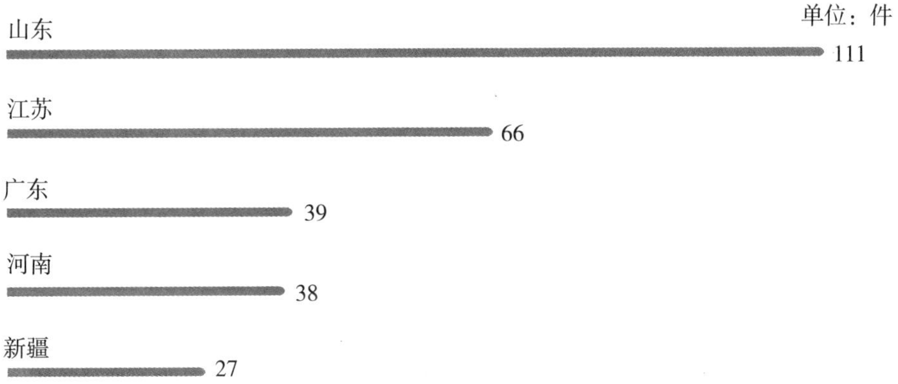

图 8－3　案件主要地域分布情况

如图 8－3 所示，从案件地域分布情况可以看出，当前案件主要集中在山东省、江苏省、广东省，分别占比约 18.26%、10.86%、6.41%。其中山东省的案件量最多，达到 111 件。

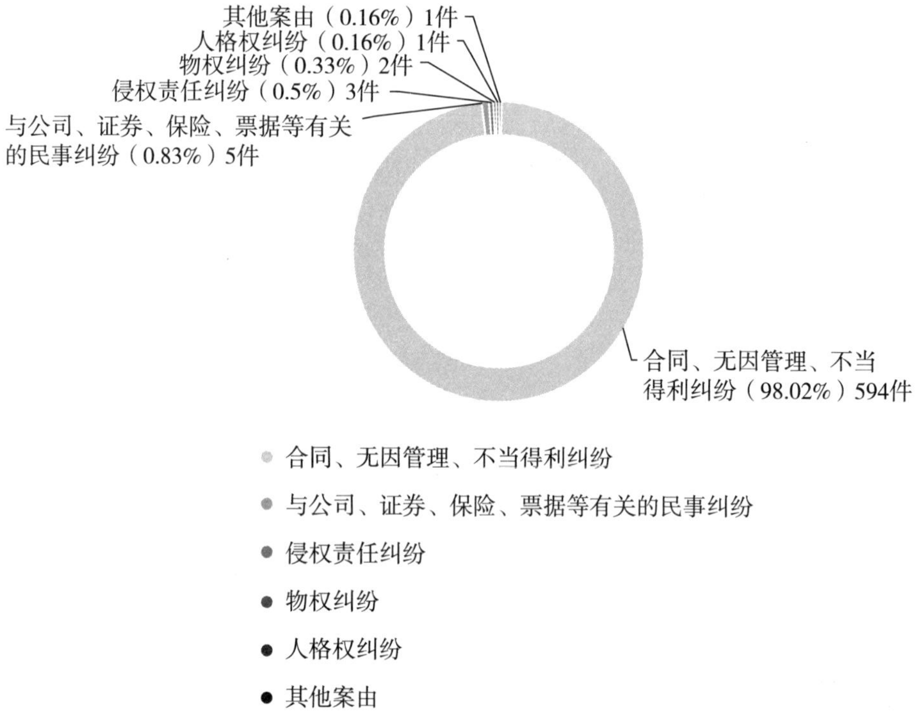

图 8-4 案件案由分类情况

如图 8-4 所示,从案件案由分类情况可以看出,当前最主要的案由是合同纠纷,有 594 件。其中借款合同纠纷案件 402 件(包括民间借贷纠纷案件 149 件),追偿权纠纷案件 72 件,买卖合同纠纷案件 26 件,保证合同纠纷案件 16 件,其他合同纠纷案件 78 件。其次是与公司、证券、保险、票据等有关的民事纠纷,侵权责任纠纷,物权纠纷,人格权纠纷,其他案由。

二、可供参考的例案

例案一 江苏昆山农村商业银行股份有限公司千灯支行与昆山市千灯镇大唐村村民委员会、昆山市千灯塑料彩印针织厂等金融借款合同纠纷案

【法院】

江苏省苏州市中级人民法院

【案号】

(2016)苏 05 民终 6672 号

【当事人】

上诉人(原审被告)：昆山市千灯镇大唐村村民委员会

主要负责人：王某某，该村委会主任

被上诉人(原审原告)：江苏昆山农村商业银行股份有限公司千灯支行

主要负责人：吴某某，该支行行长

被上诉人(原审被告)：昆山市千灯塑料彩印针织厂

主要负责人：陈某某

被上诉人(原审被告)：陈某某

被上诉人(原审被告)：顾某某

被上诉人(原审被告)：昆山万安水泥有限公司

法定代表人：淡某某，该公司负责人

【基本案情】

2013年12月12日，陈某某、顾某某、昆山市千灯镇大唐村村民委员会(以下简称大唐村委会)分别向江苏昆山农村商业银行股份有限公司千灯支行(以下简称昆山农商行千灯支行)出具《无条件不可撤销保证书》，均自愿为昆山市千灯塑料彩印针织厂(以下简称昆山千灯针织厂)在昆山农商行千灯支行办理的各类业务，实际形成的债务，包括债务本息及昆山农商行千灯支行实现债权的全部费用提供无条件的不可撤销的连带责任保证担保；并约定本保证书是连续担保和赔偿的保证，不受昆山千灯针织厂有其他保证、抵押、质押而影响，在任何情况下，昆山农商行千灯支行均可直接要求其首先承担保证责任；保证书的有效期限自昆山千灯针织厂对昆山农商行千灯支行实际形成债务起至昆山千灯针织厂还清结欠昆山农商行千灯支行的全部贷款本息及有关费用止。2013年12月25日，昆山农商行千灯支行与昆山千灯针织厂签订《流动资金借款合同》，约定昆山千灯针织厂向昆山农商行千灯支行借款320万元，用途为流动资金，借款期限为2013年12月25日起至2014年12月16日止，以借款凭证记载为准。借款利率为固定利率，即年利率7.8%，借款人应按月结息。若借款人到期不偿还本合同项下借款本金及利息的(含被宣布提前到期)，就逾期部分，从逾期之日起按照逾期贷款罚息利率计收利息，直至清偿本息为止，逾期贷款罚息利率为合同约定贷款利率水平上加收50%。对借款人不能按期支付的利息，贷款人有权计收复利。借款人需在借款期限届满日归还本合同项下的借款。约定因合同订立、履行及争议解决发生的费用(包括但不限于律师代理费等)由借款人承担，律师费用按照起诉金额的8%计算。2013年

12月25日,昆山农商行千灯支行与昆山千灯针织厂、昆山万安水泥有限公司共同签订《保证合同》,约定昆山万安水泥有限公司为昆山农商行千灯支行与昆山千灯针织厂签订的上述《流动资金借款合同》下形成的债务提供本金320万元的不可撤销连带责任保证担保。保证范围为主合同项下的债务本金、利息、逾期利息、罚息、复利、手续费、违约金、损害赔偿金、实现债权的费用(包括但不限于诉讼费、执行费、保全费、鉴定费、律师代理费、差旅费等)和实现债权的其他一切费用,其中律师费按起诉金额的8%计算。保证期间为主合同约定的债务人履行债务期限届满之日起二年。2013年12月25日,昆山农商行千灯支行按约向昆山千灯针织厂发放贷款320万元,借款借据载明贷款年利率为7.8%,还款计划为2014年12月16日归还320万元。借款到期后,昆山千灯针织厂未按约还款,截至2015年7月5日,本金余额320万元,欠息318,178.27元,昆山农商行千灯支行遂向江苏省昆山市人民法院提起诉讼。其中,关于大唐村委会的保证责任承担问题,江苏省昆山市人民法院判决大唐村委会对昆山千灯针织厂上述第一项、第二项付款义务中不能清偿部分的1/2范围内承担赔偿责任。大唐村委会不服一审判决,遂向江苏省苏州市中级人民法院提起上诉。

【案件争点】

未经村民会议同意,大唐村委会对外提供保证担保是否有效。

【裁判要旨】

江苏省苏州市中级人民法院认为:(1)案涉《无条件不可撤销保证书》由时任大唐村委会主任的陈某某签字,并加盖了大唐村委会印章,上述村主任签字、加盖村委会印章的事实均可以证明大唐村委会作出了签订《无条件不可撤销保证书》的意思表示,故大唐村委会主张其从未签订《无条件不可撤销保证书》,缺乏依据,不能成立。(2)大唐村委会未经村民会议讨论而向昆山农商行千灯支行作出《无条件不可撤销保证书》,导致该《无条件不可撤销保证书》无效,故大唐村委会对此存在过错。而大唐村委会所主张的时任其村支书陈某某私自用印签订《无条件不可撤销保证书》的问题,系其内部管理问题,其主张以此免除依法应对昆山农商行千灯支行承担的赔偿责任,并无依据。原审法院认定大唐村委会对昆山千灯针织厂案涉债务不能清偿部分承担1/2的赔偿责任,并无不当。

例案二 | 临安市农村信用合作联社与临安华恒照明电器有限公司、临安高乐电子电器有限公司金融借款合同纠纷案

【法院】

临安市人民法院

【案号】

(2017)浙0185民初2160号

【当事人】

原告:临安市农村信用合作联社

法定代表人:曹某某,该社理事长

被告:临安华恒照明电器有限公司

法定代表人:张某甲,该公司总经理

被告:临安高乐电子电器有限公司

法定代表人:张某乙,该公司总经理

被告:临安市高虹镇高乐村村民委员会

法定代表人:陈某某,该村村委会主任

被告:张某甲

被告:张某乙

被告:吴某某

【基本案情】

临安市农村信用合作联社高虹信用社(以下简称高虹信用社)作为债权人,被告临安高乐电子电器有限公司(以下简称高乐电子有限公司)作为保证人,于2015年3月26日签订了《最高额保证合同》,高乐电子有限公司同意为高虹信用社向被告临安华恒照明电器有限公司(以下简称华恒照明有限公司)自2015年3月26日至2017年2月25日内最高融资限额300万元的融资债权提供最高额保证担保,被告华恒照明有限公司根据主合同约定可循环使用上述融资额度,具体每笔业务的起始日、到期日、利率及金额以业务合同、借款借据或相关凭证为准,融资方式包括票据贴现、承兑等。2016年1月6日、4月25日、7月26日,被告华恒照明有限公司与高虹信用社先后签订了三份《流动资金借款合同》,借款金额分别为60万元、50万元、50万元,合计160万元整,借款利率均为月利率7.891‰,分别于2017年

1月4日、3月25日、7月20日到期。高虹信用社按约向被告华恒照明有限公司发放了贷款。2015年3月26日,被告张某乙、临安市高虹镇高乐村村民委员会(以下简称高乐村村委会)向原告出具保证函,同意为高虹信用社向被告华恒照明有限公司在2014年3月26日至2017年3月25日最高融资限额300万元的所有融资债权提供最高额连带责任保证。2015年12月1日,被告张某甲、吴某某向原告出具保证函,同意为高虹信用社向被告华恒照明有限公司在2015年4月3日至2017年4月2日最高融资限额500万元的所有融资债权提供最高额连带责任保证。现前两笔贷款均已逾期,被告华恒照明有限公司未归还借款本金,且拖欠了三笔借款自2016年12月21日起至今的利息,保证人也没有尽到相应的担保代偿责任。原告经多次催收无果,向临安市人民法院提起诉讼。

【案件争点】

未经村民会议同意,高乐村村委会对外提供保证担保是否有效。

【裁判要旨】

临安市人民法院认为:关于被告高乐村村委会的民事责任问题,其为被告华恒照明有限公司提供担保的事项属于《村民委员会组织法》第24条规定的涉及村民利益的事项,依法应提交村民会议讨论决定,被告高乐村村委会未将该事项交村民会议讨论决定,其为被告华恒照明有限公司担保的行为应属无权处分行为,因此案涉原告与被告高乐村村委会之间的担保合同应为无效合同。原告作为专业的金融机构在缔约过程中未对被告高乐村村委会提供的担保是否经过村民会议讨论决定进行核实,未尽审慎的义务,存在过错;被告高乐村村委会未经村民会议讨论决定即为被告华恒照明有限公司提供担保也存在过错。根据《担保法解释》第7条的相关规定,被告高乐村村委会应对被告华恒照明有限公司应归还原告临安市农信社上述借款本息中不能清偿部分的1/2,承担连带赔偿责任。

例案三 大同北都农村商业银行股份有限公司与大同市南郊区新旺乡新胜村村民委员会、大同市新胜农工商总公司债务转移合同纠纷案

【法院】

最高人民法院

【案号】

(2016)最高法民申2784号

【当事人】

再审申请人:(一审被告、二审被上诉人):大同市南郊区新旺乡新胜村村民委员会

法定代表人:侯某某,该村委会主任

被申请人:(一审原告、二审上诉人):大同北都农村商业银行股份有限公司

法定代表人:刘某甲,该公司董事长

原审被告:大同市新胜农工商总公司

法定代表人:刘某乙,该公司总经理

【基本案情】

大同市南郊区新旺乡新胜村村民委员会(以下简称新胜村委会)申请再审称:

1. 二审法院认定新胜村委会承担连带责任的唯一证据是2012年8月26日的《贷款催收通知书》,该证据系伪证。第一,该《贷款催收通知书》从内容上看有严重瑕疵。该《贷款催收通知书》的借款人是大同市云中冶金工业公司(以下简称云中公司)。大同市新胜农工商总公司(以下简称新胜总公司)与大同市南郊区城关农村信用合作联社(以下简称城关信用社)没有签订过借款合同,仅签订过《保证担保借款合同》。第二,该《贷款催收通知书》从形成的时间上看系伪造。该《贷款催收通知书》日期是2012年8月26日。根据山西银监局《关于大同北都农村商业银行股份有限公司及分支机构开业的批复》文件,城关信用社自2011年12月30日之后应当变更为大同北都农村商业银行股份有限公司(以下简称大同北都商行)城关支行,应当使用新的公司名称及法定代表人名章。2012年8月26日在《贷款催收通知书》上加盖城关信用社的印章,显然是为诉讼而伪造。第三,该《贷款催款通知书》上新胜村委会的公章系城关信用社偷盖,时间在2010年年底之前。

2. 二审法院认定新胜村委会应当承担连带保证责任属于理解和适用法律错误。第一,《担保法》第13条规定,保证人与债权人应当以书面形式订立保证合同。本案新胜村委会未订立书面保证合同。第二,《担保法》第15条规定,保证合同应当包括保证的方式、保证担保的范围和保证的期间。《贷款催收通知书》中均没有约定。即使该《贷款催收通知书》确认从2012年8月26日起新胜村委会为新胜总公司提供了担保,二审也只是查明了借款日期为2004年6月1日,到期日期为2005年5月9日,没有查明保证期间。新胜村委会的担保期间只能是6个月,二审判令承担连带责任是适用法律错误。

3. 新胜村委会不具备担保主体资格。首先,《村民委员会组织法》第2条规定:

村民委员会是村民自我管理、自我教育、自我服务的基层群众性自治组织。第24条规定:涉及村民利益的下列事项,经村民会议讨论决定方可办理……以借贷、租赁或者其他方式处分村集体财产。村民会议可以授权村民代表会议讨论决定前款规定的事项。如此关系数百村民集体利益的重大决定,必须召开村民代表大会,进行村民代表决议表决签字,形成会议纪要备案,仅凭在《贷款催收通知书》的一个公章就要求新胜村委会承担连带还款责任,证据不足。其次,村委会不属于《担保法解释》第15条规定的可以作为担保主体的其他组织范围。

4.大同北都商行参加了借款人云中公司的破产程序,明确知道新胜村委会不是担保人。综上,新胜村委会遂向最高人民法院申请再审。

【案件争点】

新胜村委会是否具备保证人资格可以对外提供担保。

【裁判要旨】

最高人民法院认为:

1.关于新胜村委会是否具有保证人资格问题,《担保法》第8~10条规定,国家机关,学校、幼儿园、医院等以公益为目的的事业单位、社会团体,企业法人的分支机构、职能部门不得为保证人,村民委员会并不在法律禁止作保证人的范围内。此外,《村民委员会组织法》第35条规定,村民委员会成员实行任期和离任经济责任审计,审计包括六种事项,其中第5项为,本村资金管理使用以及本村集体资产、资源的承包、租赁、担保、出让情况,征地补偿费的使用、分配情况。据此,村民委员会具有提供担保的资格。

2.关于新胜村委会是否应当承担保证责任问题。《担保法解释》第22条规定,第三人单方以书面形式向债权人出具保证书,债权人接受且未提出异议的,保证合同成立。《贷款催收通知书》上载明了"以上借款,由新胜总公司的新胜村担保"的内容,新胜村委会在担保人处盖章确认,符合保证合同成立的形式要件。《担保法》第19条规定,当事人对担保方式没有约定或者约定不明的,按照连带责任保证承担保证责任。《担保法》第26条规定,连带责任保证的保证人与债权人未约定保证期间的,债权人有权自主债务履行期届满之日起6个月内要求保证人承担保证责任。在合同约定的保证期间和前款规定的保证期间,债权人未要求保证人承担保证责任的,保证人免除保证责任。本案中,云中公司的借款到期日为2005年5月9日,即原主债务履行期早已届满。2011年3月23日,发生了债务移转,原保证人新胜总公司成为新的债务人。新胜总公司与大同北都商行并未约定新的债务履行期。《合同法》第62条第4项规定，履行期限不明确的，债务人可以随时履行，债权人也可以随时要求履行。按照该规定，大同北都商行可以随时要求新胜总公司履行还款义务。2012年8月26日，北都商行向新胜总公司发出《贷款催收通知书》，要求新胜总公司履行还款义务，当日，即是新的债务履行期届满之日。按照上述《担保法》的规定，新胜村委会作为担保人在通知书上盖章，保证期间即从当日开始计算。《贷款催收通知书》载明，担保人盖章后送信用社。大同北都商行向新胜村委会发出该通知书的行为即意味着要求新胜村委会承担保证责任。大同北都商行在保证期间内已要求新胜村委会承担保证责任，因此新胜村委会主张保证责任免除的观点不成立。

三、裁判规则提要

（一）农村集体经济组织的政治性质和法律地位

农村集体经济组织指对土地拥有所有权的经济组织，产生于20世纪50年代初的农业合作化运动。农村集体经济组织既不同于企业法人，又不同于社会团体和行政机关，有其独特的政治性质和法律性质。农村集体经济组织是除国家以外对土地拥有所有权的唯一的组织，它是为实行社会主义公有制改造，在自然乡村范围内，由农民自愿联合，将其各自所有的生产资料（土地、较大型农具、耕畜）投入集体所有，由集体组织农业生产经营，农民进行集体劳动，各尽所能，按劳分配的经济组织。依照宪法的规定，从农村集体土地的所有者视角看，其与国家土地所有者可以相提并论；其法律地位，即《民法总则》规定的特别法人，且为经济组织性质的特别法人，区别于管理性质的政府机关、村委会、居委会等特别法人，因此，只要法无禁止，农村集体经济组织具有从事一切合法民事活动的主体资格，包括商业活动。

（二）农村集体经济组织与村委会的关系

改革开放后，针对生产大队一级，在生产大队的地理基础上，设立自然村，在村设立村民自治组织——村委会。自然村即农村集体经济组织，村委会属于自然村全体村民选举产生的执行机构，农村集体经济组织是经济组织，村委会是经济组织执行机构，两者的关系是法人和管理层的关系，只不过作为管理层的村委会也具有法人资格，近似于政府机关与政府的关系，两者都具有法人资格。因此，从公司和政府两种视角观察农村集体经济组织，比较容易接近其本质特征。农村集体经济组织的日常管理和活动，由村委会负责，但是涉及重大决定和行为，需要农村集体经济组织授权村委会执行或自行决定和执行。

(三)农村集体经济组织担保行为的效力

农村集体经济组织是具有特别法人资格的经济组织,具有担保主体资格,如果担保合同是农村集体经济组织自行订立,则当然有效,这就引出一个决策上的问题,即谁代表农村集体经济组织来决策。一般分两种情形:一是全体村民大会或村民代表会议决策,授权村委会执行,担保合同上可以加盖农村集体经济组织印鉴(在《民法总则》规定后,农村集体经济组织依法应当拥有自己的印鉴),也可以加盖村委会印鉴,后者相当于经手人;二是农村集体经济组织自己决策,不授权村委会,那么农村集体经济组织就必须建立自己的决策机构和制定决策规则,比如宁夏新水桥有限责任公司,系兴庆区大新镇的新水桥村成立的,包括村集体主要资产的公司制农村集体经济组织,按照《公司法》第 16 条的规定,公司制的新水桥农村集体经济组织应当按照公司章程的规定,由股东会或者董事会对担保行为进行直接决策,并直接执行,无须授权村委会来实施担保行为。当然,《公司法》关于公司担保在决策的限制性规定,同样也适用于公司制的农村集体经济组织。请参考公司担保规则。

四、辅助信息

高频词条:

《民法总则》

第 96 条 本节规定的机关法人、农村集体经济组织法人、城镇农村的合作经济组织法人、基层群众性自治组织法人,为特别法人。

第 97 条 有独立经费的机关和承担行政职能的法定机构从成立之日起,具有机关法人资格,可以从事为履行职能所需要的民事活动。

第 99 条 农村集体经济组织依法取得法人资格。法律、行政法规对农村集体经济组织有规定的,依照其规定。

第 101 条 居民委员会、村民委员会具有基层群众性自治组织法人资格,可以从事为履行职能所需要的民事活动。

未设立村集体经济组织的,村民委员会可以依法代行村集体经济组织的职能。

《担保法》

第 8 条 国家机关不得为保证人,但经国务院批准为使用外国政府或者国际经济组织贷款进行转贷的除外。

第9条 学校、幼儿园、医院等以公益为目的的事业单位、社会团体不得为保证人。

第10条 企业法人的分支机构、职能部门不得为保证人。

企业法人的分支机构有法人书面授权的，可以在授权范围内提供保证。

《村民委员会组织法》

第2条 村民委员会是村民自我管理、自我教育、自我服务的基层群众性自治组织，实行民主选举、民主决策、民主管理、民主监督。

村民委员会办理本村的公共事务和公益事业，调解民间纠纷，协助维护社会治安，向人民政府反映村民的意见、要求和提出建议。

村民委员会向村民会议、村民代表会议负责并报告工作。

第24条 涉及村民利益的下列事项，经村民会议讨论决定方可办理：

（一）本村享受误工补贴的人员及补贴标准；

（二）从村集体经济所得收益的使用；

（三）本村公益事业的兴办和筹资筹劳方案及建设承包方案；

（四）土地承包经营方案；

（五）村集体经济项目的立项、承包方案；

（六）宅基地的使用方案；

（七）征地补偿费的使用、分配方案；

（八）以借贷、租赁或者其他方式处分村集体财产；

（九）村民会议认为应当由村民会议讨论决定的涉及村民利益的其他事项。

村民会议可以授权村民代表会议讨论决定前款规定的事项。

法律对讨论决定村集体经济组织财产和成员权益的事项另有规定的，依照其规定。

第35条 村民委员会成员实行任期和离任经济责任审计，审计包括下列事项：

（一）本村财务收支情况；

（二）本村债权债务情况；

（三）政府拨付和接受社会捐赠的资金、物资管理使用情况；

（四）本村生产经营和建设项目的发包管理以及公益事业建设项目招标投标情况；

(五)本村资金管理使用以及本村集体资产、资源的承包、租赁、担保、出让情况,征地补偿费的使用、分配情况;

(六)本村五分之一以上的村民要求审计的其他事项。

村民委员会成员的任期和离任经济责任审计,由县级人民政府农业部门、财政部门或者乡、民族乡、镇的人民政府负责组织,审计结果应当公布,其中离任经济责任审计结果应当在下一届村民委员会选举之前公布。

担保纠纷案件裁判规则第 9 条：
特别法人中的农村经济合作社可以作保证人

〔**规则描述**〕:农村经济合作社,是指在农村双层经营体制下,集体所有、合作经营、民主管理、服务社员的社区性农村集体经济组织,并依法取得法人资格。因农村经济合作社具有独立财产,能够依法从事生产经营活动,独立承担民事责任,且不属于法律规定禁止担任保证人的主体,其可以为他人债务提供保证。由于农村经济合作社对外提供担保,是对集体财产的重大处置行为,应经社员大会讨论决定。未经社员大会决议,仅由集体经济组织法人代表签字盖章的保证合同,应认定为无效。

一、类案检索大数据报告

时间:2019 年 4 月 14 日之前,案例来源:Alpha 案例库,案件数量:6 件,数据采集时间:2019 年 4 月 14 日。本次检索获取了 2019 年 4 月 14 日前共 6 篇裁判文书,其中认同特别法人中的农村经济合作社可以作保证人案件 5 件,不相关案件 1 件。整体情况如下:

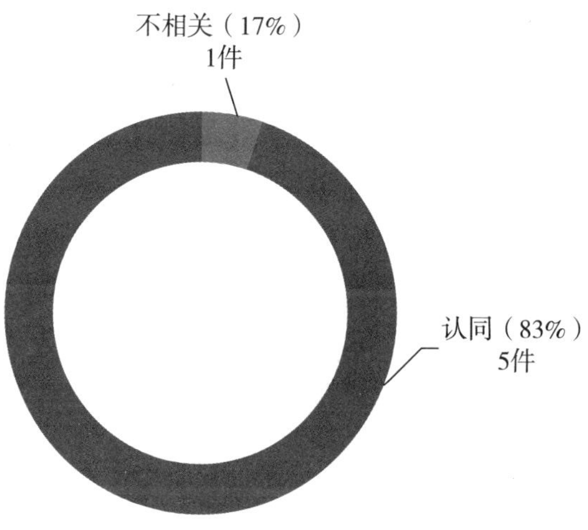

图 9 -1　是否认同特别法人中的农村经济合作社可以作保证人

如图 9 -1 所示,从案件中特别法人中的农村经济合作社是否可以作保证人的角度来看,认同案件占 83% ,不相关案件占 17% 。

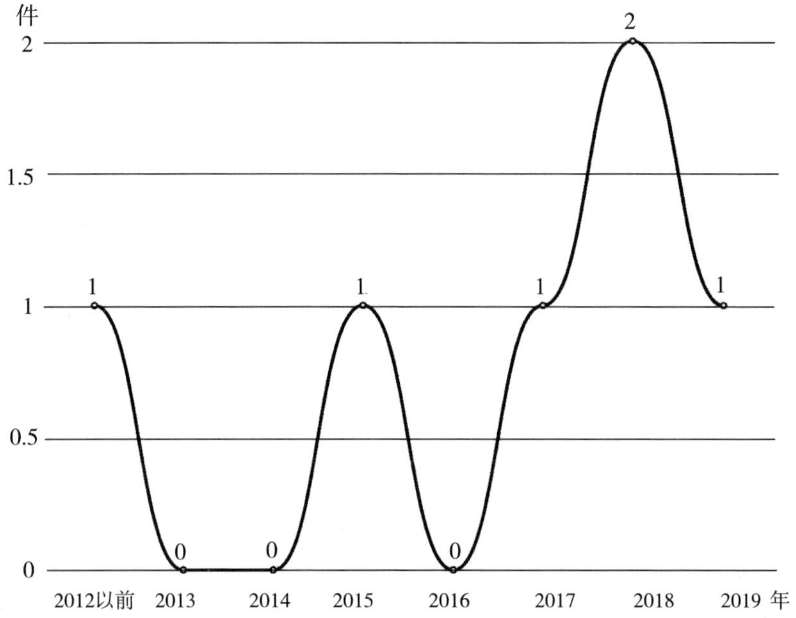

图 9－2 案件年份分布情况

如图 9－2 所示,从案件年份分布情况可以看出,当前条件下案件数量的变化趋势。

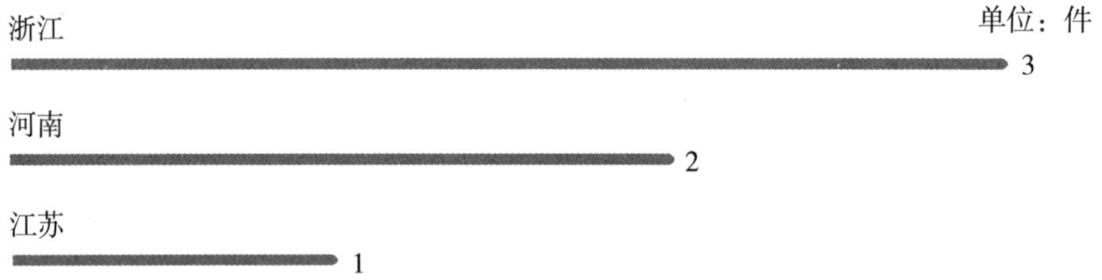

图 9－3 案件主要地域分布情况

如图 9－3 所示,从案件地域分布情况可以看出,当前案件主要集中在浙江省、河南省、江苏省,分别占比约 50.00%、33.33%、16.67%。其中浙江省的案件量最多,达到 3 件。

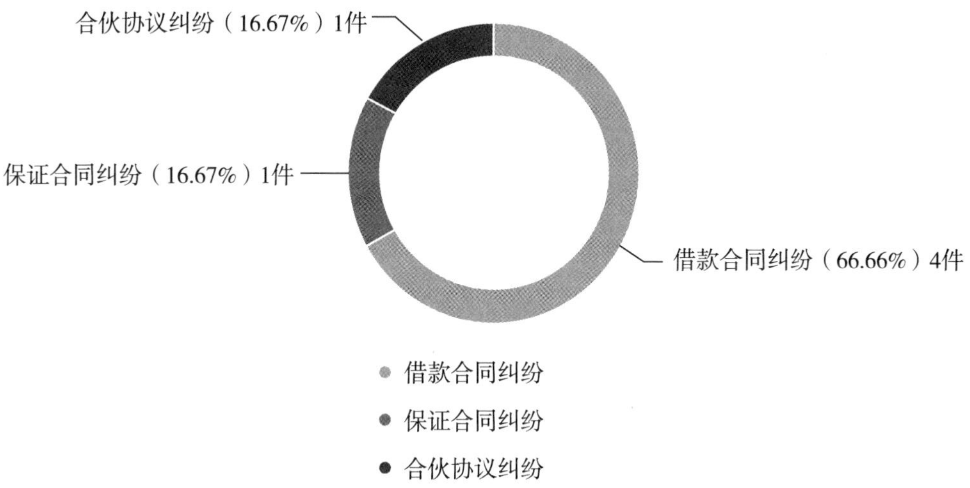

图9－4　案件案由分类情况

如图9－4所示，从案件案由分类情况可以看出，当前最主要的案由是借款合同纠纷，有4件，占一半以上；其次是保证合同纠纷、合伙协议纠纷。

二、可供参考的例案

例案一｜刘某某与李某某、宋某某民间借贷纠纷案

【法院】

许昌市魏都区人民法院

【案号】

（2016）豫1002民初3383号

【当事人】

原告：刘某某

被告：李某某

被告：宋某甲

被告：宋某乙

被告：陈某某

被告：牛某某

被告：周某某

被告：鄢陵县玉静商贸有限公司

法定代表人:宋某乙,该公司负责人

被告:鄢陵县马栏农村经济合作社牛集花乡超市连锁店

法定代表人:李某某,该公司负责人

【基本案情】

2015年7月3日,被告李某某、宋某甲作为共同借款人通过冠群驰骋投资管理(北京)有限公司向刘某某借款600,000元,并与刘某某签订借款合同一份,该合同约定,借款期限自2015年7月3日至2016年5月2日止,分期偿还本息。双方同时约定,借款人晚于分期偿还约定的还款日期还款的,应向出借人支付罚息和违约金。同日,宋某乙、陈某某、牛某某、周某某、鄢陵县玉静商贸有限公司、鄢陵县马栏农村经济合作社牛集花乡超市连锁店作为保证人与刘某某签订保证合同一份,保证方式为连带责任保证。保证期间自履行合同期限届满之日起2年止。同日,李某某、宋某甲向刘某某出具收款确认书一份,认可于2015年7月3日收到刘某某出借的借款600,000元,其中现金84,000元,银行转账516,000元。庭审中,刘某某自认,收款确认书中的84,000元中含服务费60,000元,保证金24,000元。借款后,李某某归还借款本金120,000元,利息12,000元,共计132,000元,余款未付。原告刘某某向许昌市魏都区人民法院提起诉讼,请求判令被告李某某、宋某甲共同偿还原告借款,并支付利息、罚息和违约金;判令被告宋某乙、陈某某、牛某某、周某某、鄢陵县玉静商贸有限公司、鄢陵县马栏农村经济合作社牛集花乡超市连锁店对上述借款及利息、罚息、违约金承担连带担保责任。

【案件争点】

鄢陵县马栏农村经济合作社牛集花乡超市连锁店是否应当承担保证责任。

【裁判要旨】

许昌市魏都区人民法院认为:合法的债权受法律保护。被告虽向原告出具了600,000元的收条,但根据查明的事实,原告实际向被告支付借款516,000元,应认定刘某某向李某某、宋某甲出借款项金额为516,000元。李某某、宋某甲向刘某某借款后未及时还款,应当承担相应的民事责任。因刘某某同时主张罚息和违约金,根据相关法律规定,当事人对逾期利息、违约金或其他费用同时主张,但总计不超过年利率24%。故李某某、宋某甲应支付刘某某诉请的2015年9月20日至实际还款之日按月利率2%计算的利息、违约金及罚息。在借款合同中宋某乙、陈某某、牛某某、周某某、鄢陵县玉静商贸有限公司、鄢陵县马栏农村经济合作社牛集花乡超市连锁店以担保人的身份签名,应认定其与刘某某之间形成保证合同关系且为连带保证责任。

例案二 | 潘某某与海宁市海昌街道迎丰村经济合作社、邢某某民间借贷纠纷案

【法院】

浙江省海宁市人民法院

【案号】

(2010)嘉海商初字第361号

【当事人】

原告:潘某某

被告:海宁市海昌街道迎丰村经济合作社

法定代表人:邢某某,主任

被告:邢某某

【基本案情】

2010年1月7日,在海宁市海昌街道迎丰村委会被告邢某某办公室内,被告邢某某出具借条一份,载明:今借到潘某某人民币100,000元;归还时间2010年1月13日;被告邢某某在借条担保单位栏处盖上海宁市海昌街道迎丰村经济合作社公章。2010年1月9日,在花园酒店大厅,被告邢某某又出具借条一份,载明:今借到潘某某人民币65,000元;归还时间2010年1月18日;被告邢某某在借条担保单位栏处盖上海宁市海昌街道迎丰村经济合作社公章。上述款项,两被告至今未归还。原告诉至法院,要求被告邢某某归还原告借款并支付利息,被告海宁市海昌街道迎丰村经济合作社承担连带责任。

【案件争点】

海宁市海昌街道迎丰村经济合作社是否应对借款偿还承担连带责任。

【裁判要旨】

浙江省海宁市人民法院认为:法律未明确规定村经济合作社对其负责人提供担保是否需经过社员大会决定。《担保法》第8条规定:"国家机关不得为保证人,但经国务院批准为使用外国政府或者国际经济组织贷款进行转贷的除外。"第9条规定:"学校、幼儿园、医院等以公益为目的的事业单位、社会团体不得为保证人。"由此可见,国家机关、公益法人不得为保证人。《公司法》第16条第2款、第3款规定:"公司为公司股东或者实际控制人提供担保的,必须经股东会或者股东大会决

议。前款规定的股东或者受前款规定的实际控制人支配的股东,不得参加前款规定事项的表决。该项表决由出席会议的其他股东所持表决权的过半数通过。”公司系企业法人,公司法体现了自治原则,但公司法为由公司为股东和实际控制人提供担保设置了严格的条件。《浙江省农村经济合作社组织条例》第2条规定:“农村经济合作社,是指在农村双层经营体制下,集体所有、合作经营、民主管理、服务社员的社区性农村集体经济组织。”村经济合作社作为非公司企业法人,系集体所有、服务社区的农村集体经济组织,对经济合作社为其负责人提供担保的条件应不低于《公司法》规定的条件,否则会损害集体经济组织的利益。该条例第27条规定:“社员大会行使下列职权:……(六)讨论决定集体资产处置方案……”担保债务作为“或有负债”,极易转化为现实债务,即主债务人不履行债务时,由担保人承担担保责任,造成集体经济组织净资产的减少,直接影响到广大社员的利益。因此,经济合作社为负责人提供担保,是对集体资产的重大处置行为,应经社员大会讨论决定。原告未能提供证据证实被告邢某某在借条上盖章已经过社员大会讨论决定,故该担保未生效,被告海宁市海昌街道迎丰村经济合作社应承担缔约过失责任。原告作为债权人对被告海宁市海昌街道迎丰村经济合作社为其负责人提供担保需经社员大会决定未尽到谨慎的注意义务,应承担相应的过错责任;被告邢某某作为集体经济组织法人代表,利用职务之便,以集体经济组织为其个人债务进行担保,亦属不当;被告海宁市海昌街道迎丰村经济合作社对公章管理不善,应承担相应责任。考虑各方当事人过错,被告海宁市海昌街道迎丰村经济合作社应对被告邢某某不能清偿部分款项承担三分之一的赔偿责任。

三、裁判规则提要

(一)关于保证人主体资格的一般规定

《民通意见》第106条第1款规定:“保证人应当是具有代偿能力的公民、企业法人以及其他经济组织。”《担保法》第7条采用了更一般化的表述:“具有代为清偿债务能力的法人、其他组织或者公民,可以作保证人。”《担保法解释》第14条规定:“不具有完全代偿能力的法人、其他组织或者自然人,以保证人身份订立保证合同后,又以自己没有代偿能力要求免除保证责任的,人民法院不予支持。”上述规定表明,代偿能力并非保证人应当具备的必要条件,但“是否具备代偿能力”这一条件不能用来判断农村经济合作社是否能够成为保证人,主体资格判断的关键在于其性质。此外,《担保法解释》第15条对《担保法》第7条中规定的“其他组织”的种类进行了列举，主要包括企业法人和社会团体法人两类，与《民通意见》第 106 条第 1 款的规定意旨相通，旨在强调保证人应当具有独立财产，能够依法从事生产经营活动，独立承担民事责任。

（二）农村经济合作社可以担任保证人，但其对外提供担保需经社员大会决定

农村经济合作社是指在农村双层经营体制下，集体所有、合作经营、民主管理、服务社员的社区性农村集体经济组织。《民法总则》第 99 条第 1 款规定："农村集体经济组织依法取得法人资格。"《民法通则》第 74 条规定，集体经济组织的财产属于劳动群众集体所有。结合各地方制定的法规，农村经济合作社具有独立财产，能够依法从事生产经营活动，独立承担民事责任，且不属于法律规定禁止担任保证人的主体，因此可以为他人债务提供保证。

法律未明确规定农村经济合作社签订保证合同，担任保证人时需要履行的程序，可参照《担保法》《公司法》相关规定处理。《担保法》第 13 条规定："保证人与债权人应当以书面形式订立保证合同。"《公司法》第 16 条第 2 款、第 3 款规定："公司为公司股东或者实际控制人提供担保的，必须经股东会或者股东大会决议。前款规定的股东或者受前款规定的实际控制人支配的股东，不得参加前款规定事项的表决。该项表决由出席会议的其他股东所持表决权的过半数通过。"公司是营利法人，《公司法》秉持自治原则，保障公司经营自由，但也为公司对股东和实际控制人提供担保设置了严格的条件。村经济合作社作为农村集体经济组织，以集体财产对外（包括为其负责人）提供担保，亦应参照《公司法》规定的限制条件，要求召开社员大会并经决议通过。保证人在债权届期但主债务人未能清偿或完全清偿时以自有财产承担保证责任，会造成集体经济组织净资产的减少，直接影响集体经济组织成员的利益。因此，农村经济合作社对外提供担保，是对集体财产的重大处置行为，应经社员大会讨论决定。未经社员大会决议，仅由集体经济组织法人代表签字盖章的保证合同，应认定为无效。

（三）未经社员大会决议致使以集体经济组织名义签订的保证合同未能生效的，有过错的当事人应当承担缔约过失责任

《合同法》第 42 条第 3 款规定当事人在订立合同过程中违背诚实信用原则，给对方造成损失的，应当承担损害赔偿责任。参照《公司法》的规定，此处的"诚实信用"可以被解释为"忠实勤勉"。以集体经济组织名义签订保证合同，需经社员大

会决议,在形式上需要集体经济组织法人代表签章。如果法人代表利用职务之便,未经社员大会决议即以集体经济组织名义为他人甚至其个人债务提供担保,可以认定为未尽到忠实勤勉义务,违背诚实信用原则。由此给对方造成损失,该法人代表应当承担损害赔偿责任。如果集体经济组织对其公章管理不善,使相关人员未经社员大会决议即在保证合同上加盖公章,应当认定该集体经济组织存在过错,需承担相应的民事责任。若合同当事人明知或因重大过失而不知集体经济组织未经社员大会决议即对外提供担保,仍与其签订保证合同,亦具有过错,对合同不成立造成的损失应当承担相应的民事责任。

四、辅助信息

高频词条:

《担保法》

第9条 学校、幼儿园、医院等以公益为目的的事业单位、社会团体不得为保证人。

《民通意见》

第106条 保证人应当是具有代偿能力的公民、企业法人以及其他经济组织。保证人即使不具备完全代偿能力,仍应以自己的财产承担保证责任。

国家机关不能担任保证人。

《民法总则》

第99条第1款 农村集体经济组织依法取得法人资格。

《公司法》

第16条 公司向其他企业投资或者为他人提供担保,依照公司章程的规定,由董事会或者股东会、股东大会决议;公司章程对投资或者担保的总额及单项投资或者担保的数额有限额规定的,不得超过规定的限额。

公司为公司股东或者实际控制人提供担保的,必须经股东会或者股东大会决议。

前款规定的股东或者受前款规定的实际控制人支配的股东,不得参加前款规定事项的表决。该项表决由出席会议的其他股东所持表决权的过半数通过。

担保纠纷案件裁判规则第 10 条：
个人独资企业作保证人视同自然人

〔**规则描述**〕：个人独资企业，是指依法在中国境内设立，由一个自然人投资，财产为投资人个人所有，投资人以其个人财产对企业债务承担无限责任的经营实体。个人独资企业，具有一定的组织机构和财产，可以以企业名义对外提供保证担保，但因其不具备法人资格、无独立于投资人个人的财产、不具有独立承担民事责任的能力，所以当个人独资企业作保证人时，应视为以投资人个人所有财产对外提供担保，且该保证责任的承担不因企业因故被解散或转让而免除。此外，在个人独资企业投资人以自己名义签订保证合同的场合，如涉及保证责任承担，人民法院可直接执行其个人独资企业的财产。

一、类案检索大数据报告

时间：2019 年 1 月 27 日之前，案例来源：Alpha 案例库，案件数量：176 件，数据采集时间：2019 年 1 月 27 日。本次检索获取 2019 年 1 月 27 日前共 176 篇裁判文书，其中认同个人独资企业作保证人视同自然人案件 165 件、不认同案件 3 件、不相关案件 3 件、重复案件 5 件。整体情况如下：

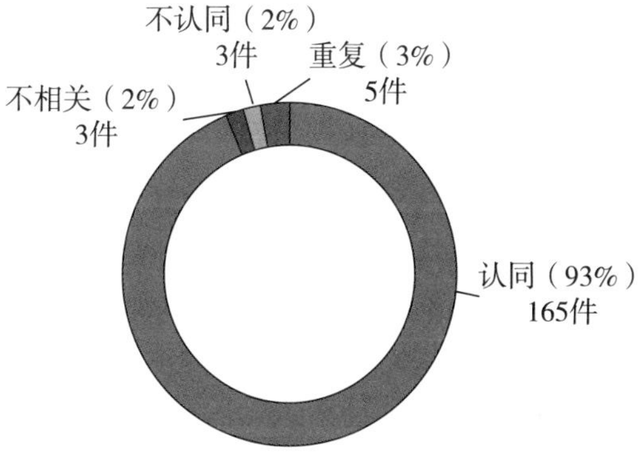

图 10－1　是否认同个人独资企业作保证人视同自然人

如图 10－1 所示，从案件中个人独资企业作保证人是否视同自然人的角度来看，认同个人独资企业作保证人视同自然人案件占 93%、不认同案件占 2%、不相关案件占 2%、重复案件占约 3%。

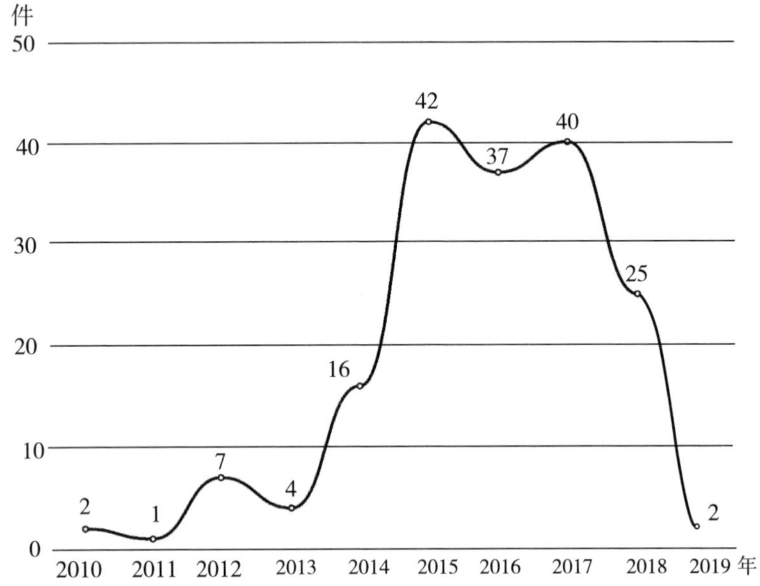

图 10－2　案件年份分布情况

如图 10－2 所示,从案件年份分布情况可以看出,当前条件下案件数量的变化趋势。

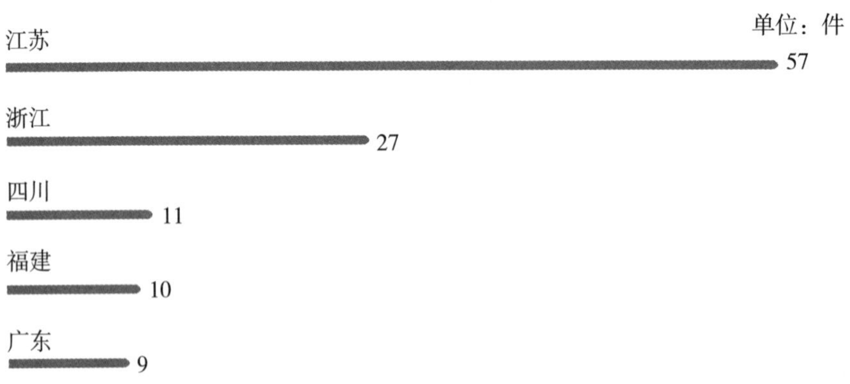

图 10－3　案件主要地域分布情况

如图 10－3 所示,从案件地域分布情况可以看出,当前案件主要集中在江苏省、浙江省、四川省,分别占比约 32%、15%、6%。其中江苏省的案件量最多,达到 57 件。

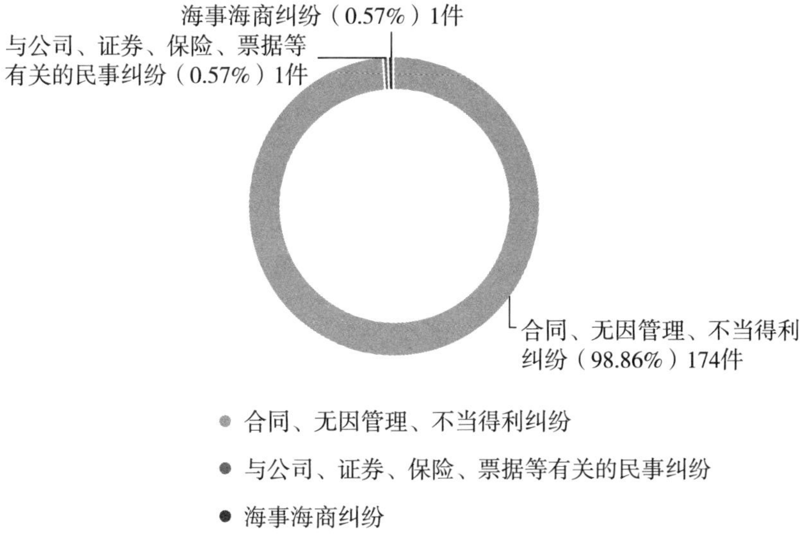

图 10－4　案件案由分类情况

如图 10－4 所示，从案件案由分类情况可以看出，当前最主要的案由是合同纠纷，有 174 件。其中借款合同纠纷案件 124 件（包括民间借贷纠纷案件 21 件），追偿权纠纷案件 33 件，保证合同纠纷案件 17 件。其次是与公司、证券、保险、票据等有关的民事纠纷，海事海商纠纷。

二、可供参考的例案

例案一 | 陈某某与卢某某保证合同纠纷案

【法院】

江苏省盐城市中级人民法院

【案号】

（2014）盐商终字第 0545 号

【当事人】

上诉人（原审被告）：卢某某

被上诉人（原审原告）：陈某某

【基本案情】

2012 年 4 月 5 日，借款人李某某向陈某某出具借条一份，载明："今借到出借人陈某某人民币壹佰贰拾万元整（￥1，200，000.00），借款期间自 2012 年 4 月 5 日至2012年6月4日,现向出借人作如下承诺:(1)确保此款于2012年6月4日前全部归还出借人。借款利率按月息4%收取。如逾期归还,须向出借人另行支付逾期违约金人民币1000元/天;如借款人不按期足额归还此借款,出借人将依法(诉讼由出借人所在地法院管辖)进行追偿,由此产生的各项费用(诉讼费、律师代理费、保全费、差旅费及其他实现债权而产生的一切费用)由借款人承担。(2)为确保借款人按期足额向出借人偿还此借款,担保人荣盛厂、傲然公司自愿为借款人上述借款行为形成对出借人的债务(本金利息偿还、违约金承担、诉讼费、律师代理费、保全费、差旅费及其他为实现债权而产生的一切费用)向出借人提供连带责任担保,担保期间为借款人履行债务期限届满之日起二年。(3)如借款人、担保人向出借人提供的材料、信息存在虚假情况的,将向出借人承担违约金人民币贰万元。(4)因履行本合同发生纠纷,协商解决,协商不成,交由大丰市人民法院处理。”借款人李某某和担保人傲然公司、荣盛厂在借条下方签名、盖章。李某某在借款人处签名并加盖傲然公司印章,卢某某在担保人处签名捺印,落款时间为2012年4月5日。同时,陈某某为证明借款的真实性,还提供了汇款凭证。同日,李某某又向陈某某出具借条一份,载明:“今借到出借人陈某某人民币捌拾万元整(¥800,000.00),借款期间自2012年4月13日至2012年6月12日。”借条其余内容同上述借条内容。2012年4月13日,陈某某通过交通银行账户向李某某账户汇款人民币36.8万元,借款人李某某于4月13日向陈某某出具收条一份,载明:“收到陈某某人民币叁万贰仟元整。”

借款期限届满后,借款人李某某未能按约偿还借款本金及利息,担保人荣盛厂以及傲然公司也未能履行相应担保义务。2013年4月16日,陈某某委托大丰市经济开发区法律服务所向傲然公司、荣盛厂邮寄催款函各一份,内容为告知担保人借款人到期未能履行还款义务,要求担保人自收到函件五日内履行担保义务或函告具体解决办法,否则将通过诉讼主张权利。荣盛厂于2013年4月20日由卢某某本人签收该函件。后陈某某以荣盛厂为被告向法院提起诉讼,要求卢某某偿还其借款本金及利息。在一审开庭审理前,荣盛厂向一审法院提交工商部门个人独资企业注销核准登记通知书一份,载明荣盛厂已于2014年3月27日注销登记。陈某某遂变更本案被告为投资人卢某某,卢某某同意变更并到庭应诉。

江苏省大丰市人民法院一审认为:陈某某与借款人李某某之间的借款合同关系以及陈某某与傲然公司、荣盛厂之间的保证合同关系,是各方当事人的真实意思表示,且不违反法律法规的强制性规定,应为合法有效,各方当事人均应按照合同的约定履行相应义务。根据《担保法》第18条的规定，连带责任保证的债务人在主合同规定的债务履行期届满没有履行债务的，债权人可以要求债务人履行债务，也可以要求保证人在其保证范围内承担保证责任。故陈某某向担保人荣盛厂主张权利有相应依据，荣盛厂应承担相应的担保责任。荣盛厂系个人独资企业，已于2014年3月27日在大丰市工商行政管理局办理了注销登记，卢某某系荣盛厂的投资人。根据《个人独资企业法》第2条的规定，个人独资企业是指依照本法在中国境内设立，由一个自然人投资，财产为投资人个人所有，投资人以其个人财产对企业债务承担无限责任的经营实体。则卢某某应以其个人财产对荣盛厂的债务承担无限责任，现荣盛厂已经有权部门核准注销，则陈某某以卢某某为被告要求其承担保证责任，有相应法律依据。

卢某某不服，向江苏省盐城市中级人民法院提起上诉。

【案件争点】

被告卢某某是否应承担保证责任。

【裁判要旨】

江苏省盐城市中级人民法院二审认为：对于保证期间，双方当事人已在借条中明确约定保证期间为借款人履行债务期限届满之日起二年。上诉人卢某某认为在120万元借款的“附件”中，没有约定保证期间，以此认定双方没有约定保证期间的理由明显不能成立。被上诉人陈某某提供了其在2013年4月16日向傲然公司、荣盛厂邮寄的催款函，该函件已由傲然公司、荣盛厂签收，签收时间分别为2013年4月18日、20日，该时间在借条约定的保证期间内，故可以认定陈某某在保证期间内已向两名保证人主张过权利。根据《担保法解释》第34条第2款的规定，陈某某向原审法院提起诉讼的时间为2014年7月9日，也未超过法律规定的诉讼时效。

例案二 | 交通银行股份有限公司江西省分行与江西省丰地实业有限公司、易某某金融借款合同纠纷案

【法院】

江西省南昌市中级人民法院

【案号】

（2015）洪民二初字第664号

【当事人】

原告:交通银行股份有限公司江西省分行

负责人:杨某某,该行行长

被告:江西省丰地实业有限公司

法定代表人:崔某某

被告:易某某

被告:丰城市洛市镇开发煤矿

投资人:万某甲

被告:万某甲

被告:范某某

被告:蔡某某

被告:丰城市洛市兴胜煤矿

投资人:徐某甲

被告:徐某甲

被告:丰城市袁渡煤矿

投资人:刘某某

被告:刘某某

被告:易某某

被告:涂某某

被告:丰城市南征煤矿

投资人:王某某

被告:王某某

被告:唐某某

被告:潘某某

被告:丰城市腾飞煤矿

投资人:徐某乙

被告:徐某乙

被告:万某乙

被告:黄某甲

被告:黄某乙

被告:丰城市隆煜电力燃料有限公司

法定代表人:陈某某

被告:崔某某

被告:周某某

被告:吴某某

被告:皮某某

【基本案情】

2013年1月30日,原告与被告江西省丰地实业有限公司(以下简称丰地实业有限公司)签订《综合授信合同》,约定:原告为被告丰地实业有限公司提供授信期限自2013年2月1日至2014年1月24日,综合授信额度为人民币壹亿壹仟万元,授信的品种为人民币流动资金贷款和开立银行承兑汇票等,其中流动资金贷款1000万元,贷款期限不长于12个月且到期日不迟于2014年3月24日,银行承兑汇票(60%保证金)为人民币壹亿元,汇票期限不长于6个月且到期日不迟于2014年7月24日。被告丰地实业有限公司未按时足额偿还债务本金或支付利息的,对应付未付款项,自履行期限届满日次日(银行承兑汇票自原告垫款之日)至本息清偿之日,原告按逾期的罚息利率计收罚息及复利。逾期的罚息利率为相应《额度使用申请书》记载利率上浮50%,银行承兑汇票业务中的垫款利率以《额度使用申请书》记载为准。被告丰地实业有限公司违约的,应当承担原告为实现债权而支付的催收费、诉讼费(或仲裁费)、保全费、公告费、执行费、律师费、差旅费及其他费用。

同日,被告易某某、丰城市洛市镇开发煤矿(以下简称开发煤矿)、丰城市洛市兴胜煤矿(以下简称兴胜煤矿)、丰城市袁渡煤矿(以下简称袁渡煤矿)、丰城市南征煤矿(以下简称南征煤矿)、丰城市腾飞煤矿(以下简称腾飞煤矿)、丰城市隆煜电力燃料有限公司(以下简称隆煜电力燃料有限公司)、崔某某作为保证人分别与原告签订一份《最高额保证合同》,均约定:鉴于被告丰地实业有限公司与原告签订了《综合授信合同》,为保障该合同项下连续发生的债权的实现,保证人愿意提供最高额保证。保证人担保的最高债权额为人民币11,000万元整,保证方式为连带责任保证,保证范围为主合同项下本金及利息、复利、罚息、违约金、损害赔偿金和实现债权的费用,实现债权的费用包括但不限于催收费用、诉讼费(或仲裁费)、保全费、公告费、执行费、律师费、差旅费及其他费用。

2013年2月8日,被告丰地实业有限公司向原告提交《综合授信项下流动资金贷款额度使用申请书》,申请贷款1000万元,期限自2013年2月8日至2014年2月8日止,利率为固定利率,贷款期内均按年执行,每月的20日结息。同日,原告按约向被告丰地实业有限公司发放贷款人民币1000万元,并出具一份《借款凭证》,载明贷款利率为年利率7.2%。

原告与被告丰地实业有限公司签订六份《综合授信项下开立银行承兑汇票额度使用申请书》,约定:被告丰地实业有限公司向原告申请开立票面金额共计壹亿元的银行承兑汇票。被告丰地实业有限公司未将依该申请书开立的任一汇票项下票款于汇票到期日足额交存原告处的,原告有权直接扣划保证金及被告丰地实业有限公司在原告处开立的任一账户中的款项用于向持票人付款,扣划不足部分由原告垫付,自垫付票款之日起,被告丰地实业有限公司应立即向原告偿还垫款并按每日万分之五的利率支付利息。

截至2015年12月2日,被告丰地实业有限公司尚欠原告贷款本金8,811,153.08元,贷款利息、复利、罚息共计1,688,814.23元,银行承兑汇票垫款38,740,073元,利息14,054,965.56元,上述欠款共计63,295,005.87元。

另查明:被告开发煤矿、袁渡煤矿、南征煤矿、腾飞煤矿均系普通合伙企业。被告开发煤矿的合伙人为被告范某某、蔡某某、万某甲。被告兴胜煤矿系个人独资企业,投资人为被告徐某甲。被告袁渡煤矿的合伙人为被告刘某某、易某某、涂某某。被告南征煤矿的合伙人为被告潘某某、唐某某、王某某。

【案件争点】

案涉各煤矿及其投资人是否应承担保证责任。

【裁判要旨】

江西省南昌市中级人民法院认为:原告交通银行与被告丰地实业有限公司签订的《综合授信合同》《综合授信项下开立银行承兑汇票额度使用申请书》,与被告易某某等签订的《最高额保证合同》均系当事人的真实意思表示,内容未违反法律、行政法规的强制性规定,合法有效,应受法律保护。合同签订后,原告交通银行依约向被告丰地实业有限公司发放贷款1000万元,提供1亿元的银行承兑汇票,已全部履行了合同义务。上述贷款及银行承兑汇票均已于2014年2月、3月到期。被告丰地实业有限公司未按合同约定向原告归还贷款及银行承兑汇票垫款及利息,已构成违约。因此,原告请求判令被告丰地实业有限公司归还所欠贷款本金及其利息、复利、罚息,归还银行承兑汇票垫款及其利息,于法有据。

被告兴胜煤矿系被告徐某甲个人投资的独资企业。根据《个人独资企业法》第2条"本法所称个人独资企业,是指依照本法在中国境内设立,由一个自然人投资,财产为投资人个人所有,投资人以其个人财产对企业债务承担无限责任的经营实体”的规定，被告徐某甲应当对被告兴胜煤矿的债务承担连带责任。

例案三 | 浏阳市通源小额贷款股份有限公司与张某某、曹某某小额借款合同纠纷案

【法院】

湖南省长沙市中级人民法院

【案号】

(2016)湘01民终3618号

【当事人】

上诉人(原审被告)：张某某

上诉人(原审被告)：曹某某

上诉人(原审被告)：浏阳市金龙加油站

法定代表人：张某某，投资人

被上诉人(原审原告)：浏阳市通源小额贷款股份有限公司

法定代表人：汪某某，董事长

被上诉人(原审被告)：周某某

【基本案情】

2014年7月24日，浏阳市通源小额贷款股份有限公司(以下简称通源小额贷款公司)作为贷款人和作为借款人的周某某、黎某某共同签订了编号为140724002的《借款合同》，合同其中约定：借款金额贰佰万元整；借款期限自2014年7月24日至2015年1月23日；借款仅限用于周转；借款利率为月利率1.866%，按月收取。同日，张某某、曹某某作为保证人与债权人通源小额贷款公司签订了《保证合同》，合同中约定：为保障债权人与借款人即债务人周某某、黎某某所签订《借款合同》的切实履行，保证人已收到并阅知所担保的主合同，愿意为债务人依据主合同与债权人所形成的全部债务提供保证担保；被保证的主债权本金数额为人民币200万元，利率1.866%，按月收取，如被保证的主债权展期的，被保证的主债权利率按合同约定执行；债务人的借款期限自2014年7月24日始至2015年1月23日止，共6个月，但借款展期合约另有约定的按展期合约的约定执行；保证担保的范围包括主合同项下的借款本金、利息、违约金、损害赔偿金和债权人实现债权而发生的费用(包括但不限于催收费用、诉讼费、保全费、公告费、执行费、律师费、差旅

费)及主合同项下债务人应付的其他所有费用;保证方式为连带责任保证,本合同项下有多个保证人的,各保证人共同对债权人承担连带责任;保证人的保证期间为主合同约定的债务人履行债务期限届满之日起2年,如债权人与债务人就主合同债务履行期限达成展期合约的,保证人继续承担保证责任,保证期间为展期合约约定的债务履行期限届满之日起2年。同日,通源小额贷款公司向户名为周某某的银行账户转账200万元;同时,周某某、黎某某向通源小额贷款公司出具了借款借据,张某某、曹某某作为担保人在借据上签名并捺印。借款后,周某某、黎某某按合同约定支付了利息,借款到期后未偿还借款本金,但继续按合同约定支付了利息至2015年4月23日。后经催问还款未果,通源小额贷款公司遂诉至法院。另查明,浏阳市金龙加油站系投资人张某某的个人独资企业,该企业于2004年6月18日成立。

湖南省浏阳市人民法院一审认为:通源小额贷款公司与周某某、黎某某签订的《借款合同》和其与张某某、曹某某签订的《保证合同》均系各方真实意思表示,且合法、有效,各方均应按照合同约定全面履行义务。通源小额贷款公司依约向周某某、黎某某提供了借款200万元,周某某、黎某某应依约履行按时还款的义务。虽然周某某对于借款展期的事实予以认可,但未提交证据予以证实,且通源小额贷款公司予以否认,同时周某某自2015年4月23日以后未再支付利息,故通源小额贷款公司有权要求其偿还借款本金200万元,故对于通源小额贷款公司要求周某某偿还借款本金200万元的诉讼请求,一审法院予以支持。双方签订的借款合同约定了利息按月利率1.866%计算,该利息标准符合法律规定,故对于通源小额贷款公司要求周某某支付利息的诉讼请求,一审法院亦予以支持。张某某、曹某某均作为周某某、黎某某与通源小额贷款公司借款合同项下周某某、黎某某所有债务的连带责任保证人,应按照连带责任承担保证责任。浏阳市金龙加油站系个人独资企业,且投资人为张某某,投资人对该企业的财产依法享有所有权,故该企业应当对本案债务承担连带清偿责任。因通源小额贷款公司对于借款展期的事实不予认可,而张某某和浏阳市金龙加油站均未对此提交证据予以证实,且根据合同约定“保证人的保证方式为连带责任保证;保证人的保证期间为主合同约定的债务人履行债务期限届满之日起二年,如债权人与债务人就主合同债务履行期限达成展期合约的,保证人继续承担保证责任,保证期间为展期合约约定的债务履行期限届满之日起二年”,故对于张某某和浏阳市金龙加油站提出其没有签字认可借款展期以及借款到期没有通知保证人等抗辩理由,一审法院均不予采纳。被告不服,遂向湖南省长沙市中级人民法院提起上诉。

【案件争点】

张某某、曹某某和浏阳市金龙加油站在本案中是否应承担保证责任。

【裁判要旨】

湖南省长沙市中级人民法院二审认为：张某某、曹某某作为保证人为通源小额贷款公司和周某某、黎某某签订的借款合同提供连带责任保证。张某某、曹某某以借款存在展期以及《保证合同》系格式合同等为由抗辩其责任承担。经审查，关于借款展期问题，第一，目前并无证据显示借款进行了展期；第二，根据《保证合同》的约定“保证人的保证期间为主合同约定的债务人履行债务期限届满之日起二年，如债权人与债务人就主合同债务履行期限达成展期合约的，保证人继续承担保证责任，保证期间为展期合约约定的债务履行期限届满之日起二年”，张某某、曹某某与通源小额贷款公司已在《保证合同》中约定即便达成展期合约，保证人仍应继续承担保证责任。故张某某、曹某某以此抗辩缺乏依据。关于格式合同问题，《保证合同》虽系格式合同，但是合同中的“保证期间”“借款期限”等名词在《担保法》中均有相关规定及解释，理应按照法律赋予它们的意义予以理解。张某某、曹某某不能以不理解“保证期间”“借款期限”的法律意义为由来否认保证合同的效力。

浏阳市金龙加油站并不是《保证合同》的当事人，仅为保证人张某某的个人独资企业。虽然张某某对浏阳市金龙加油站享有财产所有权，但因浏阳市金龙加油站并不是合同相对方，同时根据《个人独资企业法》第2条的相关规定：“本法所称个人独资企业，是指依照本法在中国境内设立，由一个自然人投资，财产为投资人个人所有，投资人以个人财产对企业债务承担无限责任的经营实体。”个人独资企业中，应由投资人对企业债务承担无限责任，而不是企业对投资人的债务承担无限责任。因此，湖南省浏阳市人民法院将浏阳市金龙加油站追加为本案被告，不符合法律规定，应予以纠正。

三、裁判规则提要

（一）个人独资企业不同于只有一个自然人股东的一人有限责任公司

《个人独资企业法》第2条规定：“本法所称个人独资企业，是指依照本法在中国境内设立，由一个自然人投资，财产为投资人个人所有，投资人以其个人财产对企业债务承担无限责任的经营实体。”结合该法对于个人独资企业设立的相关规定，个人独资企业应具备如下特征：第一，个人独资企业的投资人是自然人，且不能为法律、行政法规禁止从事营利性活动的人;第二,个人独资企业的财产为投资人个人所有,其自身并无独立财产;第三,投资人以其个人财产对企业债务承担无限责任,个人独资企业投资人在申请企业设立登记时明确以其家庭共有财产作为个人出资的,应当依法以家庭共有财产对企业债务承担无限责任。

个人独资企业作为由单一自然人出资的经营实体,常与《公司法》第57条规定的只有一个自然人股东的有限责任公司(以下简称一人公司)相提并论,但应该明确,虽然二者在投资主体的单一性、资本来源的唯一性和投资人集所有与经营于一身方面具有相似性,[①]但二者有显著不同。具体体现在:第一,法人资格不同。个人独资企业具有一定的组织机构和财产,能够以企业名义从事民事活动,但其无独立财产且不具备法人资格,属于《个人独资企业法》调整范围;一人公司虽同样由一个自然人股东出资设立,但其具备独立的财产和法人资格,属于《公司法》调整范畴。第二,责任方式不同。个人独资企业由投资人以个人所有财产对企业债务承担无限责任;一人公司投资人的个人财产与公司财产相互独立。在涉及企业债务承担时,以企业的独立财产承担有限责任。因此,个人独资企业虽名为"企业",但因不具备法人资格,与具有法人资格且拥有独立财产的一人公司存在显著区别。

(二)个人独资企业作保证人视为以投资人个人或家庭所有财产对外提供担保

个人独资企业,具有一定的组织机构和财产,对外可以以企业名义从事民事活动,包括作为保证人为他人债务提供担保。但需要注意的是,虽然我国法律对个人独资企业作保证人对外提供担保,并无禁止性规定,但因其不具备法人资格、无独立于投资人个人的财产、不具有独立承担民事责任的能力,因此,个人独资企业对外提供保证担保时,应视为以投资人个人所有财产对外提供担保。如个人独资企业投资人在申请企业设立登记时明确以其家庭共有财产作为个人出资,那么在以个人独资企业名义作保证人的场合,应视为以家庭共有财产对外提供担保。同样,在保证责任的承担上,个人独资企业财产不足以清偿保证债务的,投资人也应以其个人所有财产或家庭共有财产予以清偿。

---

① 参见李建伟:《个人独资企业法律制度的完善与商个人体系的重构》,载《政法论坛》2012年第5期。

（三）以个人独资企业名义签订保证合同但企业因故被解散或转让的，保证责任由投资人承担

《个人独资企业法》第 26 条对个人独资企业解散的四种情形进行了规定，当出现该条款规定的四种事由时，个人独资企业解散，并丧失经营资格。

此处需要强调的是：

第一，个人独资企业作保证人的，其保证责任的承担并不因个人独资企业的解散而免除。因个人独资企业不具备法人资格，故企业因法定事由被解散并不意味着其民事责任的免除，以个人独资企业名义签订的保证合同应转由投资人继续履行。对此，可由最高人民法院《变更、追加规定》第 13 条之内容予以佐证。该条款规定“作为被执行人的个人独资企业，不能清偿生效法律文书确定的债务，申请执行人申请变更、追加其投资人为被执行人的，人民法院应予支持”。也即，无论是个人独资企业因解散而不能清偿保证债务，还是因其他原因不能清偿生效法律文书确定的债务，其投资人都对此负有继续清偿的义务。

第二，个人独资企业被工商行政管理部门依法吊销营业执照的（强制解散）不影响保证期间的计算，债权人在保证期间内起诉个人独资企业或投资人的，[①]人民法院应当受理。同理，个人独资企业被工商行政管理部门强制解散亦不导致保证债务诉讼时效的中断或中止，债权人在保证债务诉讼时效内向投资人主张权利的，诉讼时效中断。若在诉讼时效期间内出现《民法总则》第 194 条规定事由的，诉讼时效中止。

第三，根据《个人独资企业法》第 17 条的规定：“个人独资企业投资人对本企业的财产依法享有所有权，其有关权利可以依法进行转让或继承。”个人独资企业作保证人，后投资人又将该企业转让的，因个人独资企业不具有法人资格，不能独立承担民事责任，个人独资企业的保证债务，实质上仍是投资人个人的债务。因此，个人独资企业转让，并不必然导致债权债务关系的改变。转让后，因之前签订保证合同而形成的保证债务，一般仍由原投资人承担。

---

① 在以个人独资企业作为被告的案件中，原告一般同时起诉个人独资企业的投资人，将个人独资企业和其投资人作为共同被告。

(四)个人独资企业投资人以自己名义签订保证合同,在涉及保证责任承担时人民法院可直接执行该企业财产

在个人独资企业作保证人对外提供担保的场合,投资人应对该企业债务承担无限责任;反之,个人独资企业投资人以自己名义签订保证合同,人民法院是否可将该企业追加为被告,要求共同承担保证责任,则在司法实践中形成了两种不同观点:观点一是个人独资企业投资人以自己名义签订保证合同,其名下的个人独资企业无须承担保证责任;观点二是个人独资企业投资人以自己名义签订保证合同,在涉及保证责任承担时人民法院可直接执行该企业财产。

对此,观点二更符合《变更、追加规定》第13条的规定,即个人独资企业投资人以自己名义签订保证合同,在涉及保证责任承担时人民法院可直接执行该企业财产。而对于观点一,其理论出发点为合同的相对性,认为个人独资企业并非保证合同的相对方,投资人以自己名义签订保证合同为他人提供担保,该合同对投资人名下的个人独资企业并没有当然的约束力。且个人独资企业中,应由投资人对企业债务承担无限责任,而非企业对投资人的债务承担无限责任。在例案三"浏阳市通源小额贷款股份有限公司与张某某、曹某某小额借款合同纠纷案"中,湖南省长沙市中级人民法院即持此种观点。但该观点忽略了个人独资企业最为重要的一个特征,即"个人独资企业是由一个自然人投资,财产为投资人个人所有",与投资人其他个人财产并无本质区别。因此,在涉及投资人个人的保证责任承担时,并不存在个人独资企业无须承担保证责任的情形,而是应直接将个人独资企业视为投资人的责任财产,可由人民法院直接执行该企业财产以清偿保证债务。

四、辅助信息

高频词条:

《个人独资企业法》

第2条 本法所称个人独资企业,是指依照本法在中国境内设立,由一个自然人投资,财产为投资人个人所有,投资人以其个人财产对企业债务承担无限责任的经营实体。

第16条 法律、行政法规禁止从事营利性活动的人,不得作为投资人申请设立个人独资企业。

第18条 个人独资企业投资人在申请企业设立登记时明确以其家庭共有财

产作为个人出资的，应当依法以家庭共有财产对企业债务承担无限责任。

《民法总则》

第194条 在诉讼时效期间的最后六个月内，因下列障碍，不能行使请求权的，诉讼时效中止：

（一）不可抗力；

（二）无民事行为能力人或者限制民事行为能力人没有法定代理人，或者法定代理人死亡、丧失民事行为能力、丧失代理权；

（三）继承开始后未确定继承人或者遗产管理人；

（四）权利人被义务人或者其他人控制；

（五）其他导致权利人不能行使请求权的障碍。

自中止时效的原因消除之日起满六个月，诉讼时效期间届满。

《民事诉讼法解释》

第52条 民事诉讼法第四十八条规定的其他组织是指合法成立、有一定的组织机构和财产，但又不具备法人资格的组织，包括：

（一）依法登记领取营业执照的个人独资企业；

（二）依法登记领取营业执照的合伙企业；

（三）依法登记领取我国营业执照的中外合作经营企业、外资企业；

（四）依法成立的社会团体的分支机构、代表机构；

（五）依法设立并领取营业执照的法人的分支机构；

（六）依法设立并领取营业执照的商业银行、政策性银行和非银行金融机构的分支机构；

（七）经依法登记领取营业执照的乡镇企业、街道企业；

（八）其他符合本条规定条件的组织。

《变更、追加规定》

第13条 作为被执行人的个人独资企业，不能清偿生效法律文书确定的债务，申请执行人申请变更、追加其投资人为被执行人的，人民法院应予支持。个人独资企业投资人作为被执行人的，人民法院可以直接执行该个人独资企业的财产。

个体工商户的字号为被执行人的，人民法院可以直接执行该字号经营者的财产。

担保纠纷案件裁判规则第 11 条:
合伙企业作保证人须经全体合伙人同意

〔**规则描述**〕:合伙企业是由合伙人订立合伙协议,并依据合伙协议共同出资、共担风险、共享经营收益,对合伙企业债务依照法律规定承担责任的经营性组织。以合伙企业名义对外提供保证担保,在无合伙协议另行约定的情况下,须经全体合伙人一致同意。在无法证明"已经全体合伙人一致同意"的情况下,保证合同应被认定为无效。目前,对于"已经全体合伙人一致同意"的判断,可遵循"在保证合同上加盖合伙企业公章+全体合伙人签名"、"在保证合同上加盖合伙企业公章+形成全体合伙人同意担保的会议决议"以及"未在保证合同上加盖合伙企业公章但有全体合伙人签名"的认定标准。仅在保证合同上加盖合伙企业公章,或在保证合同上加盖合伙企业公章并仅由执行事务合伙人签名,不能认定全体合伙人一致同意以合伙企业名义对外提供保证担保。

一、类案检索大数据报告

时间:2019 年 2 月 13 日之前,案例来源:Alpha 案例库,案件数量:72 件,数据采集时间:2019 年 2 月 13 日。本次检索获取了 2019 年 2 月 13 日前共 73 篇裁判文书,其中认同合伙企业作保证人须经合伙人同意案件 71 件,不相关案件 1 件。整体情况如下:

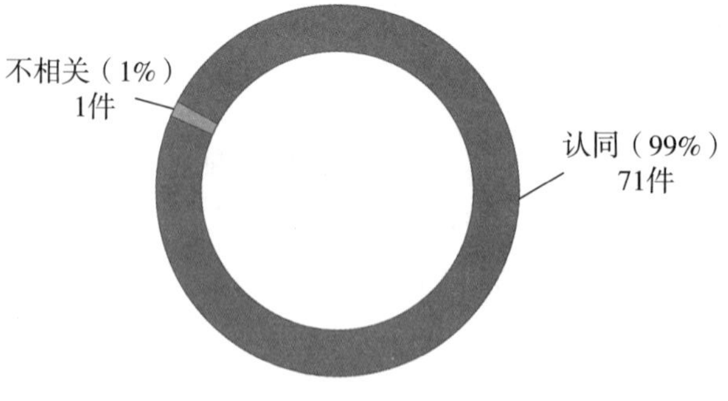

图 11-1 是否认同合伙企业作保证人须经全体合伙人同意

如图 11-1 所示,从案件中合伙企业作保证人是否须经全体合伙人同意的角度来看，认同合伙企业作保证人须经合伙人同意案件占 99%，不相关案件占 1%。

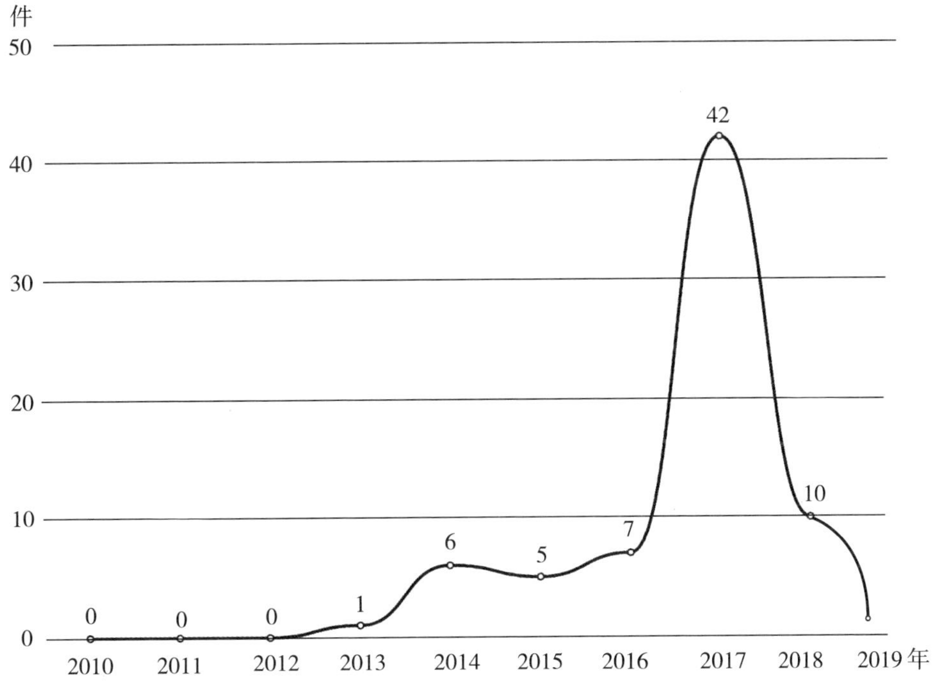

图 11－2　案件年份分布情况

如图 11－2 所示，从案件年份分布情况可以看出，当前条件下案件数量的变化趋势。

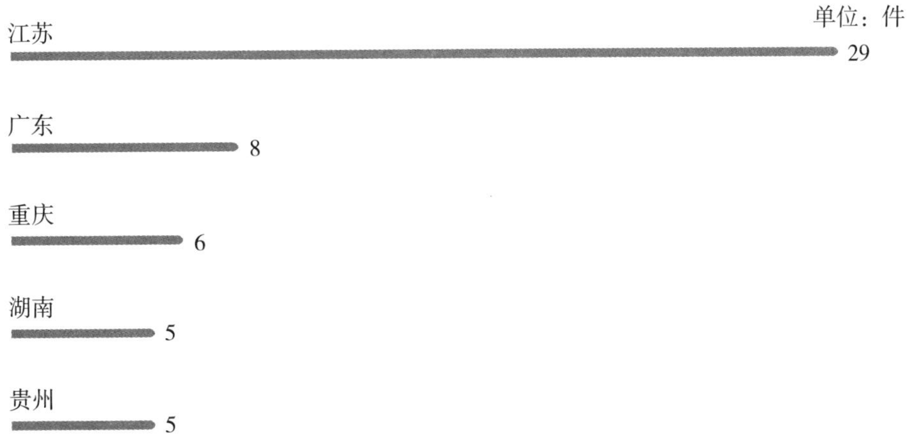

图 11－3　案件主要地域分布情况

如图11-3所示,从案件地域分布情况可以看出,当前案件主要集中在江苏省、广东省、重庆市,分别占比约40%、11%、8%。其中江苏省的案件量最多,达到29件。

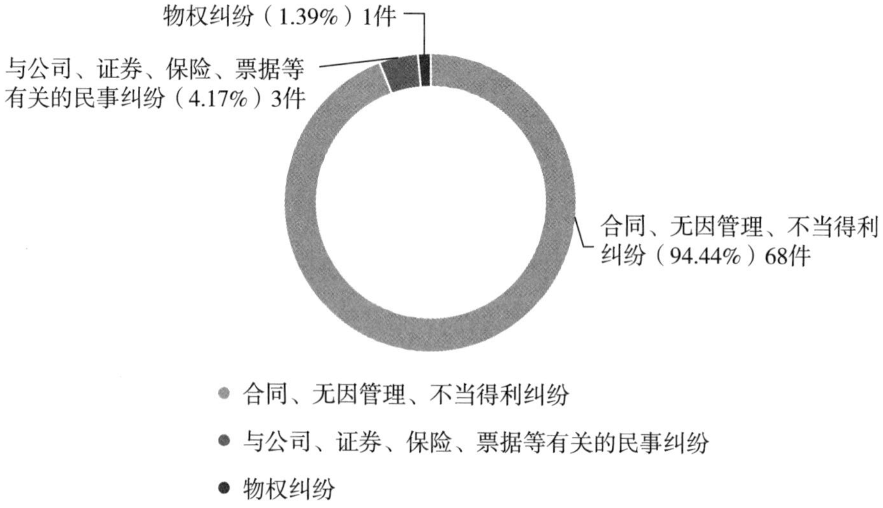

图11-4　案件案由分类情况

如图11-4所示,从案件案由分类情况可以看出,当前最主要的案由是合同纠纷,有68件。其中借款合同纠纷案件35件(包括民间借贷纠纷案件24件),追偿权纠纷案件14件,保证合同纠纷案件15件,其他合同纠纷案件4件。其次是与公司、证券、保险、票据等有关的民事纠纷,物权纠纷。

二、可供参考的例案

例案一　浙江某农村合作银行与台州市某有限公司、浙江某纸箱厂(普通合伙)金融借款合同纠纷案

【法院】

浙江省台州市中级人民法院

【案号】

(2010)浙台商终字第77号

【当事人】

上诉人(原审原告):浙江省某农村合作银行(原为浙江省某农村信用合作

联社)

法定代表人:章某某

被上诉人(原审被告):浙江省台州市某有限公司

法定代表人:牟某某

被上诉人(原审被告):浙江省某纸箱厂(普通合伙)

执行事务合伙人:许某甲,该厂厂长

【基本案情】

某纸箱厂为普通合伙企业,合伙人为许某甲和许某乙。2009 年 1 月 22 日,浙江省某农村信用合作联社(2008 年更名为浙江省某农村合作银行,以下简称某银行)、浙江省台州市某有限公司(以下简称某公司)和浙江省某纸箱厂(以下简称某纸箱厂)签订《保证借款合同》,约定某公司向某银行借款 420,000 元,借款期限自 2009 年 1 月 22 日至 2010 年 1 月 20 日止,借款月利率为 8.85‰,还款方式为按季付息,本金至借款期限届满时一次性还清,利随本清。逾期还款从逾期之日起按约定利率加收 50% 的罚息利率计收罚息。借款人如卷入重大不利诉讼的,贷款人有权收回未到期贷款等。同时,合同约定由某纸箱厂作为保证人,承担连带责任保证,保证期限自借款期限届满之日起 2 年,保证范围为贷款本金、利息(包括罚息、复息等)、违约金、损害赔偿金和实现债权的费用。《保证借款合同》保证人栏加盖有某纸箱厂的公章、许某甲的私章和许某甲的签字,股东会成员签名同意栏有许某甲和许某乙的签字。签约后,原告按约发放贷款。现因被告未按期支付利息,以及因被告房地产被法院冻结,卷入重大不利诉讼。根据保证借款合同和《合同法》相关规定,原告要求提前收回贷款。

浙江省台州市黄岩区人民法院一审认为:某纸箱厂企业性质为普通合伙企业,根据《合伙企业法》的相关规定,以合伙企业名义为他人提供担保,应当经全体合伙人一致同意。被告某纸箱厂为被告某公司提供担保,未通过全体合伙人签名同意,违反上述规定,该保证应当确认无效。原告未能认真审查担保单位提供担保是否通过全体合伙人签名,也存在过错。故被告某纸箱厂应当对被告某公司债务不能清偿部分承担 1/2 的连带赔偿责任。上诉人(原审原告)不服,向浙江省台州市中级人民法院提起上诉。

【案件争点】

某纸箱厂(普通合伙企业)对本案借款提供的保证是否有效。

【裁判要旨】

浙江省台州市中级人民法院二审认为:调整合伙企业内部关系的规范应主要是任意性规范,而调整合伙企业外部关系的规范应主要是强制性规范。只涉及合伙人与合伙企业利益的规范应主要是任意性规范,而涉及第三人,尤其涉及债权人利益的规范应主要是强制性规范。根据《合伙企业法》第31条第5项规定,该条规范的是合伙人内部决议的相关事项,也即除了合伙协议对有关事项有约定外,合伙人之间的决议要符合该项的规定。而且,《担保法》及其司法解释并未明文规定"未经全体合伙人一致同意,以合伙企业名义为他人提供担保"是无效的。因此,该项规定不属于《合同法解释二》第14条"效力性强制性规定"。

《合伙协议书》第6条约定由合伙人许某甲执行合伙企业事务,对外代表合伙企业。根据《合同法》第50条的规定,即使许某甲超越其权限以某纸箱厂的名义对外签订保证合同,在某纸箱厂并没有提供上诉人知道或应当知道其超越权限相关证据的情况下,许某甲作为合伙事务的执行人,对上诉人作出的保证合同的代表行为依法有效。

上诉人某银行作为金融机构对本保证合同只能在形式上审查,其作为借款人在审查借款保证合同时,要求保证人提供全体合伙人一致同意以合伙企业名义为他人提供担保的书面决议,已尽充分的注意义务。作为保证人,被上诉人某纸箱厂未按照约定承担连带保证责任,构成合同履行中的违约,本应承担违约责任,但反以其自己提供的合伙人同意保证决议书不是许某乙本人签字等理由主张保证合同无效于法无据,并有违诚实信用原则,不应得到支持。

例案二 中国华融资产管理股份有限公司湖北省分公司与荆门市东宝区慈心美德养老服务有限公司、曾某某金融借款合同纠纷案

【法院】

湖北省荆门市中级人民法院

【案号】

(2016)鄂08民初26号

【当事人】

原告:中国华融资产管理股份有限公司湖北省分公司

负责人:龙某某,总经理

被告:荆门市东宝区慈心美德养老服务有限公司

法定代表人:曾某甲,董事长

被告:曾某乙

被告:曾某丙

被告:福泉市上马营煤矿

负责人:张某某

被告:凯里市凯鑫煤业有限公司凯里市大风洞乡飞龙煤矿

负责人:黄某某

被告:凯里市凯鑫煤业有限公司

法定代表人:覃某某

第三人:湖北中民建筑工程有限公司

法定代表人:关某某,董事长

【基本案情】

2013 年 5 月 15 日,荆门市东宝区慈心美德养老服务有限公司(以下简称慈心美德有限公司)为开发荆门市东宝区牌楼镇航空路 1 号的慈心美德养老服务项目,向农行东城支行申请借款 9500 万元。2013 年 9 月 17 日,农行东城支行与福泉市上马营煤矿(以下简称上马营煤矿)、凯里市凯鑫煤业有限公司凯里市大风洞乡飞龙煤矿(以下简称飞龙煤矿)、曾某甲、曾某乙订立了《最高额保证合同》,约定上马营煤矿等四保证人,自愿为农行东城支行与慈心美德有限公司自 2013 年 9 月 17 日起至 2023 年 9 月 16 日止,所形成的债权提供最高限额 9500 万元连带责任保证担保。保证期间为主合同约定的债务履行期限届满之日起 2 年,若发生法律法规规定或者主合同约定的事项,导致主合同债权被债权人宣布提前到期的,保证期间自债权人确定的主合同债权提前到期之日起 2 年。保证担保的范围包括本合同项下借款本金、利息、罚息、复利、违约金、损害赔偿金、按《民事诉讼法》有关规定确定由借款人和担保人承担的迟延履行债务利息和迟延履行金以及贷款人实现债权的一切费用。本合同所担保的债权同时存在物的担保(含债务人或第三人提供)和保证担保的,债权人可以就物的担保实现债权,也可以要求保证人承担保证责任。债权人已经选择某一担保来实现债权的,也可同时主张通过其他担保来实现全部或部分债权。

2013 至 2014 年,农行东城支行与慈心美德有限公司签订了 8 份《固定资产借款合同》,约定农行东城支行共向慈心美德有限公司出借 9000 余万元。利率按浮动利率确定,按照每笔借款提款日单笔借款期限所对应的人民银行公布的同期同档次基准利率基础上浮10%。浮动利率调整以12个月为一个周期,自人民银行人民币贷款基准利率调整的下一个周期首月的借款对应日起,按调整后相应期限档次的基准利率确定新的借款利率;按月结息,结息日为每月的20日。借款人未按合同约定的期限归还借款本金的,贷款人对逾期的借款从逾期之日起在本合同约定的借款执行利率的基础上,按照逾期期限分段计收罚息:从逾期之日起30天内(含30天)上浮50%计收罚息;30天以上至60天(含60天)上浮50%计收罚息;60天以上上浮100%计收罚息。借款到期之日前未按期支付利息的,按合同约定的借款利率计收复利;借款到期之日后,按合同约定的逾期罚息利率计收复利。如借款人违约,贷款人可以提前收回已发放借款,宣布借款人与贷款人签订的其他借款合同项下的借款到期。

至2015年6月20日,慈心美德有限公司共支付利息10,139,170.31元。此后开始欠息。

2015年9月6日,农行东城支行向慈心美德有限公司致函,称截至2015年9月1日止,该公司共欠息1,094,000元,并通知该公司在该函送达之日起5日内付清所欠利息,逾期将依据借款合同约定宣布借款提前到期,并要求其偿还全部借款本息。2015年10月10日,慈心美德有限公司收悉该函。2015年9月28日,农行东城支行向慈心美德有限公司发送《债务逾期催收通知书》,称截至2015年9月21日,慈心美德有限公司欠息1,650,423.61元未予支付,要求慈心美德有限公司立即履行还款义务,慈心美德有限公司签收该通知后仍未履行付款义务。后农行东城支行向法院起诉,要求慈心美德有限公司偿还借款本金及利息,曾某甲、曾某乙、上马营煤矿、飞龙煤矿、凯里市凯鑫煤业有限公司(以下简称凯鑫煤业)对其承担连带保证责任。

此外,2013年10月18日,飞龙煤矿与凯鑫煤业签订《采矿权转让合同》,将飞龙煤矿的采矿权转让给凯鑫煤业。2013年11月11日,该合同经贵州省矿权储备交易局鉴证。2014年7月30日,飞龙煤矿变更登记为凯鑫煤业下属分公司。

【案件争点】

1. 飞龙煤矿作为合伙企业,在未经全体合伙人同意的情况下为他人提供保证,该保证合同是否有效。

2. 飞龙煤矿作为凯鑫煤业下属分公司,二者是否应承担连带清偿责任。

【裁判要旨】

湖北省荆门市中级人民法院认为：慈心美德有限公司与农行东城支行签订的借款合同，系双方真实意思表示，合同成立且有效。慈心美德有限公司逾期不支付利息的行为构成违约，依据借款合同第5.3条第3项之约定，农行东城支行可提前收回已发放借款，也即有权要求慈心美德有限公司偿还全部借款本金9200万元。现农行东城支行已将债权转让给中国华融资产管理股份有限公司湖北省分公司（以下简称华融资产有限公司），华融资产有限公司作为受让人亦有权要求慈心美德有限公司承担还款责任。

《最高额保证合同》第7条"保证责任的承担"项下第1款规定，任一主合同项下债务履行期限届满，债权人未受清偿的，债权人有权要求保证人履行保证责任。其中"期限届满"包括债权人依照主合同的约定宣布主合同项下债权提前到期的情形。据此，保证合同中已经约定贷款人宣布借款提前到期的，其也有权要求保证人承担保证责任。是故，曾某甲对借款被宣布提前到期其将承担保证责任这一后果已事先知晓，其抗辩称农行东城支行解除借款合同，要求慈心美德有限公司提前还款而未向其通知，其因此免除保证责任，不能得到支持。

《最高额保证合同》第4条约定，保证期间为主合同约定的债务履行期限届满之日起二年。慈心美德有限公司收悉农行东城支行发送的催告函后，逾期仍未还款，导致案涉借款于2015年10月15日被宣布提前到期，保证期间自此开始计算，至2017年10月15日方才届满。农行东城支行于2016年5月19日诉至本院，要求曾某甲承担保证责任，显然未超过保证期间。

至于合伙企业以企业名义为他人提供担保，《合伙企业法》第31条规定，除合伙协议另有约定外，以合伙企业名义为他人提供担保，应当经全体合伙人一致同意。华融资产有限公司提交的证据A10中《飞龙煤矿合伙协议修正案》第25条约定，以合伙企业名义为他人债务提供担保须经全体合伙人同意。由此可见，合伙协议对为他人债务提供担保所作约定与《合伙企业法》第31条的规定相同。故飞龙煤矿提供保证担保，必须具备的条件为经全体合伙人一致同意。本案中，华融资产有限公司未提交煤矿全体合伙人同意担保的决议，因而只能认定以飞龙煤矿的名义为慈心美德有限公司债务提供保证担保，未经煤矿全体合伙人同意。

对于未取得全体合伙人同意而提供担保的效力问题，法律未作明确规定。华融资产有限公司称，《合伙企业法》第31条虽规定合伙企业对外提供担保应经全体合伙人一致同意，但该规定涉及的仅为合伙企业内部事务，合伙企业如违反该规定,不应影响对外担保的效力。

华融资产有限公司的这一主张,其实质在于认为《合伙企业法》第31条系合伙企业内部决议程序,因此不得约束第三人。《合伙企业法》第31条确有内部控制程序的内核和意涵,然而,作为法律,一经公布,任何人均不得以不知法律有规定或宣称对法律有不同理解而免予适用该法律。《合伙企业法》第31条既然已规定合伙企业对外提供担保应经全体合伙人的一致同意,则担保权人在与担保人签订担保合同时,就应注意到法律的既有规定。这种法定决策程序既是对担保人的限制和要求,也是对担保权人的限制和要求。由此,华融资产有限公司以《合伙企业法》第31条仅约束合伙企业,如违反该规定对担保合同的效力没有影响,不能成立。

此外,《合伙企业法》第38条、第39条规定,合伙企业对其债务,应先以其全部财产进行清偿。合伙企业不能清偿到期债务的,合伙人承担无限连带责任。由此,合伙企业对外提供担保,最终可能以全体合伙人的个人财产来承担清偿责任,这有别于法人的责任承担方式。考虑到签订担保合同时,债权人较其他合伙人更有机会审查担保是否经全体合伙人一致同意,故在出现未经全体合伙人同意而提供担保的情形时,优先保护其他合伙人的利益更符合公平原则。

综上所述,华融资产有限公司主张飞龙煤矿提供保证担保有效的理由不能成立。对于该行为,考虑到保证合同亦为合同之一种,其成立及效力也应受合同法调整。《合同法》第52条第5项规定,违反法律、行政法规的强制性规定,合同无效。在《合伙企业法》明确要求,以合伙企业名义为他人债务提供担保须经全体合伙人一致同意,且飞龙煤矿的合伙协议对此无除外约定的情形下,飞龙煤矿未经全体合伙人同意为慈心美德有限公司债务提供保证担保的行为,应认定为无效。

对于担保合同无效的后果,《担保法解释》第7条规定:"主合同有效而担保合同无效,债权人无过错的,担保人与债务人对主合同债权人的经济损失,承担连带赔偿责任;债权人、担保人有过错的,担保人承担民事责任的部分,不应超过债务人不能清偿部分的二分之一。"故飞龙煤矿是否承担责任,还需审查债权人、担保人是否有过错。

对于分公司对外所负债务的承担,《公司法》第14条规定,分公司不具有法人资格,其民事责任由公司承担。该条规定分公司对外所负债务由公司承担,对于分公司是否亦承担责任则未予明确。《民通意见》第107条规定:"不具有法人资格的企业法人的分支机构,以自己的名义对外签订的保证合同,一般应当认定无效。但因此产生的财产责任,分支机构如有偿付能力的,应当自行承担;如无偿付能力的,应由企业法人承担。”该条规定显示,不具有法人资格的企业法人的分支机构对外产生财产责任的,首先考虑由分公司自身承担,但最终是否承担责任以其是否具有偿付能力而区别处理。

结合本案,考虑到飞龙煤矿提供保证担保之时虽然是合伙企业,并非凯鑫煤业下属分公司,但 2013 年 10 月 18 日飞龙煤矿将其采矿权转让给凯鑫煤业,凯鑫煤业接收了飞龙煤矿的资产,飞龙煤矿虽成为凯鑫煤业下属分公司,但其有自己的财产,应具备一定的偿付能力。故飞龙煤矿因保证无效所产生的赔偿责任,应由煤矿先以其财产承担,不足部分,则由凯鑫煤业予以偿付。

例案三 | 上海尚格餐饮娱乐有限公司与姜某甲、姜某乙等房屋租赁合同纠纷案

【法院】

上海市黄浦区人民法院

【案号】

(2015)黄浦民四(民)初字第 2074 号

【当事人】

原告:上海尚格餐饮娱乐有限公司

法定代表人:陈某某,总经理

被告:姜某甲

被告:姜某乙

被告:张某某

被告:陆某某

被告:吴某某

【基本案情】

原告上海尚格餐饮娱乐有限公司(以下简称尚格餐饮有限公司)与被告姜某甲于 2013 年 1 月签订《房屋租赁合同》,将本市雁荡路复兴广场第二层建筑面积 975 平方米的房屋转租给被告姜某甲,租赁期自 2013 年 1 月 12 日起至 2015 年 9 月 15 日止,租金每月人民币 168, 181 元,租金按月支付,于每月开始前 10 日内以汇款方式支付,违反合同约定逾期不支付租金的,租赁保证金不予退还并应当向出租人支付相当于未履行合同标的额 50% 的违约金,造成其他损害的,还应承担损害赔偿责任,承租人支付租赁保证金人民币 350, 000 元,在合同期届满或解除后未出现违

约情况的,出租人无息退还。在合同相关条款中还记明待承租人的经营主体成立后,被告姜某甲同意在合同上加盖经营主体公章,并向出租方提交营业执照复印件作为合同附件。

上海冠兆建筑工程事务所作为被告姜某甲履约行为的保证人,向出租人提供不可撤销的连带责任保证,保证期间为本合同签署之日起直至租期结束,合同由原告和被告姜某甲盖章。合同签署后,被告姜某甲支付了租赁保证金人民币350,000元。合同履行期间,根据合同的相关约定,原告与上海天金轶乐互联网上网服务有限公司签订《更名补充协议》,协议中明确:"原合同中乙方姜某甲(个人)现在确认乙方为上海天金轶乐互联网上网服务有限公司,确认期从2013年7月1日开始计到2015年9月15日止,本协议生效后,即原合同不可分割的组成部分,与原合同具有同等的法律效力。"因合同变更后的乙方自2013年7月起开始拖欠租金,原告曾发函催讨,但催讨未果。原告以被告姜某甲未在《更名补充协议》签名,不符合合同权利义务转让形式要件,被告姜某甲仍应系合同承租人为由,于2015年6月29日起诉,要求被告姜某甲支付拖欠的自2013年7月起至2014年3月止的租金并偿付违约金。

另查明:上海天金轶乐互联网上网服务有限公司于2013年8月2日注册成立,公司类型为有限责任公司,法定代表人为被告姜某甲。《房屋租赁合同》中记载的上海冠兆建筑工程事务所系普通合伙企业,合伙人为被告姜某甲和姜某乙,被告姜某甲为合伙企业事务执行人。2013年2月20日上海冠兆建筑工程事务所办理变更手续,企业名称变更为上海冠兆安防工程事务所,合伙人变更为姜某甲、张某某、陆某某、吴某某。2014年4月上海冠兆安防工程事务所注销,工商管理部门档案显示,若注销企业有未了事宜,由全体合伙人共同承担责任。

审理中,原告基于《房屋租赁合同》中有"上海冠兆建筑工程事务所作为被告姜某甲履约行为的保证人,向出租人提供不可撤销的连带责任保证,保证期间为本合同签署之日起直至租期结束"的记载内容和相关法律的规定,申请追加姜某乙、张某某、陆某某、吴某某为被告,要求被告姜某甲、姜某乙、张某某等对所欠租金及违约金承担无限连带保证责任。

【案件争点】

案涉合同中记载的保证人上海冠兆建筑工程事务所(普通合伙企业)是否应承担保证责任。

【裁判要旨】

上海市黄浦区人民法院认为：原告与被告姜某甲签订的《房屋租赁合同》合法有效，双方当事人均应按约履行各自义务。在履行期间，根据合同的相关约定在经营主体成立后，原告与成立的经营主体签订的《更名补充协议》是双方真实意思表示，与原合同具有同等法律效力。虽被告姜某甲未在协议上签名，但对承租主体的变更已经由作为出租方的原告和新的承租方盖章确认，故该承租主体的变更有效。况且在履行过程中，原告系向新承租主体开具租金发票和在发生拖欠租金情形时，向变更后的主体主张催讨，上述情形表明《更名补充协议》亦实际履行。虽上海天金铁乐互联网上网服务有限公司系成立于 2013 年 8 月 2 日，其在《更名补充协议》中对其成立之前的 7 月 1 日至 8 月 1 日的合同义务予以确认，可视为其对之前承租人姜某甲应承担合同权利义务的转移予以确认，而该确认得到了原告的同意，应视为有效。现原告认为被告姜某甲仍系合同承租人，要求被告姜某甲支付承租主体变更后所欠租金及偿付违约金的诉请主张，依据不当。对于原告主张的担保责任，因涉及担保的内容仅在合同条款中由一段文字记载，合同上也没有担保方盖章确认，而合同中记载的保证人上海冠兆建筑工程事务所系普通合伙企业，根据相关法律规定，以合伙企业名义为他人提供担保，应当经全体合伙人一致同意。现合同上仅有作为合伙企业事务执行人的被告姜某甲签名，缺乏担保企业的盖章或其他合伙人的签名确认，原告也没有提供其他证据证明被告姜某甲的签名系经其他合伙人同意，故担保行为不符合法律规定，该担保不成立。

三、裁判规则提要

（一）以合伙企业名义为他人提供保证担保，除合伙协议另有约定外，须经全体合伙人一致同意

《合伙企业法》第 31 条第 5 项明确规定，除合伙协议另有约定外，以合伙企业名义为他人提供担保应当经全体合伙人一致同意。根据《担保法》第 2 条的规定，保证应为担保方式中的一种，因此，当合伙企业作保证人时，除合伙协议另有约定外，须经全体合伙人一致同意。

做此规定，原因在于：

第一，合伙企业具有人合性，在对合伙企业事项作出决议时，应充分尊重各个合伙人的意见。合伙企业是由合伙人订立合伙协议，并依据合伙协议共同出资、共担风险、共享经营收益，对合伙企业债务依照法律规定承担责任的经营性组织。各

合伙人之间往往存在相互信任关系,并基于此种信任关系缔结合伙协议,成立合伙企业,形成长期稳定的共同经营关系。因此,在充分考虑合伙企业人合性特质的基础上,应允许在对合伙企业事项作出决议时,全面听取、尊重各合伙人意见。

第二,以合伙企业名义对外提供保证,存在损害其他合伙人利益的可能性。合伙企业从事经营性活动,具有独立财产,当其作为保证人为他人债务提供担保时,债权人有理由相信其具有代为清偿的能力。即当债务人不履行或不能履行债务时,债权人可以通过保证合同要求合伙企业承担保证责任。然而,不同于公司以其全部财产对债务进行清偿,公司股东仅以其出资为限,承担有限责任,《合伙企业法》第38条、第39条明确规定了合伙人对合伙企业债务承担的无限连带责任。也即,以合伙企业名义为他人提供保证担保,在保证责任成立的情况下,合伙企业应先以其全部财产对债务进行清偿,不能清偿部分由合伙人承担无限连带责任。因此,为充分保障各合伙人利益,避免出现有损各合伙人合法权益的可能性,在以合伙企业作保证人为他人提供担保的场合,应经全体合伙人一致同意。

第三,合伙人可通过订立合伙协议,使该规定更具可操作性和灵活性。《合伙企业法》第30条和第31条分别对合伙企业对有关事项作出决议时的表决方式进行了规定。对比二者,可以发现,无论是第30条抽象规定的“有关事项”,[①]还是第31条通过列举方式明确规定的“下列事项”,在涉及对合伙企业事项进行表决时,均遵循了约定优先的原则。即在存在合伙协议,且合伙协议对相关事项的表决方式已进行明确规定的前提下,允许其对法律规定“须经全体合伙人一致同意”的事项作出更加灵活的规定。但需要说明的是,如合伙协议未对《合伙企业法》第31条明确列举的六项规定另行约定表决方式,对于该事项的表决仍应遵循“全体合伙人一致同意”的原则。

(二)“已经全体合伙人一致同意”的认定标准

按照《合伙企业法》第31条第5项规定,在无合伙协议另外约定的情况下,以合伙企业名义对外提供保证担保,须经全体合伙人一致同意。因此,如债权人(保证合同另一方当事人)诉请合伙企业承担保证责任,须对保证合同签订时已经全体合伙人一致同意进行举证。

---

① 《合伙企业法》第30条中的“有关事项”应理解为涉及合伙企业经营管理的一般事项。对该事项进行表决,即便合伙协议没有具体约定表决方式或约定不明确,采用合伙人一人一票并经全体合伙人过半数通过的表决办法,既不会对合伙企业的生存和发展造成影响,也不会损害合伙人的合法利益。

然而，如何认定合伙企业合伙人已经一致同意以合伙企业名义对外提供保证担保，司法实务界并未形成统一标准，目前较为常见的做法可归纳为：(1)以保证合同上是否加盖合伙企业公章以及全体合伙人签名为标准；(2)以保证合同上是否加盖合伙企业公章以及已经形成全体合伙人同意担保的会议决议为标准；(3)以保证合同上是否加盖合伙企业公章以及执行事务合伙人签名为标准；(4)以保证合同上是否加盖合伙企业公章标准；(5)以全体合伙人签名为标准。

对于上述标准，其在证明合伙企业作保证人，已经全体合伙一致同意的证明效力上是依次递减的，但总的来说，在满足标准 1 和标准 2 的情况下，即在保证合同上加盖合伙企业公章以及全体合伙人在保证合同上签名，或提供已经形成的全体合伙人会议决议，在目前的司法实践中一般可以对“已经全体合伙人一致同意”做出认定。但是否能够仅凭借合伙企业公章或合伙企业公章和执行事务合伙人签名，就对“已经全体合伙人一致同意”作出判断，需要进一步探讨。

对于“标准 3”，即保证合同上已经加盖合伙企业公章，并有执行事务合伙人签名的情形，此种情形与实践中经常发生的公司法定代表人违反《公司法》第 16 条规定，在未按照公司章程规定、未经过董事会或者股东会决议的情况下，以公司名义对外提供担保的情形极为类似。后者在司法实践中即常表现为保证合同上存在公司公章及公司法定代表人签名。考虑到二者的相似性，可将二者类比分析。

然而，令人遗憾的是，对于公司代表人违反《公司法》第 16 条规定，以公司名义对外提供担保的效力，目前尚未有定论。最高人民法院有关此问题的判决也出现了前后矛盾、同案不同判的现象。因此，对判断与其极为类似的、在保证合同上加盖合伙企业公章，并有执行事务合伙人签名的情形，是否能认定为已经全体合伙人一致同意也极为困难。

对此，第一，根据《合伙企业法》第 26 条的规定，应对执行事务合伙人可以对外代表合伙企业，执行合伙事务，予以肯定。第二，执行事务合伙人执行合伙事务的范围，根据该法第 97 条“合伙人对本法规定或者合伙协议约定必须经全体合伙人同意始得执行的事务，擅自处理，给合伙企业或者其他合伙人造成损失的，依法承担赔偿责任”的规定，应仅包括《合伙企业法》第 30 条规定的“有关事项”，即涉及合伙企业经营发展的一般事项，而不应认为包含该法第 31 条明确列举的事关合伙企业生存发展的六项重大事项，其中即涉及以合伙企业名义对外提供担保。也即，合伙企业的执行事务合伙人不能未经全体合伙人同意，即以合伙企业名义对外提供担保。而此种情形在司法实践中的表现形式一般即为在保证合同上加盖合伙企业公章,并由执行事务合伙人在此合同上签名。第三,此种情形虽与公司法定代表人违反《公司法》第 16 条,以公司名义对外提供担保极为类似。但由于合伙企业比公司更具有人合性,各合伙人需对合伙企业债务承担无限连带责任。因此,无论司法实践中对违反《公司法》第 16 条时保证合同的效力如何认定,类似情形下的合伙企业对外提供担保的认定都应当更为严格。基于此,以合伙企业名义对外提供担保,保证合同上仅有合伙企业公章及执行事务合伙人的签名,不能认定为已经全体合伙人一致同意,相应的保证合同也应认定为无效。

对于标准 4,仅在保证合同上加盖合伙企业公章,而没有其他证据能够证明已经全体合伙人一致同意的情形,不能仅凭借合伙企业公章的存在,认定全体合伙人已经同意,以合伙企业名义对外提供保证担保。

对于标准 5,虽保证合同上欠缺合伙企业公章,但合伙企业全体合伙人在保证合同上的签名,可对此瑕疵进行补正。

(三)除合伙协议另有规定外,未经全体合伙人一致同意的保证合同应认定为无效

除合伙协议另有规定外,以合伙企业名义对外提供保证,须经全体合伙人一致同意。在无法认定已经全体合伙人一致同意的场合,保证合同应被认定为无效。债权人(保证合同另一方的当事人)不得以《合伙企业法》第 31 条系对合伙企业内部决议程序进行规定,仅约束合伙企业,不得对第三人进行约束为由,主张违反该规定对保证合同的效力没有影响。

当保证合同无效时,根据《担保法解释》第 7 条的规定:“主合同有效而担保合同无效,债权人无过错的,担保人与债务人对主合同债权人的经济损失,承担连带赔偿责任;债权人、担保人有过错的,担保人承担民事责任的部分,不应超过债务人不能清偿部分的二分之一。”因此,债权人(保证合同另一方的当事人)在订立保证合同时,未对此项担保是否已经全体合伙人一致同意进行形式审查,应当认定为未尽应有的注意义务,具有过错。在未经全体合伙人一致同意的情况下,合伙企业对外提供担保,亦可认为存在过错。由此导致保证合同无效的,保证人承担民事责任的部分,不应超过债务人不能清偿部分的 1/2。

四、辅助信息

高频词条：

《合伙企业法》

第26条 合伙人对执行合伙事务享有同等的权利。

按照合伙协议的约定或者经全体合伙人决定，可以委托一个或者数个合伙人对外代表合伙企业，执行合伙事务。

作为合伙人的法人、其他组织执行合伙事务的，由其委派的代表执行。

第30条 合伙人对合伙企业有关事项作出决议，按照合伙协议约定的表决办法办理。合伙协议未约定或者约定不明确的，实行合伙人一人一票并经全体合伙人过半数通过的表决办法。

本法对合伙企业的表决办法另有规定的，从其规定。

第31条 除合伙协议另有约定外，合伙企业的下列事项应当经全体合伙人一致同意：

（一）改变合伙企业的名称；

（二）改变合伙企业的经营范围、主要经营场所的地点；

（三）处分合伙企业的不动产；

（四）转让或者处分合伙企业的知识产权和其他财产权利；

（五）以合伙企业名义为他人提供担保；

（六）聘任合伙人以外的人担任合伙企业的经营管理人员。

第37条 合伙企业对合伙人执行合伙事务以及对外代表合伙企业权利的限制，不得对抗善意第三人。

《合同法》

第52条 有下列情形之一的，合同无效：

（一）一方以欺诈、胁迫的手段订立合同，损害国家利益；

（二）恶意串通，损害国家、集体或者第三人利益；

（三）以合法形式掩盖非法目的；

（四）损害社会公共利益；

（五）违反法律、行政法规的强制性规定。

《合同法解释二》

第14条 合同法第五十二条第（五）项规定的“强制性规定”，是指效力性强制性规定。

《民通意见》

第107条 不具有法人资格的企业法人的分支机构,以自己的名义对外签订的保证合同,一般应当认定无效。但因此产生的财产责任,分支机构如有偿付能力的,应当自行承担;如无偿付能力的,应由企业法人承担。

担保纠纷案件裁判规则第 12 条：
专业服务机构作保证人视同自然人

〔**规则描述**〕：专业服务机构，是指以专业知识和专门技能为客户提供服务的机构。因其不在《担保法》列举的不得或限制作保证人的范围内，所以司法实务中一般对其保证人资格予以认可。同时，需要强调的是，此条规则中“专业服务机构作保证人视同自然人”中的“专业服务机构”仅指《民法总则》第 102 条规定中的“不具有法人资格，但是能够依法以自己的名义从事民事活动的组织”，即非法人组织；具有法人资格的专业服务机构不在本条规则解释的范围内。目前，我国存在形式多样的专业服务机构，其中以律师事务所和会计师事务所最为典型。但仅在非国家出资设立的律师事务所和合伙形式的会计师事务所作为保证人，签订保证合同时，可视同自然人。

一、类案检索大数据报告

时间：2019 年 3 月 4 日之前，案例来源：Alpha 案例库，案件数量：120 件，数据采集时间：2019 年 3 月 4 日。本次检索以“律师事务所作保证人视同自然人”为例，获取了 2019 年 3 月 4 日前共 120 篇民事裁判文书，其中认同律师事务所作保证人视同自然人案件 13 件，不认同案件 1 件，不相关案件 106 件。整体情况如下：

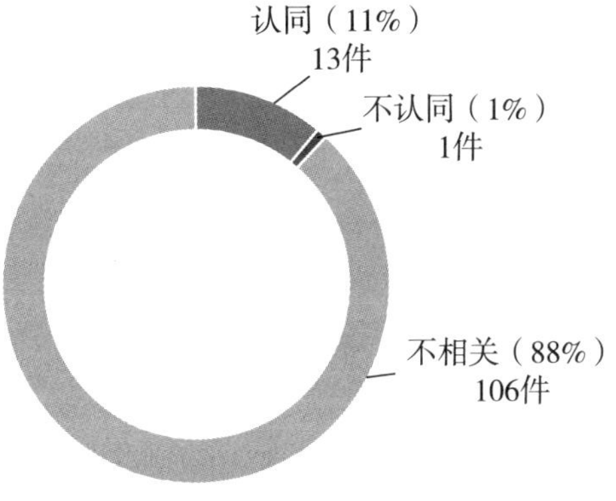

图 12－1　是否认同律师事务所作保证人视同自然人

如图 12－1 所示，从案件中律师事务所作保证人视同自然人的角度来看，认同律师事务所作保证人视同自然人案件占11%、不认同案件占1%、不相关案件占88%。

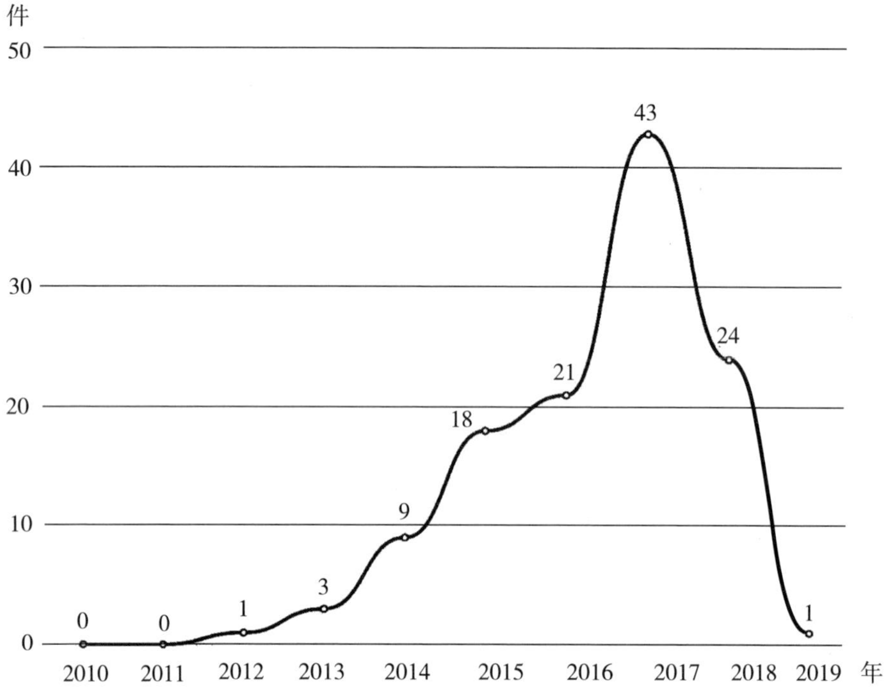

图12-2 案件年份分布情况

如图12-2所示,从案件年份分布情况可以看出,当前条件下此类民事案件数量的变化趋势。

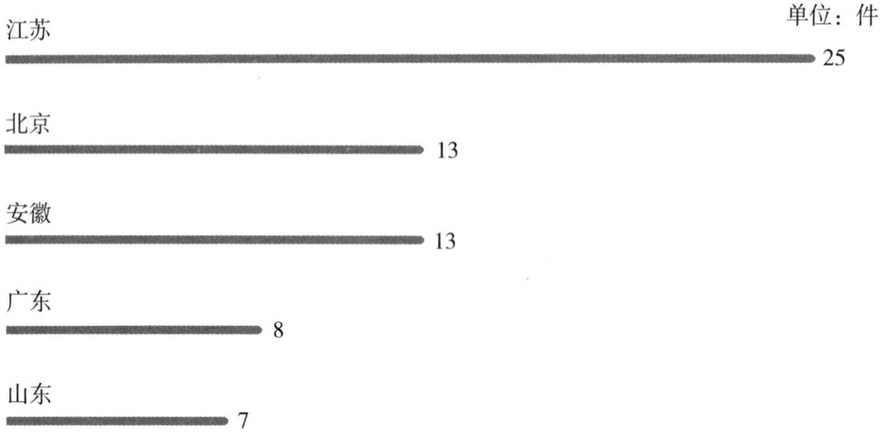

图12-3 案件主要地域分布情况

如图12－3所示，从案件地域分布情况可以看出，当前此类民事案件主要集中在江苏省、北京市、安徽省，分别占比20%、11%、11%。其中江苏省的案件量最多，达到25件。

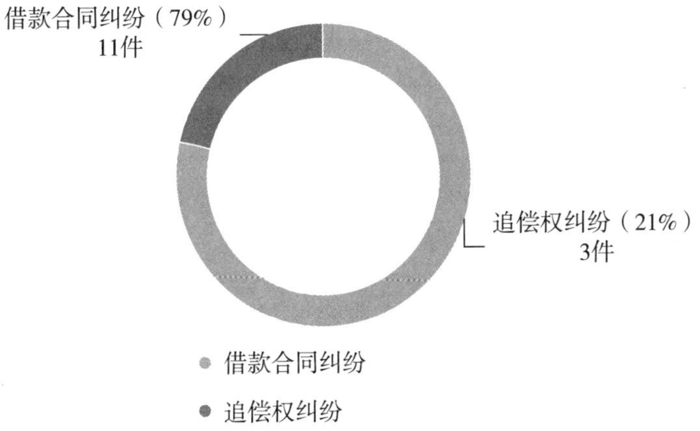

图12－4　案件案由分类情况

如图12－4所示，仅针对此检索条件下的有效案件，从案件案由分类情况可以看出，当前最主要的案由是合同纠纷，有14件。其中借款合同纠纷案件11件（包括民间借贷案件8件），追偿权纠纷案件3件。

二、可供参考的例案

例案一｜白山市鼎和小额贷款有限责任公司与范某某等民间借贷纠纷案

【法院】

吉林省白山市中级人民法院

【案号】

（2015）白山民二初字第19号

【当事人】

原告：白山市鼎和小额贷款有限责任公司

法定代表人：白某某，经理

被告：范某某，白山市缸窑矿业有限责任公司总经理

被告：白山市缸窑矿业有限责任公司

法定代表人：范某某，总经理

被告:姜某某,白山成华会计师事务所有限责任公司主任

被告:白山成华会计师事务所有限责任公司

法定代表人:姜某某,主任

被告:高某某

【基本案情】

2012年2月12日,白山市鼎和小额贷款有限责任公司(以下简称鼎和有限责任公司)与范某某、姜某某、高某某签订《范某某贷款质(抵)押协议书》,约定:(1)鼎和有限责任公司于2012年2月13日提供给范某某人民币1300万元,贷款期限3个月,即从2012年2月13日起至2012年5月13日止。(2)范某某用购买后的缸窑煤矿所享有的80%股权中的50%做贷款质押(另50%已划归高某某所有,双方另有合同)。(3)高某某将范某某划归高某某所有的购买后的缸窑煤矿所享有的80%股权中的50%股权为范某某做贷款质押。(4)姜某某用自己在白山市天诚会计师事务所的股份作担保,并监督范某某按期偿还贷款。

2012年5月11日,范某某、白山市缸窑矿业有限责任公司(以下简称缸窑矿业有限责任公司)、姜某某、高某某共同签订《质押贷款延期还款协议》(鼎和借延协字第12-11号),约定:经鼎和有限责任公司与范某某和姜某某、高某某充分协商,签订本协议。(1)借款方于2012年2月13日向贷款方借款人民币1300万元,按鼎和借字第12-11号借款合同的规定,借款方应于2012年5月13日偿还全部借款本息。现由于煤炭销售淡季等原因,不能如期偿还,经各方协商一致,同意延期到2012年12月13日偿还。(2)延期后借贷双方及保证方的权利义务以及有关事宜仍按鼎和借字第12-11号借款合同执行。范某某、缸窑矿业有限责任公司在借款单位处盖章,鼎和有限责任公司在贷款方处盖章,缸窑矿业有限责任公司在质押担保人栏内保证人处盖章,范某某本人签字并加盖范某某法人章,姜某某、高某某在质押担保人处签字。

2012年2月13日,范某某、鼎和有限责任公司、高某某、白山成华会计师事务所有限责任公司(以下简称成华会计师事务所)、姜某某签订《质押担保借款合同》,约定:借款人范某某,出质人范某某、高某某,担保人姜某某、成华会计师事务所。借款内容:借款金额为1300万元,借款用途购煤矿,借款利率24.4%,借款期限12个月(自2012年2月13日至2013年2月13日止)。质押内容:出质人自愿以自有缸窑煤矿的股份等动产、权利作为本合同载明借款的质物,出质给贷款人。质押人担保期间为自设定抵押之日起至担保范围内全部债务清偿完毕止。范某某

在借款人处签名，鼎和有限责任公司在贷款人处盖合同专用章及法人章，范某某、高某某、姜某某在保证人处签名，成华会计师事务所在保证人处盖章。

2012年2月13日，鼎和有限责任公司将款项支付给范某某，当日，范某某出具借据，金额人民币1300万元，事由为购买（缸窑煤矿）用款。此后，范某某分别于2012至2014年偿还鼎和有限责任公司本案款项共计8，411，600元。原告鼎和有限责任公司诉至法院，要求范某某、缸窑矿业有限责任公司、姜某某、成华会计师事务所、高某某共同偿还余款及利息。

【案件争点】

姜某某、高某某、成华会计师事务所和缸窑矿业有限责任公司是否应承担连带责任保证。

【裁判要旨】

吉林省白山市中级人民法院认为：2012年2月13日，范某某、鼎和有限责任公司、高某某、成华会计师事务所、姜某某签订的《质押担保借款合同》虽名为质押担保借款合同，合同开头出质人注明为高某某，担保人注明为姜某某及成华会计师事务所，但高某某、姜某某在合同尾部保证人处签名，成华会计师事务所在合同尾部保证人处盖章。根据《担保法解释》第22条第2款的规定，《质押担保借款合同》应当认定保证合同成立。根据《担保法》第19条的规定，应认定为保证人承担连带责任保证。根据《担保法》第26条的规定，因由于鼎和有限责任公司未有证据证明已于2013年2月13日后6个月内向保证人主张债权，故高某某、姜某某、成华会计师事务所免除保证责任。缸窑矿业有限责任公司与鼎和有限责任公司签订的2012年5月11日《质押贷款延期还款协议》中，缸窑矿业有限责任公司在保证人处盖章，该协议中约定还款期限为2012年12月13日，如前所述，缸窑矿业有限责任公司免除保证责任。

例案二 陈某某与田某某、彭某某、湖南广联有限责任会计师事务所民间借贷纠纷案

【法院】

湖南省浏阳市人民法院

【案号】

（2016）湘0181民初5651号

【当事人】

原告:陈某某

被告:田某某

被告:彭某某

被告:湖南广联有限责任会计师事务所

法定代表人:罗某某,所长

【基本案情】

2014年8月27日,原告陈某某与被告田某某在湖南广联有限责任会计师事务所浏阳业务部田某某办公室签订借款合同。合同约定:被告田某某向原告陈某某借款400万元,其中银行转账376万元,付现金24万元。借款利息为月利率2.5%,利息从被告开具借条之日起开始计算至实际偿还借款本息之日止。清偿顺序为先偿还借款利息和其他费用,后偿还借款本金。借款期限为2个月,自2014年8月27日起至2014年10月26日止。担保人承担连带责任保证担保。担保的范围为本合同项下的借款本金、利息、逾期还款违约金和实现债权的费用。担保期为本合同约定的主债务期限届满之日起二年。合同还就违约责任、提前收贷等进行了约定。原告陈某某作为出借人在合同签名,被告田某某作为借款人在合同签名,被告田某某在保证人处加盖了湖南广联有限责任会计师事务所的印章,被告田某某还以湖南广联有限责任会计师事务所负责人的身份在担保人处签名。合同签订的当日,原告通过长沙银行转账376万元到被告田某某的账户上;同日,原告还从自己在长沙银行账户上取款24万元现金支付给被告田某某。被告田某某收款后,向原告出具"借款借据今借到陈某某先生人民币肆佰万元整(小写4,000,000元)银行转账人民币叁佰柒拾陆万元,现金收款人民币贰拾肆万元整,借款期限壹个月。借款人田某某2014年8月27日"的借据一张。被告田某某在借据借款人处加盖了湖南广联有限责任会计师事务所的印章。借款后,被告田某某共偿还263.7万元。因余款未还,原告诉至法院,要求被告田某某、彭某某共同偿还原告借款本金及利息,被告湖南广联有限责任会计师事务所对上述借款本息承担连带偿还责任。

另查明,湖南广联有限责任会计师事务所浏阳业务部系被告湖南广联有限责任会计事务所在浏阳的办事机构,负责人为被告田某某。湖南广联有限责任会计师事务所浏阳业务部位于浏阳市名河鑫都一栋701室,在该室外墙上挂有"广联会计师事务所"的招牌,在一楼大厅的楼层索引图上标有"湖南广联有限责任会计师事务所”的标识，在 701 室门口边标有“湖南广联会计师事务所由此去”的指示牌，进 701 室的正面墙上悬挂“广联会计事务所”的招牌。在 701 室内外均没有湖南广联有限责任会计师事务所浏阳业务部或浏阳分公司的标识标牌。

【案件争点】

被告湖南广联有限责任会计师事务所是否应承担连带保证责任。

【裁判要旨】

湖南省浏阳市人民法院认为：借款合同担保人处加盖了湖南广联有限责任会计师事务所的公章，形式上表示被告湖南广联有限责任会计师事务所同意担保。虽然公章系被告田某某未经湖南广联有限责任会计师事务所授权下擅自加盖的，但在合同签订地的 701 室内外只有“湖南广联有限责任会计师事务所”标识、标牌的环境下，原告陈某某在客观上有理由相信田某某便是湖南广联有限责任会计师事务所的负责人，其有权代表事务所在借款合同上盖章担保，原告陈某某将款项出借给被告田某某并无过错，属于善意第三人，且原、被告间的借贷关系已完成，故被告田某某盖章担保的行为已构成了表见代理，被告湖南广联有限责任会计师事务所应承担因被告田某某的表见代理所产生的担保责任。

例案三 | 楼某某与周某某、浙江前程律师事务所民间借贷纠纷案

【法院】

浙江省金华市中级人民法院

【案号】

（2015）浙金商终字第 343 号

【当事人】

上诉人（原审被告）：周某某

上诉人（原审被告）：浙江前程律师事务所

负责人：方某某，该所主任

被上诉人（原审原告）：楼某某

【基本案情】

2014 年 3 月 5 日，被告周某某出具借据一份，载明：借到人民币 200 万元，该借款用于本人资金周转。约定于 2014 年 4 月 5 日前归还，如逾期从借款之日起按中国人民银行同期同类贷款利率的四倍计付利息至实际归还之日止等内容。其下写

有担保人同意对上述债务承担连带责任,担保期限为主债务归还之日结束等内容,担保单位浙江前程律师事务所,法人代表周某某,加盖有浙江前程律师事务所公章。

同日,被告周某某出具收条一份,载明:今收到出借人交付的借款本金人民币200万元,其中银行转账、本票人民币90万元,前欠款抵现借款及现金人民币110万元,具收人周某某。2014年3月6日,原告通过吴某某账户转入周某某账户90万元。后被告周某某归还借款10万元,现尚欠借款190万元。原告楼某某于2014年9月25日向原审法院起诉,请求判令:被告周某某归还原告借款人民币190万元及利息。被告浙江前程律师事务所对上述债务及本案诉讼费用承担连带清偿责任。

浙江省义乌市人民法院一审认为:合法的借贷关系受法律保护。被告周某某向原告借款尚欠190万元的事实,有被告出具的借据及收条为凭,予以认定。原告要求被告周某某支付利息,从2014年4月6日起按银行贷款利率的四倍计付至实际履行之日止,符合法律规定和当事人的约定,予以支持。担保人浙江前程律师事务所自愿提供担保,依法应承担连带清偿责任。两被告不服,遂向浙江省金华市中级人民法院提出上诉。

【案件争点】

浙江前程律师事务所是否应承担担保责任。

【裁判要旨】

浙江省金华市中级人民法院二审认为:因律师事务所是依法设立的有符合国务院行政部门规定数额资产的律师的执业机构,依法开展业务并纳税,以其全部资产对其债务承担责任。故浙江前程律师事务所在本案借据担保单位处签字盖章,确认以担保人身份为本案借款提供担保,系其真实意思表示,同时也并不违反我国《担保法》关于担保主体的禁止性规定,因此,浙江前程律师事务所应当依法承担担保责任。

三、裁判规则提要

(一)“专业服务机构作保证人视同自然人”中的“专业服务机构”为非法人组织

专业服务机构,是指以专业知识和专门技能为客户提供服务的机构。考虑到专业服务机构,不在我国《担保法》第8条、第9条和第10条列举的不得作保证人或限制作保证人的范围内,且其为客户提供的服务,一般为有偿的,具有代为清偿债务的能力。因此，对于专业服务机构的保证人资格应该予以认可。

此处需要强调的是，虽然专业服务机构可以作为保证人对他人债务提供担保，但此条规则中“专业服务机构作保证人视同自然人”中的“专业服务机构”仅指《民法总则》第 102 条规定中的“不具有法人资格，但是能够依法以自己的名义从事民事活动的组织”，即非法人组织。原因在于：按照《民法总则》中对具有民事主体资格的组织进行的划分，其包括法人和非法人组织两种类型。根据不同法律规定，专业服务机构作为利用专业技术或专业知识为客户提供服务的机构，其可以具有法人资格。也就是说，当具有法人资格的专业服务机构，作为保证人为他人提供担保时，可直接按照企业法人提供保证的规则进行处理，不再涉及自然人提供保证的相关问题（如例案一“白山市鼎和小额贷款有限责任公司与范某某等民间借贷纠纷案”中，保证人成华会计师事务所即为取得法人资格的企业法人）。

（二）非国家出资设立的律师事务所和合伙形式的会计师事务所作保证人时，视同自然人

我国目前存在多种形式的专业服务机构，其中最为典型的为律师事务所和会计师事务所。但仅在非国家出资设立的律师事务所和合伙形式的会计师事务所作保证人时，视同自然人。

做此限定，原因在于：

第一，对于律师事务所来说。一方面，按照《律师事务所管理办法》第 7 条第 1 款和《律师法》第 15 条、第 16 条以及第 20 条的规定，我国目前仅存在合伙律师事务所、个人律师事务所和国资律师事务所三种形式的律师事务所。除国资律师事务所外，无论是合伙律师事务所还是个人律师事务所，在涉及律师事务所的债务承担时，对外承担的都是无限连带责任或无限责任，即在以律师事务所全部资产对该所债务承担责任后，合伙人仍应以其全部财产为限，继续责任的承担。联系《民法总则》第 104 条“非法人组织的财产不足以清偿债务的，其出资人或者设立人承担无限责任”的规定，可以得出律师事务所作为最为典型的专业服务机构，仅合伙形式和个人形式的律师事务所满足“非法人组织”的设定。当此两者作为保证人承担保证责任时，可以视为自然人。另一方面，除合伙律师事务所和个人律师事务所外，我国还存在国资律师事务所这一类型。在涉及国资律师事务所的债务承担时，按照《律师法》第 20 条规定，应以该律师事务所的全部财产对其债务承担责任。也即，国家作为出资人时，并不对国资律师事务所的债务承担无限责任。因此，国资

律师事务所并不符合《民法总则》第 104 条对"非法人组织"的规定，认定其具有法人资格更为合理。

第二，对于会计师事务所来说。《注册会计师法》第 24 条已明确规定，满足一定条件的会计师事务所，可以是负有限责任的法人，以其全部资产对其债务承担责任。因此，仅该法第 23 条规定的注册会计师合伙设立的会计师事务所，同时符合"专业服务机构"与"非法人组织"的设定，当其作为保证人承担保证责任时，视同自然人。

（三）专业服务机构的负责人未经授权对外签订保证合同，符合表见代理要件的，应认定合同成立

《合伙企业法》第二章第三节规定了合伙事务的执行方式，对于合伙制的律师事务所和会计师事务所等专业服务机构，合伙人对执行合伙事务享有同等的权利。按照合伙协议的约定或者经全体合伙人决定，可以委托一个或者数个合伙人对外代表合伙企业，执行合伙事务。合伙人对合伙企业有关事项作出决议，按照合伙协议约定的表决办法办理。如果合伙协议对合伙人以合伙企业名义对外提供保证作出了约定，有合伙人不符合约定的条件，自行与他人订立保证合同，则可类推适用《民法总则》第 172 条关于表见代理的规定："行为人没有代理权、超越代理权或者代理权终止后，仍然实施代理行为，相对人有理由相信行为人有代理权的，代理行为有效。"如果合同他方当事人有理由相信与之订立保证合同的专业服务机构人员有资格代表该机构，即非故意或者因重大过失而不知其无权以该机构名义订立保证合同，则可依据表见代理的规定，认定保证合同成立。对于个人设立的专业服务机构，亦可照此处理。

此外，需要强调的是，在认定专业服务机构人员是否构成表见代理时，其是否"掌握"公章，并在保证合同或借款合同保证人处加盖专业服务机构公章，是判断其是否具有代理权以及该专业服务机构是否同意提供保证的标准之一。即使经证明公章系该机构人员自行加盖，只要保证合同他方当事人有理由相信该人员能够代表专业服务机构提供保证，其即属于善意第三人，适用《民法总则》关于表见代理的相关规定（如例案二"陈某某与田某某、彭某某、湖南广联有限责任会计师事务所民间借贷纠纷案"）。

（四）判断保证合同是否成立，应遵循实质内容重于形式的原则

实践中，保证合同形式多样，判断一份合同是否为保证合同，合同名称是最为

直观、简明的办法,但合同名称千差万别,不排除存在虽名为《质押担保借款合同》,但实则为保证合同的情况(如例案一“白山市鼎和小额贷款有限责任公司与范某某等民间借贷纠纷案”)。因此,在对合同性质进行界定时,应根据实质内容重于形式的原则,根据合同中是否约定有“承担保证责任”之类的保证条款进行判断。此外,对于合同名称既不是保证合同,合同内容也没有相应保证条款约定的,应根据《担保法解释》第22条第2款的规定,按照合同是否注明保证人,且保证人于合同结尾保证人处签字或盖章,判断合同是否为保证合同或保证人与出借人之间保证合同是否成立。

四、辅助信息

高频词条:

《民法总则》

第102条 非法人组织是不具有法人资格,但是能够依法以自己的名义从事民事活动的组织。

非法人组织包括个人独资企业、合伙企业、不具有法人资格的专业服务机构等。

第172条 行为人没有代理权、超越代理权或者代理权终止后,仍然实施代理行为,相对人有理由相信行为人有代理权的,代理行为有效。

《律师法》

第15条 设立合伙律师事务所,除应当符合本法第十四条规定的条件外,还应当有三名以上合伙人,设立人应当是具有三年以上执业经历的律师。

合伙律师事务所可以采用普通合伙或者特殊的普通合伙形式设立。合伙律师事务所的合伙人按照合伙形式对该律师事务所的债务依法承担责任。

第16条 设立个人律师事务所,除应当符合本法第十四条规定的条件外,设立人还应当是具有五年以上执业经历的律师。设立人对律师事务所的债务承担无限责任。

《注册会计师法》

第23条 会计师事务所可以由注册会计师合伙设立。

合伙设立的会计师事务所的债务,由合伙人按照出资比例或者协议的约定,以各自的财产承担责任。合伙人对会计师事务所的债务承担连带责任。

担保纠纷案件裁判规则第 13 条:
非书面保证合同和非双方签字的单方保证函应当先证明保证关系的成立,再划分保证责任

〔**规则描述**〕:保证合同应采用书面形式订立,是保证人与债权人双方的法律行为,旨在强调保证人与债权人达成合意,在债务人不履行债务时,由保证人按照约定履行债务或者承担责任。但在司法实务中确实存在第三人与债权人口头约定,对债务人债务承担保证责任的情形,以及第三方单方以书面形式向债权人出具担保书的情形。对于此两种情形下保证合同是否成立,需结合相关标准进行判断。在已证明保证关系成立的前提下,再进一步划分保证人的保证责任。

一、类案检索大数据报告

时间:2018 年 12 月 12 日,案例来源:Alpha 案例库,案件数量:134 件,数据采集时间:2018 年 12 月 12 日。本次检索以非书面保证合同是否成立为例,获取 2018 年 12 月 12 日前共 134 篇裁判文书,其中认同非书面保证合同成立案件 57 件、不认同案件 42 件、不相关案件 31 件、重复案件 4 件。整体情况如下:

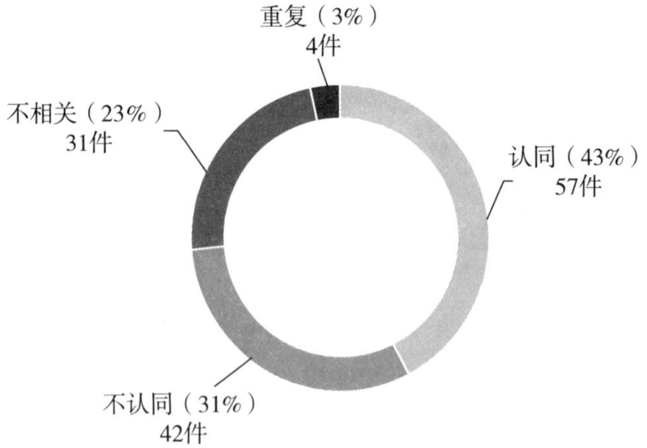

图 13-1 是否认同非书面保证成立保证合同

如图 13-1 所示,从案件中非书面保证合同是否成立的角度来看,认同非书面保

证合同成立案件占43%、不认同案件占31%、不相关案件占23%、重复案件占3%。

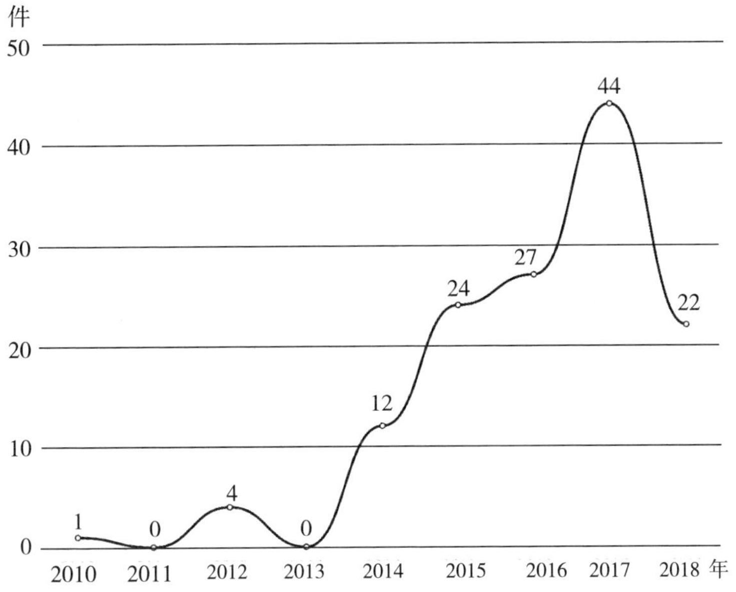

图13－2　案件年份分布情况

如图13－2所示，从案件年份分布情况可以看出，当前条件下案件数量的变化趋势。

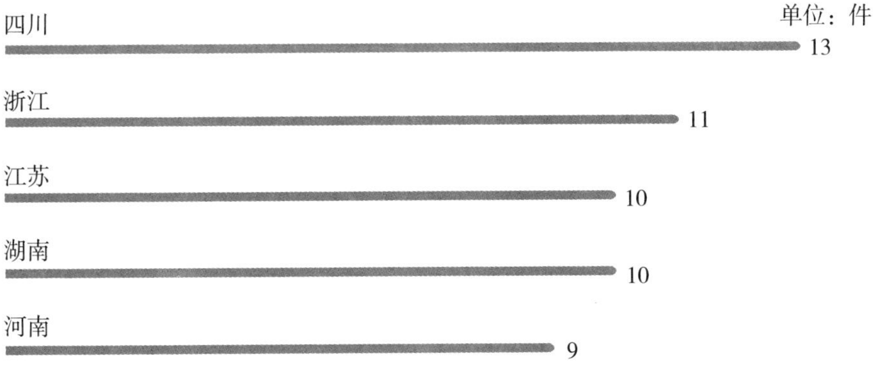

图13－3　案件主要地域分布情况

如图13－3所示，从案件地域分布情况可以看出，当前案件主要集中在四川省、浙江省、江苏省，分别占比约10%、8%、7%。其中四川省的案件量最多，达到13件。

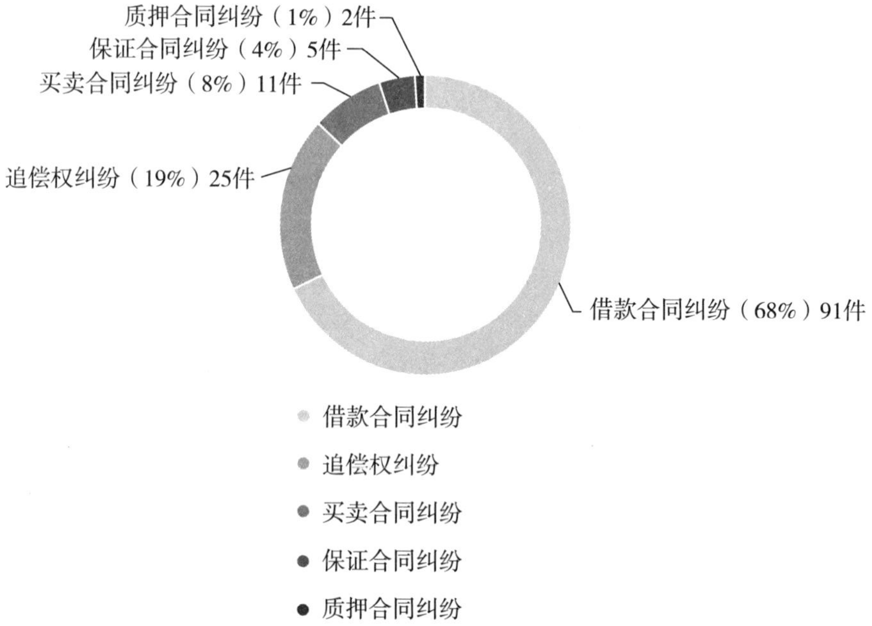

图 13－4　案件案由分类情况

如图 13－4 所示,从案件案由分类情况可以看出,当前最主要的案由是借款合同纠纷,有 91 件,占一半以上。其次是追偿权纠纷案件 25 件,买卖合同纠纷案件 11 件,保证合同纠纷案件 5 件,质押合同纠纷案件 2 件。

二、可供参考的例案

例案一 | 翟某甲与姬某某民间借贷纠纷案

【法院】

河北省邯郸市中级人民法院

【案号】

(2018)冀 04 民终 3827 号

【当事人】

上诉人(原审被告):翟某甲

被上诉人(原审原告):姬某某

原审被告:贾某某

原审被告:翟某乙

【基本案情】

姬某某与翟某甲系朋友关系，贾某某与翟某乙系夫妻关系，翟某甲与翟某乙系同胞兄妹关系。贾某某经营煤炭生意期间，因资金紧张，经翟某甲介绍并担保向姬某某借款356,500元。2016年3月31日，贾某某给付姬某某借款150,000元。2016年7月1日，贾某某将剩余借款及利息出具借条一份，载明："贾某某今借到姬某某现金236,500元，2016年7月20日结清，如结不清每月月底最后一天付利息4000元给姬某某。"后姬某某多次催要无果，向河北省武安市人民法院提起诉讼。河北省武安市人民法院判决："1.被告贾某某给付原告姬某某借款236,500元及利息44,000元，共计280,500元，被告翟某甲承担连带偿还责任，判决生效后十日内履行；2.驳回原告姬某某的其他诉讼请求。如果未按本判决指定的期间履行给付金钱义务，应当依照《中华人民共和国民事诉讼法》第253条的规定，加倍支付迟延履行期间的债务利息。案件受理费5575元，减半收取计2787.5元，由被告贾某某、翟某甲共同负担。"翟某甲不服该判决，遂向河北省邯郸市中级人民法院提起上诉。

【案件争点】

贾某某出具借条后，翟某甲承诺偿还借款，二者之间是否成立保证关系，翟某甲是否应承担保证责任。

【裁判要旨】

河北省邯郸市中级人民法院二审认为：本案的主要争议焦点问题为翟某甲是否应承担保证责任。第一，《担保法》第13条规定，保证人与债权人应当以书面形式订立保证合同。现施行的《民通意见》第108条规定，保证人向债权人保证债务人履行债务的，应当与债权人订立书面保证合同，确定保证人对主债务的保证范围和保证期限。虽未单独订立书面保证合同，但在主合同中写明保证人的保证范围和保证期限，并由保证人签名盖章的，视为书面保证合同成立。公民间的口头保证，有两个以上无利害关系人证明的，也视为保证合同成立，法律另有规定的除外。本案中，姬某某为证明翟某甲承担保证责任，先后申请牛某、刘某、姬某良作证，刘某、姬某良均表示贾某某出具借条后，翟某甲承诺偿还借款，即对案涉借款曾作出保证的意思表示，翟某甲虽对证人的证言提出异议，但未能提供相关证据予以反驳。第二，姬某某在二审提供的录音资料显示，姬某某多次要求翟某甲偿还本案借款，翟某甲也明确作出了尽快偿还的意思表示，即翟某甲认可案涉借款与其存在关联，也不否认其还款义务人的身份，翟某甲虽对录音资料的证明目的提出异议，但没有否认录音资料的真实性,因此该录音资料依法应予采信。第三,一审卷宗牛某对翟某甲所做的询问笔录中,明确载明"姬某某借给贾某某的钱是你担保的并且是经你手交给贾某某的?",翟某甲回答"是,不是现钱是承兑40万元(肆拾万元)……"从上述内容看,翟某甲作出肯定答复后只是对所借款项的数额作出了进一步解释,而并未否认其保证人身份,翟某甲在笔录下方写明"以上笔录让我看过,和我说的一样",并签字捺印予以确认,牛某所做的笔录程序上虽有瑕疵,但不足以否定上述内容的真实性。因此,综合上述分析,一审认定翟某甲承担保证责任并无不当。

例案二 玉溪市北城钢铁有限公司、王某某与云南玉溪前列商贸有限公司企业借贷纠纷案

【法院】

云南省玉溪市中级人民法院

【案号】

(2015)玉中民二终字第30号

【当事人】

上诉人(原审被告):玉溪市北城钢铁有限公司

法定代表人:黄某某,总经理

上诉人(原审被告):王某某

被上诉人(原审原告):云南玉溪前列商贸有限公司

法定代表人:童某,董事长

【基本案情】

玉溪市北城钢铁有限公司(以下简称北城钢铁有限公司)与云南玉溪前列商贸有限公司(以下简称前列商贸有限公司)口头约定,向前列商贸有限公司借款50万元。2013年5月13日,前列商贸有限公司通过农村信用社将50万元借款支付给北城钢铁有限公司。同一日北城钢铁有限公司向前列商贸有限公司出具了收到50万元借款的收条。收条上记载的借款期限为2013年5月13日至2013年8月13日。在一审中,前列商贸有限公司提供一份出现王某某声音的电话录音,主张王某某为该笔借款提供保证。一审云南省玉溪市红塔区人民法院作出(2015)玉红民二初字第40号民事判决,判决:(1)由被告北城钢铁有限公司于本判决生效之日起十日内赔还原告云南玉溪前列商贸有限公司借款本金500,000元及2013年8

月 14 日至 2014 年 10 月 14 日的资金占用费 35,875 元。2014 年 10 月 15 日以后至借款清偿完毕之日止的资金占用费按中国人民银行公布的同期贷款利率计算。(2)由被告王某某对前项确定的借款本金及资金占用费承担连带偿还责任。案件受理费 9158 元、减半收取 4579 元，由被告北城钢铁有限公司承担。北城钢铁有限公司、王某某不服上述民事判决，遂向云南省玉溪市中级人民法院提起上诉。

【案件争点】

上诉人王某某是否应当承担保证责任。

【裁判要旨】

云南省玉溪市中级人民法院认为：关于王某某是否应当承担保证责任的问题，《担保法》第 13 条规定："保证人与债权人应当以书面形式订立保证合同。"《合同法》第 36 条规定："法律、行政法规规定或当事人约定采用书面形式订立合同，当事人未采用书面形式但一方已经履行主要义务，对方接受的，该合同成立。"因此，保证合同原则上应以书面形式，口头保证合同需保证人有明确的承担保证责任的意思表示，且自愿履行了保证义务才能成立。保证承诺应当具有明确的承担保证责任或代为还款的意思表示，否则亦不成立保证合同。本案中，王某某虽认可电话录音的其中一方是其本人，但该录音形成的时间不能确定，录音中王某某也并未就担保哪一笔款项、期限等内容作出明确意思表示。前列商贸有限公司仅提交一份电话录音主张保证关系成立，证据不够确实、充分，其主张依法不应当得到支持。原审法院认定王某某与前列商贸有限公司之间的保证合同成立，且还在保证期间内属于认定事实错误，应依法予以纠正。

例案三 | 李某某与赖某甲民间借贷纠纷案

【法院】

江西省上饶市中级人民法院

【案号】

(2016)赣 11 民终 569 号

【当事人】

上诉人(原审原告)：李某某

被上诉人(原审被告)：赖某甲

原审被告：赖某乙

原审被告:广丰县长运实业投资有限公司

法定代表人:赖某乙,该公司负责人

【基本案情】

赖某乙因投资原因向李某某借款,2014年3月2日向李某某出具借条,注明:"今借到李某某陆拾万元人民币,利息(月息)2分,借款期限2014年3月2日至2015年3月2日。"具借人赖某乙,并加盖广丰县长运实业投资有限公司财务专用章。借款算至2015年8月2日,利息21,600元。后经李某某催还,赖某乙未归还本金及利息。一审中,李某某提供其与赖某甲的录音资料,意图证明赖某甲(赖某乙之弟)对该笔借款提供担保,但赖某甲未出具承诺担保的书面材料。一审上饶市广丰区人民法院作出(2015)广民二初字第949号民事判决,判决:(1)被告赖某乙应归还原告李某某借款本金600,000元,利息210,000元,共计人民币810,000元。并按月利率2%支付从2015年8月3日至本息还清时止的利息。限判决生效后立即履行。(2)驳回原告李某某的其他诉讼请求。如果未按本判决指定的期间履行给付金钱义务,应当依照《民事诉讼法》第253条的规定,加倍支付迟延履行期间的债务利息。案件受理费人民币11,900元,由被告赖某乙负担。李某某不服一审判决,遂向江西省上饶市中级人民法院提起上诉。

【案件争点】

赖某甲是否应作为保证人对涉案借款本息承担连带偿还责任。

【裁判要旨】

江西省上饶市中级人民法院认为:李某某主张赖某甲以口头形式担保具有法律效力,被上诉人赖某甲应承担连带保证责任。根据《担保法》第13条"保证人与债权人应当以书面形式订立保证合同"之规定,保证合同应为要式合同。而本案中,赖某甲并未在借条上以保证人的身份签字,也未与李某某另行订立书面保证合同,故李某某主张赖某甲作为保证人应承担连带保证责任没有事实和法律依据。

三、裁判规则提要

(一)保证合同应采用书面形式订立

按照《担保法》第13条的规定,保证合同应采用书面形式订立。法律明确规定债权人与保证人之间应签订书面保证合同,原因在于:第一,可以充分保护债权人利益。保证属于典型的人保,是保证人以其信用为债务人背书,向债权人保证债务人能够按照约定清偿债务,并以其所具备的代为清偿债务的能力,使债权人相信,即便债务人不能按时履行债务，保证人也将按照保证合同的约定履行债务或承担保证责任。因此，一份书面保证合同的存在，在一定程度上来说，既是债权人愿意与债务人缔结合约的关键，也是债权人相信债权能够得以清偿的“定心丸”。此外，相较于债权人与保证人仅口头对保证债务清偿达成协议，书面保证合同具有强制执行的效力，即便保证人未按保证合同约定履行债务或承担保证责任，债权人仍可通过向法院申请强制执行的方式，使自己的合法债权得到清偿。第二，可以有效保护保证人利益。保证合同的最重要特征是当债务人不履行债务时，由保证人代替债务人向债权人清偿。因此，在保证关系中，保证人的利益很有可能因代替债务人向债权人清偿债务或承担保证责任而受到损失。此时，为保护保证人利益、尽量避免保证人损失，应以书面保证合同的形式对保证方式、保证期间以及承担保证责任的范围进行明确约定。

目前，最为典型的书面保证合同是主从合同形式，是保证人与债权人在借款合同外，另行签订保证合同，约定由保证人向债权人为债务人提供担保。除此之外，债权人、债务人与保证人共同订立一个合同，保证合同仅作为保证条款出现在主债权债务合同中；保证人在债权人与债务人签订的主合同上，以保证人身份或在“保证人”栏下签名或者盖章的，也是目前较为常见的书面合同形式。

（二）非书面保证合同应当先证明保证关系的成立，再划分保证责任

按照《担保法》第 13 条的规定，保证合同应当采用书面形式订立。但在司法实践中，确实存在第三人与债权人口头约定，对债务人债务承担保证责任的情形，此时该第三人是否为保证人，其与债权人针对债务人债务承担达成的口头约定能否构成非书面保证合同，则需要进一步证明。

目前司法实践中，证明非书面保证合同是否成立，存在两种较为常见的判断标准。

1. 如非书面保证发生在两个自然人之间，且有两个以上无关系人能够证明保证关系存在的，保证合同成立。在此种情形下，债权人虽未与第三人签订书面保证合同，但如债权人能够提供两个或两个以上无利害关系人进行证明，后者一致表示第三人曾对案涉借款作出保证的意思表示，该第三人又未能提供相反证据予以反驳的，一般应认为保证关系成立，该第三人为保证人，应按照非书面保证合同的相关约定，承担保证责任。

上述判断标准对《担保法》第 13 条“保证人与债权人应当以书面形式订立保

证合同”与《民通意见》第108条“公民间的口头保证,有两个以上无利害关系人证明的,也视为保证合同成立”进行了折中,在认可保证合同应采用书面形式订立的同时,也对例外情形下非书面保证合同的效力进行了确认。但需要明确的是,应对非书面保证是发生在自然人之间,还是发生在法人之间或是法人与自然人之间进行区分:对于发生在自然人之间的口头保证,虽未采用书面形式订立,但只要有两个以上无利害关系人能够证明保证关系存在的,即可认为保证合同成立;但对于非自然人之间的口头保证,如未采用书面形式订立的,则应一律认定为不成立(如例案一“翟某甲与姬某某民间借贷纠纷案”)。

2. 如非书面保证中,第三人有明确愿意承担保证责任的意思表示,且自愿履行了保证义务的,保证合同成立。一般认为,在此种情形下证明非书面保证合同成立,采用了主客观标准相结合的判断方式,即在主观上第三人应有明确愿意承担保证责任的意思表示,客观上其已自愿履行了保证义务,二者缺一不可。

需要注意的是,此处非书面保证合同成立的证明标准与证明书面保证合同成立存在一定差异。目前,一般认为证明书面保证合同成立采用客观标准,只要保证人在客观上有承担保证责任的表示,则无论其主观上是否有承担保证责任的意思表示,保证合同都应认为成立。例如,债权人与债务人之外的第三人在主合同中“保证人”一栏签名或盖章,即便未作其他任何说明,一般也认为其具有承担保证责任的意思表示。该第三人为保证人,保证合同成立。该第三人不能以自己不愿承担保证责任或未明确表示承担保证责任为由,否定保证合同的成立。此种观点在《担保法解释》第22条第2款“主合同中虽然没有保证条款,但是,保证人在主合同上以保证人的身份签字或者盖章的,保证合同成立”中得到确认。

而在证明非书面保证合同成立时,显然采用了更为严格的判断标准,也更加注重第三人口头答应承担保证责任时内心真实意思的探究。此时,只有在第三人以明示的方式,表示愿意以保证人的身份承担保证责任或代为履行债务时,该主观条件才能得到满足,才有进一步证明该第三人是否已经自愿履行了保证义务的必要。即相对于书面保证合同,非书面保证合同采用了更有利于保证人的解释准则,更加顾及保证人内心的真实意思。除此之外,“是否已经自愿履行了保证义务”较为容易理解,即在法定或约定的保证期间内,第三人在明示愿意承担保证责任后,已经对保证义务进行了履行,且该履行行为完全出于自愿。

应当明确,对于非书面保证合同是否成立的判定,除上述两种情形外,所有未采用书面形式订立的保证合同,应一概认定为合同不成立的观点在司法实践中也确有存在。这一判决结果的存在，一定程度上是由于对《担保法》第 13 条“应当以书面形式订立保证合同”理解片面，未结合其他相关条款进行综合解释（如例案三“李某某与赖某甲民间借贷纠纷案”）。

（三）非双方签字的单方保证函应当先证明保证关系的成立，再划分保证责任

保证合同是单务、无偿合同，其旨在强调保证人与债权人达成合意，在债务人不履行债务时，由保证人按照约定履行债务或者承担责任，是保证人与债权人双方的法律行为。一般来说，在保证合同中会出现保证人与债权人双方的签字。而非双方签字的单方保证函，是指《担保法解释》第 22 条中所规定的“第三方单方以书面形式向债权人出具担保书”。其是否构成保证合同，则取决于债权人是否对其表示接受且未提出异议。

第三方单方以书面形式向债权人出具担保书可视为第三人向债权人发出的希望与其订立保证合同的要约，表明经受要约人承诺，要约人即受该意思表示约束。因此，在第三方单方以书面形式向债权人出具担保书的场合，该担保书内容必须具体确定，具备足以使保证合同成立的主要条件，也即承诺在债务人不履行债务时，由该第三方履行债务或承担责任。而“债权人接受且未提出异议”，是指债权人对第三方单方以书面形式出具的担保书进行接受，也即在第三方发出要约后，该债权人作出承诺，同意该要约。此处需要注意的是，因承诺的内容应当与要约的内容一致，合同才能成立。因此，保证合同成立需强调债权人接受该第三方单方出具的担保书且未提出异议。如债权人对该要约的内容提出异议，对要约的内容作出了实质性变更，则相当于其发出了新的要约，保证合同是否成立则需进一步讨论。同时，根据《民法总则》第 140 条“行为人可以明示或默示作出意思表示”的规定，债权人对第三方发出的要约无论以明示的承诺还是默示的承诺作出，都不影响保证合同的成立。

此外，对于非书面保证和非双方签字的保证函，在证明其构成保证合同并依法生效后，才需要进一步划分保证人的保证责任。而保证人应承担的保证责任，则应依照已成立的保证合同约定或法律规定进行明确，与书面保证的相关规定并无明显差异，此处不再赘述。

四、辅助信息

高频词条:

《民法总则》

第 140 条 行为人可以明示或者默示作出意思表示。

沉默只有在有法律规定、当事人约定或者符合当事人之间的交易习惯时,才可以视为意思表示。

《担保法》

第 13 条 保证人与债权人应当以书面形式订立保证合同。

第 18 条 当事人在保证合同中约定保证人与债务人对债务承担连带责任的,为连带责任保证。

连带责任保证的债务人在主合同规定的债务履行期届满没有履行债务的,债权人可以要求债务人履行债务,也可以要求保证人在其保证范围内承担保证责任。

第 21 条 保证担保的范围包括主债权及利息、违约金、损害赔偿金和实现债权的费用。保证合同另有约定的,按照约定。

当事人对保证担保的范围没有约定或者约定不明确的,保证人应当对全部债务承担责任。

《合同法》

第 36 条 法律、行政法规规定或者当事人约定采用书面形式订立合同,当事人未采用书面形式但一方已经履行主要义务,对方接受的,该合同成立。

《民事诉讼法》

第 253 条 被执行人未按判决、裁定和其他法律文书指定的期间履行给付金钱义务的,应当加倍支付迟延履行期间的债务利息。被执行人未按判决、裁定和其他法律文书指定的期间履行其他义务的,应当支付迟延履行金。

《民通意见》

第 108 条 保证人向债权人保证债务人履行债务的,应当与债权人订立书面保证合同,确定保证人对主债务的保证范围和保证期限。虽未单独订立书面保证合同,但在主合同中写明保证人的保证范围和保证期限,并由保证人签名盖章的,视为书面保证合同成立。公民间的口头保证,有两个以上无利害关系人证明的,也视为保证合同成立,法律另有规定的除外。

保证范围不明确的,推定保证人对全部主债务承担保证责任。

《担保法解释》

第 22 条 第三人单方以书面形式向债权人出具担保书，债权人接受且未提出异议的，保证合同成立。

主合同中虽然没有保证条款，但是，保证人在主合同上以保证人的身份签字或者盖章的，保证合同成立。

担保纠纷案件裁判规则第 14 条:

安慰函疑似保证关系的凭据原则上不构成保证责任根据,但出具人具备保证责任能力并明确愿意承担保证责任的除外

〔**规则描述**〕:安慰函,又称支持信、赞助函,常见于商业和银行融资交易活动中,是母公司为其子公司向贷款方出具,表示其知悉子公司债务问题,愿意协助子公司还款或表示对子公司活动予以支持的函。原则上,安慰函不构成保证,不得将其认定为承担保证责任的依据,仅在例外情形下,在同时满足出具人具备保证责任能力和明确表示愿意承担保证责任两个条件时,可将安慰函视为保证。在对上述两个条件进行认定时,应结合具体案例,根据安慰函的内容、出具人的措辞及语气轻重、出具人是否具有承担保证责任的明确意思表示和承担保证的具体行为综合进行判断。除此之外,安慰函还适用于政府为其下属机构向贷款方出具,希望获得后者资金支持的场合。但在此种情形下,受限于"国家机关不得为保证人"的规定,无论安慰函的内容和措辞如何,安慰函都不可能构成保证合同。

一、类案检索大数据报告

时间:2019 年 5 月 4 日之前,案例来源:Alpha 案例库,案件数量:20 件,数据采集时间:2019 年 5 月 4 日。本次检索获取 2019 年 5 月 4 日前共 20 篇裁判文书,其中判决安慰函不构成保证合同案件 13 件、构成保证合同案件 4 件、不相关案件 3 件。整体情况如下:

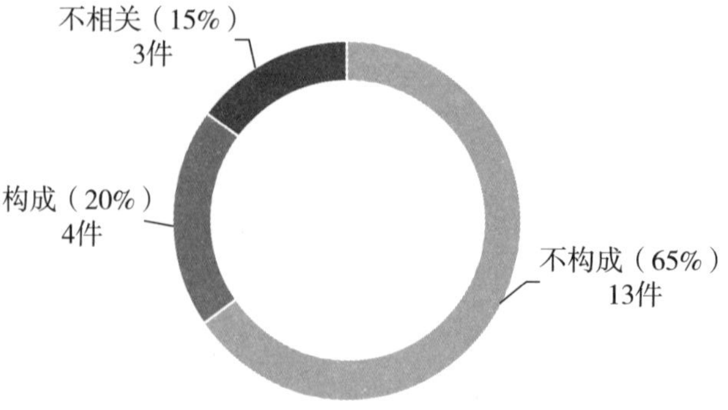

图 14-1 安慰函等疑似保证关系的凭据是否构成保证合同

如图 14－1 所示，从案件是否构成保证合同的角度来看，不构成保证合同的案件占 65%，构成保证合同的案件占 20%，不相关案件占 15%。

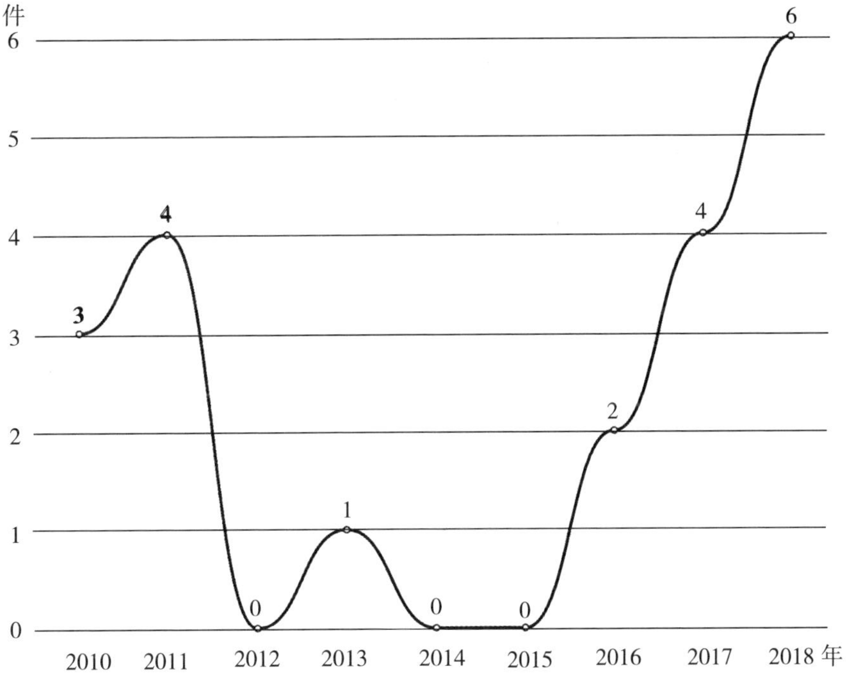

图 14－2　案件年份分布情况

如图 14－2 所示，从案件年份分布情况可以看出，从上方的年份分布可以看到当前条件下案件数量的变化趋势。

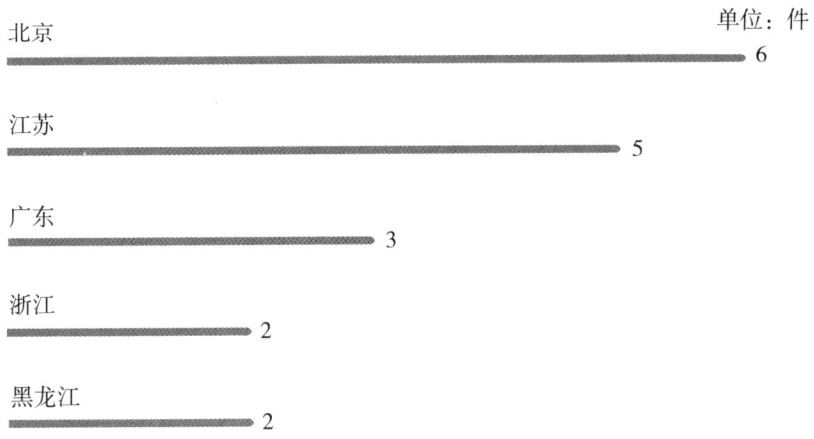

图 14－3　案件主要地域分布情况

如图 14－3 所示,从案件地域分布情况可以看出,当前案件主要集中在北京市、江苏省、广东省。其中北京市案件量最多,达到 6 件。

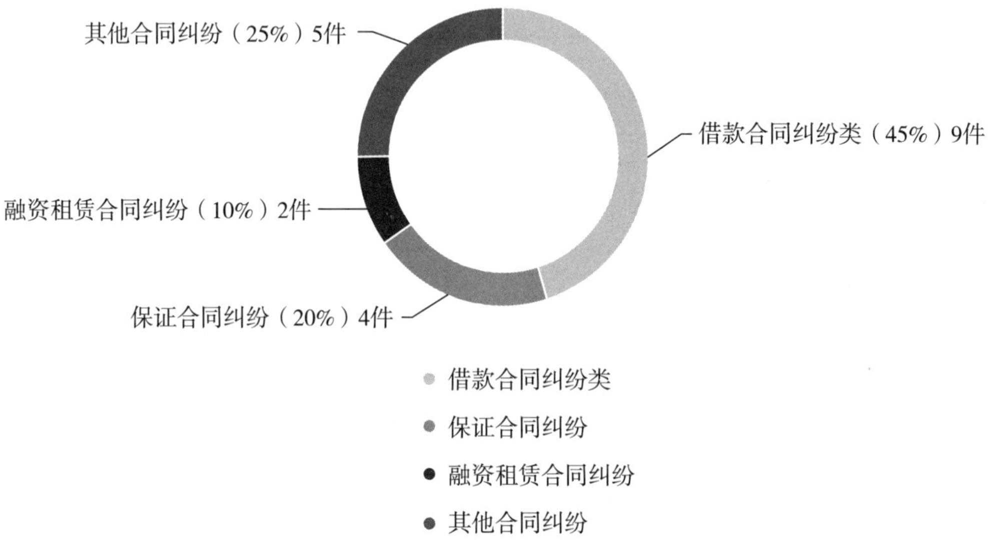

图 14－4　案件案由分类情况

如图 14－4 所示,从案件案由分类情况可以看出,当前最主要的案由是合同纠纷案件,有 20 件。其中借款合同纠纷案件 9 件,保证合同纠纷案件 4 件,融资租赁合同纠纷案件 2 件,其他合同纠纷案件 5 件。

二、可供参考的例案

例案一 | 佛山市人民政府与交通银行香港分行担保纠纷案

【法院】

最高人民法院

【案号】

(2004)民四终字第 5 号

【当事人】

上诉人(原审被告):佛山市人民政府

法定代表人:梁某甲,该市市长

被上诉人(原审原告):交通银行香港分行

代表人:陈某某,该行副总经理

【基本案情】

1994年5月8日,佛山市政府向香港交行出具一份编号为佛府函(1994)030号的《承诺函》称:“中亚企业有限公司(ZHONG YA ENTERPRISES LIMITED,以下简称中亚公司)是我市驻港机构。为进一步发展该公司对外贸易业务,该公司特向贵行申请1000万美元授信额度。上述申请授信额度业经我市政府研究批准同意。请贵行根据该驻港公司的业务发展实际需要,给予支持。本政府愿意督促该驻港公司切实履行还款责任,按时归还贵行贷款本息。如该公司出现逾期或拖欠贵行的贷款本息情况,本政府将负责解决,不让贵行在经济上蒙受损失。”

1996年10月24日,佛山市政府向香港交行出具一份编号为佛府函(1996)144号的《承诺函》称:“中亚公司是我市驻香港机构。为进一步发展该公司的对外贸易业务,该公司特向贵行申请以下银行便利:用该公司位于香港湾仔摩利臣山道16/F、17/F、18/F物业按揭贷款6262万港元,期限2年。上述申请业经本政府研究批准同意,请贵行根据该驻香港公司的业务发展实际需要,给予支持。本政府愿意督促该驻香港公司切实履行还款责任,按时归还贵行贷款本息。如该公司出现逾期或拖欠贵行的贷款本息情况,本政府将负责解决,不让贵行在经济上蒙受损失。”

1996年10月30日,佛山市政府向香港交行出具一份编号为佛府函(1996)146号的《承诺函》称:“景山有限公司(PEAK GARDEN LIMITED,以下简称景山公司)是我市驻港机构。为进一步发展该公司的对外贸易业务,该公司特向贵行申请以下银行便利:用该公司位于香港湾仔摩利臣山道11/F、12/F、15/F物业按揭贷款6150万港元,期限2年。上述申请业经本政府研究批准同意,请贵行根据该驻香港公司的业务发展实际需要,给予支持。本政府愿意督促该驻香港公司切实履行还款责任,按时归还贵行贷款本息。如该公司出现逾期或拖欠贵行的贷款本息情况,本政府将负责解决,不让贵行在经济上蒙受损失。”

1996年5月20日,香港交行向中亚公司出具一份关于该行提供授信事宜的函件:“现正提供给中亚公司的银行信贷修订如下:额度:①可透支的额度为300万港元,利息以本行最优惠贷款利率加2%的年息率计算,每月从中亚公司的往来账户中扣取。②分期贷款分别为154.8万港元和101.7万港元,现有还款条款及条件依旧不变。③定期贷款1900万港元(本额度应用于清还2500万港元定期贷款及600万港元的透支),利息以年息率10.5%计算(按波动调整),以每月余额计,并于每月支付。本金须于1997年4月30日或之前全数偿还。④信用证(其中包括90天信托提货2000万港元)3000万港元。⑤定期贷款500万港元,现有还款条款及条件依旧不变。利息按实际天数按日累算,按全年365天计算。票据期限不足90天按本行最优惠贷款利率加年息1%,91天至150天按本行最优惠贷款利率加年息3.5%,150天以上按本行最优惠贷款利率加年息5.5%。本函件签署后,须从中亚公司的往来账户中扣取4.75万元的手续费,其余有关手续费的相应金额由本行酌情决定。在中亚公司接受及充分遵行本函件所列条款及条件,以及办妥一切本行认为适用的文件时,前述银行信贷可供使用,直至下述之检查日期或本行以书面通知的其他时间为止。本行会在1996年6月30日或之前重检上述授信等条款。"中亚公司在上述函件上作了签署并表示接纳上述条款及条件。

1996年7月16日,香港交行向中亚公司出具一份关于该行提供授信事宜的函件:"现正提供给中亚公司的银行信贷修订如下:额度:①可透支的额度为300万港元,利息以本行最优惠贷款利率加2%的年息率计算,每月从中亚公司的往来账户中扣取。②分期贷款154.8万港元。③定期贷款分别为500万港元、1900万港元、4300万港元,现有还款条款及条件依旧不变。④信用证(其中包括90天信托提货2000万港元)3000万港元。利息按实际天数按日累算,按全年365天计算。票据期限不足90天按本行最优惠贷款利率加年息1%,91天至150天按本行最优惠贷款利率加年息3.5%,150天以上按本行最优惠贷款利率加年息5.5%。本函件签署后,须从中亚公司的往来账户中扣取5.75万元的手续费,其余有关手续费的相应金额由本行酌情决定。在中亚公司接受及充分遵行本函件所列条款及条件,以及办妥一切本行认为适用的文件时,前述银行信贷可供使用,直至下述之检查日期或本行以书面通知的其他时间为止。本行会在1997年6月30日或之前重检上述授信等条款。"中亚公司在上述函件上作了签署并表示接纳上述条款及条件。

1996年10月25日,香港交行向中亚公司出具一份关于该行提供授信事宜的函件,"除现正提供给中亚公司的银行信贷外,将会提供信用额度如下:定期贷款6262万港元,定期12个月,利息以年息率10.5%计算(按波动调整),以每月余额计,并每月支付;首3个月的利息(金额为1,643,775港元)须于提供所述贷款时付给本行,第4、5及6个月的利息(金额为1,643,775港元)须于1996年11月30日或之前付给本行,自此以后的随后月份的利息,须按月付给本行。利息按实际天数按日累算,按全年365天计算。担保包括佛山市政府为本贷款提供承诺函。本函件签署后,31.31万港元的手续费(如有的话)将由本行代表律师收取,其余有关手续费的相应金额由本行酌情决定。在中亚公司接受及充分遵行本函件所列条款及条件，以及办妥一切本行认为适用的文件时，前述银行信贷可供使用，直至下述之检查日期或本行以书面通知的其他时间为止。”中亚公司在上述函件上作了签署并表示接纳上述条款及条件。

1998年12月11日，香港交行向中亚公司出具一份关于该行提供授信事宜的LC-1998-0931-COM-2473《授信合同》函件：“现正提供给中亚公司的贷款授信，本金额为77,438,282.02港元（包括透支授信余额918,682.02港元，定期贷款授信余额6262万港元及信用证［信托提货］授信余额1389.96万港元）将修订如下：(a)所述贷款累算利息12,790,750.63港元应化为本金，并基于行政理由，记入独立账号的贷款户口及(b)贷款授信的还款期（包括化作本金的利息）应延长如下：①可透支的额度（未清还本金额）为918,682.02港元，透支年息率以(a)隔夜银行同业拆息或(b)本行最优惠贷款利率加2.5%或(c)存款利率加1%（所指是抵押给银行的存款）计算，高者为准，于每月最后营业日从中亚公司的账户中扣取。本金须于放款日期起两年届满之日全数清还。②定期贷款（未清还本金额）6262万港元，将按照本行最优惠贷款利率加年息2.5%收取利息，按年付息。本金须于放款日起计两年期届满之日全数清还。③信用证（信托提货）1389.96万港元，就进口单提取之款项须按银行现时之利率收取利息，按年付息，从中亚公司的往来账户扣取，本金须于放款日起计两年期届满之日全数清还。④定期贷款（化作本金之利息）12,790,750.63港元，将按照本行最优惠贷款利率加年息2.5%收取利息，按年付息，本金须于放款日起计两年期届满之日全数清还。利息按实际天数按日累算，按全年365天计算。就任何于定期贷款项下逾期未付之款项，本行有权收取逾期利息，年息率为银行最优惠贷款利率加年息4.25%。利息从欠缴之日起计算，直至欠款实际全数清缴为止。唯本行可于任何时间在本行银行大堂出示或张贴通告30天后，更改逾期利息的计算基准。就任何于透支额度项下逾期未付之款项，本行有权收取逾期利息，年息率为隔夜银行同业隔夜拆息或银行最优惠贷款利率加年息9%。利息从欠缴之日起计算，直至欠款实际全数清缴为止。唯本行可于任何时间在本行银行大堂出示或张贴通告30天后，更改逾期利息的计算基准等。担保包括佛山市政府出具承诺函。在中亚公司接受及充分遵行本函件所列条款及条件，以及办妥一切本行认为适用的文件时，前述银行信贷可供使用，直至本行以书面通知的其他时间为止。本函属附加性质。本函受香港特区法律管辖，并在各方面均按照香港特区法律诠释，中亚公司特此不可撤销地愿受香港特区法院的非专有司法管辖权,但本行有权在其选择之其他有司法管辖权的法院强制执行本函等。”中亚公司在上述函件上作了签署并表示经适当及审慎考虑本函的内容后,同意接纳授信并受本函所列之全部条款及条件约束。

1996年10月[illegible]日,香港交行向景山公司出具一份关于该行提供授信事宜的函件:“除现正提供给景山公司的银行信贷外,将会提供信用额度如下:定期贷款6150万港元,定期12个月,利息以年息率12%计算(按波动调整),以每月余额计,并每月支付;首3个月的利息(金额为1,614,375港元)须于提供所述贷款时付给本行,第4、5及6个月的利息(金额为1,614,375港元)须于1996年11月30日或之前付给本行,自此以后的随后月份的利息,须按月付给本行。利息按实际天数按日累算,按全年365天计算。担保包括佛山市政府承诺函。本函件签署后,30.75万港元的手续费(如有的话)将由本行代表律师收取,其余有关手续费的相应金额由本行酌情决定。在景山公司接受及充分遵行本函件所列条款及条件,以及办妥一切本行认为适用的文件时,前述银行信贷可供使用,直至下述之检查日期或本行以书面通知的其他时间为止。”景山公司在上述函件上作了签署并表示接纳上述条款及条件。

1997年4月18日,香港交行向景山公司出具一份关于该行提供授信事宜的函件:“除现正提供给景山公司的银行信贷外,将会提供信用额度如下:定期贷款900万港元,定期6个月,利息以年息率10.75%计算(按波动调整),以每月余额计,并每月支付;本金须于放款日起6个月届满时清还。利息按实际天数按日累算,按全年365天计算。本函件签署后,2.25万港元的手续费须从景山公司的往来账户中扣取,其余有关手续费的相应金额由本行酌情决定。在景山公司接受及充分遵行本函件所列条款及条件,以及办妥一切本行认为适用的文件时,前述银行信贷可供使用,直至下述之检查日期或本行以书面通知的其他时间为止。”景山公司在上述函件上作了签署并表示接纳上述条款及条件。

1998年12月11日,香港交行向景山公司出具一份关于该行提供授信事宜的LC-1998-0929-COM-2473《授信合同》函件:“现正提供给景山公司的贷款授信,本金额为6150万港元将修订如下:(a)所述贷款累算利息10,536,282.7港元应化为本金,并基于行政理由,记入独立账号的贷款户口及(b)贷款授信的还款期(包括化作本金的利息)应延长如下:①本金原额6150万港元将按照本行最优惠贷款利率加2.5%收取利息,按年付息。本金须于放款日期起两年届满之日全数清还。②化作本金之利息10,536,282.7港元将按照本行最优惠贷款利率加2.5%收取利息，按年付息。本金须于放款日期起两年届满之日全数清还。利息按实际天数按日累算，按全年365天计算。就任何于定期贷款项下逾期未付之款项，本行有权收取逾期利息，年息率为银行最优惠贷款利率加年息4.25%。利息从欠缴之日起计算，直至欠款实际全数清缴为止。唯本行可于任何时间在本行银行大堂出示或张贴通告30天后，更改逾期利息的计算基准。就任何于透支额度项下逾期未付之款项，本行有权收取逾期利息，年息率为隔夜银行同业隔夜拆息或银行最优惠贷款利率加年息9%。利息从欠缴之日起计算，直至欠款实际全数清缴为止。唯本行可于任何时间在本行银行大堂出示或张贴通告30天后，更改逾期利息的计算基准等。担保包括佛山市政府出具承诺函。在景山公司接受及充分遵行本函件所列条款及条件，以及办妥一切本行认为适用的文件时，前述银行信贷可供使用，直至本行以书面通知的其他时间为止。本函属附加性质。本函受香港特区法律管辖，并在各方面均按照香港特区法律诠释，景山公司特此不可撤销地愿受香港特区法院的非专有司法管辖权，但本行有权在其选择之其他有司法管辖权的法院强制执行本函等。"景山公司在上述函件上作了签署并表示经适当及审慎考虑本函的内容后，同意接纳授信并受本函所列之全部条款及条件约束。

中亚公司时至1998年12月23日、景山公司时至1999年12月23日尚在各自的账户上向香港交行支付欠款利息。

2000年8月9日香港破产管理署基于香港交行的申请对中亚公司发出清盘令，载明截至2001年4月24日，中亚公司对香港交行的总结欠数为86,896,642.21港元（注：此数额为预先按估价值130万港元扣除抵押房屋款，现实际所得为889,320港元，故现香港交行对中亚公司的债权为87,307,322.21港元）。2002年3月7日香港高等法院以2001年第4924号《最终判决书》确定景山公司须对香港交行支付(1)78,293,395.48港元；(2)本金6150万港元之利息，以年息9.75%或每日16,428.08港元计算，直到全数清还为止；(3)本金4,907,870.91港元之利息，以年息9.75%或每日1311.01港元计算，日期由2001年10月20日开始至本判决日为止，其后以法庭判决的利率计算，直到全数清还为止；(4)本金2,481,571.07港元之利息，以法庭判决的利率计算，日期由2000年9月1日开始至本判决日为止，其后以法庭判决的利率计算，直到全数清还为止；(5)固定诉讼费1745港元。

《1998年佛山市政府领导和香港交行领导座谈会纪要》载明：1998年2月19日下午，佛山市政府梁某甲市长、卢某某副市长、刘某甲副市长、黄某某副市长、李某某市长助理和香港交行刘某乙副总经理、刘某丙副总经理及双方有关部门负责人就佛山市直属企业与香港交行的业务往来情况及存在问题在佛山市政府第一招待所举行了会谈。与会双方坦诚地交换了意见,并达成以下四点共识:(1)佛山市与香港交行20年来一直相互支持、共同发展。双方认为今后应继续积极、稳妥、有效地对佛山的企业给予大力支持,佛山市政府和香港交行将加强沟通、协作,以利佛山市和香港交行的伙伴合作关系得到进一步发展,从而为国家经济事业尽一份力。(2)佛山个别企业由于前几年投资决策失误,以及受内地三角债拖欠影响,在经济上遇到了困难,未能如期偿还银行贷款,以致银行受香港监管当局注视如何妥善处理有关授信。对此市政府将协调好有关方面,采取有效措施,帮助企业渡过难关,相对原有授信条件合理地以不同方式偿还银行贷款。此外市政府将在适当时机对企业进行资产重组,通过组建新公司,注入优质资产,提高企业的经济效益,解决原有债务。(3)由于亚洲金融风暴因素,香港经济受到严重影响,企业经营环境恶化,香港交行对此表示理解,并本着"一催二帮三合作"态度,继续支持佛山企业的发展,协助有关企业进行债务重组,通过友好协商解决存在问题;对新组建的企业及注入的项目,只要是有效益、发展前景良好的、符合香港监管当局对银行规范的,在"合情、合理、合法"下将给予大力支持。(4)双方同意今后对符合国家产业政策、有效益的项目继续合作。

《1998年佛山市梁某甲市长和香港交行座谈会(第二次)纪要》内容如下:8月19日下午,佛山市梁某甲市长、黄某某副市长、市长助理兼佛山市海外工作领导小组办公室李某某主任及肖某某副主任等和香港交行刘某乙副总经理、刘某丙副总经理、严某某高级经理、关某某副经理及潘某某副经理,就佛山市属企业与香港交行的业务往来情况及存在还未解决的问题,在佛山市政府第一招待所先后举行了会谈。与会双方坦诚地交换了情况及意见,并达成以下四点共识:(1)在1998年2月19日第一次座谈纪要的基础上,香港交行汇报了情况及重申继续以"一催二帮三合作"的态度和"相互支持、共同发展"的目的,在新形势下对待佛山市政府有关公司;佛山方面将本身最近情况作了如实反映。双方通过沟通,同意在新的形势下,就佛山市属企业对香港交行未解决的债务,加大力度进行理顺,共度时艰,并同意将"相互支持、共度时艰、共同发展"作为大家的目的。(2)亚洲金融风暴除了影响我国香港特区及亚洲各国外,还进一步影响全世界,在这样的经济环境下,使解决问题难度加大,但市政府仍以对银行负责的态度,有诚意地与香港交行在多年合作的关系上发展合作。结合各企业单位不同情况,以"一把钥匙,开一把锁"的方式,具体个案,具体分析,在符合"合情、合理、合法"的原则之上实事求是地逐个解决，市政府定做充分协调和平衡。(3)对一些佛山政府的企业单位符合“有市场、有前景、有政策、有效益”和银行监管当局的有关准则的项目、业务的，银行会继续融资并增加其“造血功能”。采取“固债融资”形式运作，即开立新公司承接债务，专款专用，既防止原来公司被债权银行、单位抽取资金，以致“失血不止”，亦发挥融资银行输血调理监护的“公司医生”功能。这符合市政府、企业单位、融资银行的共同利益，达致通赢局面。双方同意具体做法尽快于本年内通过组建新公司，办理注入有关良好业务、项目及逐步注入良好资产，配以各种融资方式促进新公司效益，解决原有债务和原企业的调理工作。具体哪些公司适用此办法，由双方协商再定。(4)在目前的经济环境下，要彻底解决所有问题，需花较长时间，为协调好各方面的工作，双方同意落实在组织上由佛山市以李某某市长助理为首的小组与香港交行一位副总级为首的小组每季度召开联系会议(在重组前，得在双方同意下随时召开)，目的是对重组方案落实情况和进展，进行检查和汇报。联系会议上未能解决的，可要求分管副市长参加解决。1998年10月13日佛山市政府和香港交行在此纪要上签章。

1998年11月12日，佛山市对外经济贸易委员会(以下简称佛山市外经委)以佛经贸发〔1998〕42号文件向三角洲发展有限公司作出《关于同意三角洲发展有限公司将持有百花广场部分股权权益作抵押的批复》，内容为：你公司于1998年11月11日上报关于解决中亚、景山、步步佳及三角洲公司拖欠香港交行贷款的处理意见收悉。经研究同意将你公司持有百花广场的30%股权权益作抵押给香港交行，并作为上述公司债务重组。

1998年11月12日《佛山市对外经济贸易委员会和香港交行会谈记录》载明：会谈地点：佛山市对外经济贸易委员会四楼会议室；出席：佛山市外经委罗某某、陈某某，三角洲发展有限公司梁某乙、王某某，中亚企业有限公司林某某，步步佳企业有限公司张某某、梁某丙，香港交行严某某、潘某某。内容为：

罗某某：在当前香港经济困难时期，外经委驻港公司都拖欠交通银行一些贷款，但在交行的谅解下及经市领导的协调下，同意以三角洲持百花广场30%的权益作抵押，对有关公司作债务重整，在前阶段梁某乙与交行做了大量的工作，但还要各位配合协助，保证债务重整工作能顺利完成。

严某某：鉴于银行要按金管局的要求在今年底披露提呆情况，明年又要披露不良资产的情况，而佛山地区的贷款总额达10亿港元，其中有问题的占50%，所以银行要做巨额提呆，影响银行的资产结构及评级，甚至影响佛山的形象。而我行与佛山有20多年交往，彼此关系十分好，在对佛山公司债务重整问题上，曾多次与佛山市各市长、副市长接触,并对一些债务重整的原则达致共识,并以会议纪要做了记录。就此在梁总的积极支持下,在艰辛的情况下有关抵押文件已签署,今早亦在罗主任的支持下,即时作了同意抵押批示,会后将有关文件交金信律师行办理登记工作。现希望通过此次会议将我行的构思向各位解述,进行沟通,务必在本月底前将各公司的账务处理好。在外经委属下的公司都是以“三角洲”持百花广场的权益作抵押,做一系列的债务重整,虽然这种方式的银行风险较高,但希望借权益抵押为手段,买时间对一些公司的债务进行重整,希望期间内逐步解决问题或寻找其他解决方法,另外,本着“一催,二帮,三合作”的精神,对一些仍有经营能力的公司,给予“造血功能”,扶助他们产生盈利,减轻负债,但对给予新授信的公司,我行将派员实地审查公司账目,了解公司最新的营运情况,对一些新贸易业务提供意见及市场信息,保证贸易业务不再出现差错,对双方都有保障,以防止资金被挪用,重蹈覆辙。

林某某:过去交行对我们大家的贸易协助进行资信调查,有助了解对方情况。

潘某某:先介绍银行对各公司债务重整方案。主要分“三角洲”及“中亚”两大摊子。中亚已新成立了一家沛顺公司,还需成立一家新公司作为公司的重组。由于部分公司是考虑以营运资金方式进行贷款,必须有资料配合,故请梁总提供有关投资项目的资料,并于下星期安排工商服务部同事到佛山考虑有关项目,加深对项目的认识。

梁某乙:同意交通银行提出的重组方案。有关项目可直接向王某某索取。另外,虽然各公司同属外经系统,属独立的法人个体。为了财务上有所交代,所以,要求各公司向三角洲签署债务担保的承诺书。

各出席代表对交通银行在会上提出之债务重组办法表示无异议。佛山市外经委和香港交行在此记录上签名。

佛山市政府提交了其于1998年12月25日分别出具抬头为香港交行的佛府函(1998)067、068号《安慰函》,内容为:中亚公司、景山公司是我市的驻港企业,直接受佛山市外经委的领导,该公司因业务发展需要曾向贵行申请银行便利额,用于营运,因受香港经济不利因素影响,至拖欠贵行贷款及利息,该公司在贵行的支持下,现正进行债务重整,有关债务重整本政府已知悉。本政府将继续负责督促该公司按债务重整协议归还贵行贷款本息。但香港交行未承认收取过该两份《安慰函》。在一审庭审中,佛山市政府也未能提供证据证明香港交行收到了该两份《安慰函》。

广东省高级人民法院认为：

本案系涉港担保合同纠纷案件，根据最高人民法院《关于审理涉港澳经济纠纷案件若干问题的解答》等司法解释的有关规定，审理涉港经济纠纷案件，在程序方面应适用《民事诉讼法》涉外编的有关规定，即此类案件应比照涉外案件进行处理。本案当事人未约定处理合同争议所适用的法律，而被告所在地、担保合同签订地、履行地均位于中华人民共和国内地，根据《民法通则》第145条的规定，依照最密切联系原则，本案适用中华人民共和国内地的法律。

从本案原告起诉的事实来看，本案是由两个法律关系构成的。一是香港交行向中亚公司提供贷款（授信），佛山市政府为该贷款（授信）出具承诺函；二是香港交行向景山公司提供贷款（授信），佛山市政府为该贷款（授信）出具承诺函。根据中亚公司、景山公司的注册资料，中亚公司、景山公司是两个不同的企业法人，并非同一主体。香港交行分别向中亚公司、景山公司提供贷款（授信）的行为，属两个不同的法律关系，佛山市政府分别为中亚公司、景山公司出具承诺函的行为，亦分属不同的法律关系。《民事诉讼法》第126条（后《民事诉讼法》于2012年、2017年进行了两次修订，为现行《民事诉讼法》第140条）规定："原告增加诉讼请求，被告提出反诉，第三人提出与本案有关的诉讼请求，可以合并审理。"鉴于原告对本案的被告的两个担保行为一并诉请，而且主体相同，标的同类，原审法院基于诉讼效益的原则决定合并审理。

香港交行的诉讼请求为："请求判令佛山市政府在中亚公司和景山公司对其债务不能清偿部分的范围内，承担赔偿二分之一的民事责任。"请求的依据是佛山市政府在《承诺函》中承诺："本政府愿意督促该驻港公司切实履行还款责任，按时归还贵行贷款本息。如该公司出现逾期或拖欠贵行的贷款本息情况，本政府将负责解决，不让贵行在经济上蒙受损失。"显然，香港交行是请求佛山市政府承担无效担保的赔偿责任。故本案的争议焦点为：佛山市政府出具的承诺函是否构成担保。

本案中，佛山市政府出具的承诺函是否具有担保书的效力，应当依据承诺函的内容来认定。所谓保证，是指第三人与债权人约定，当债务人不履行其义务时，该第三人依约定履行债务或者承担责任的意思表示，保证的核心是保证人具有代为清偿债务的意思表示。佛山市政府在1994年5月8日、1996年10月30日出具的佛府函（1994）030号《承诺函》和佛府函（1996）144号《承诺函》、佛府函（1996）146号《承诺函》中分别明确表示：如果中亚公司、景山公司出现逾期或拖欠贷款本息的情况，佛山市政府将负责解决，不使香港交行在经济上蒙受损失。佛山市政府这一承诺明显表达的是代中亚公司、景山公司清偿债务的意思。佛山市政府主张:该承诺函是安慰函,不是担保函。诚然,在国际金融交往中,第三人向贷方出具安慰函的确是一种常见的做法,它是第三人发给债权人的一种书面陈述,表明该第三人对债务人清偿债务承担道义上的责任,或者是作为关联企业对债务人的经营状况和资产状况等作出保证,或督促债务人清偿债务等。安慰函不是保证合同,但作为一种书面表述,与保证合同有相似的地方,在特殊情况下,安慰函也可以构成保证合同,即特殊的安慰函也会成为保证合同的一种形式。由此可见,安慰函这一概念并不是具有独立的、确切的法律意义的概念,认定为安慰函不意味着就不构成保证;而且,认定为安慰函也并不意味着在该函保证的状况发生变化并导致债权人债权无法实现的情况下,出具该函的人就不承担任何法律责任。被称为安慰函的书面材料的效力和效果由其内容来决定。本案承诺函内容的前半部分的确具有一般安慰函的意思,但后半部分显然如上所述具有代为清偿或承担担保义务的内容,应视为具有保证的意思表示。佛山市政府主张其出具的承诺函是安慰函、不具有保证的性质,理据不足,不予支持。因此,在本案中,佛山市政府和香港交行之间存在担保法律关系,双方之间的争议属涉港担保合同纠纷。因此,佛山市政府这一承诺具有为中亚公司、景山公司的借款提供保证担保的意思表示,符合《担保法》第6条规定的精神,应认定佛山市政府为中亚公司、景山公司向香港交行的借款提供了保证担保。

由于本案《承诺函》均没有约定保证期间也没有指明为哪一笔贷款提供担保,而是同意在授信额度内提供保证,由此产生了当事人间就此保证是最高额保证还是对特定贷款的保证之争。本案中的承诺是为香港交行向中亚公司、景山公司提供的授信函提供保证的,授信函提供的不是一笔特定的贷款,而是贷方做出的限定最高贷款余额的贷款承诺,因此佛山市政府于1994年5月8日、1996年10月30日向香港交行提供编号为佛府函(1994)030号《承诺函》和佛府函(1996)144号《承诺函》、佛府函(1996)146号《承诺函》,实际是为香港交行1996年5月20日、7月6日和1997年4月18日分别给中亚公司、景山公司的授信函项下的款项提供保证,其提供的保证范围应为香港交行据该承诺函提供的授信函项下发生的贷款,即香港交行依其授信函向中亚公司、景山公司发放的贷款。本案中,佛山市政府抗辩主张:《承诺函》所述的借款与原告起诉的借款无关,其无义务对起诉的借款承担责任。该项主张不能成立。

佛山市政府基于其1994年5月8日、1996年10月30日出具的佛府函(1994)

030 号《承诺函》和佛府函（1996）144 号《承诺函》、佛府函（1996）146 号《承诺函》确立的最高额保证属于对外担保。佛山市政府系国家政府机关，其对外提供担保违背了《担保法》第 8 条国家机关不得作为保证人的禁止性规定。同时，根据 1991 年国家外汇管理局公布的《境内机构对外提供外汇担保管理办法》第 6 条第 2 项“为中国驻外企业提供外汇担保，由国家外汇管理局审批”的规定，对外担保需经过审批方可生效，由于本案未办理对外担保审批手续，违反了《民法通则》第 58 条关于“下列行为无效：……（五）违反法律或社会公共利益的……”的规定和最高人民法院《担保法解释》第 6 条关于“有下列情形之一的，对外担保合同无效：（一）未经国家有关主管部门批准或者登记对外担保的”的规定，上述《承诺函》所构成的保证行为均不具有有效担保的法律约束力。造成本案担保无效的责任在于香港交行和佛山市政府。根据《民法通则》第 61 条第 1 款的规定：“民事行为被确认为无效或者被撤销后，当事人因该行为取得的财产，应当返还给受损失的一方。有过错的一方应当赔偿对方因此所受的损失，双方都有过错的，应当各自承担相应的责任。”和《担保法解释》第 7 条“主合同有效而担保合同无效，债权人无过错的，担保人与债务人对主合同债权人的经济损失，承担连带赔偿责任；债权人、担保人有过错的，担保人承担民事责任的部分，不应超过债务人不能清偿部分的二分之一”的规定，佛山市政府应承担债务人不能清偿部分的二分之一的赔偿责任。由于佛山市政府对中亚公司、景山公司不能清偿的债务数额及利息的计算没有异议，原审法院对该数额予以确认。故佛山市政府应对中亚公司拖欠香港交行的债务本金 87，307，322.21 元港币及利息（按 LC－1998－0929－COM－2473《授信合同》和 LC－1998－0931－COM－2473《授信合同》约定计算，自 2001 年 4 月 24 日起至全数清还为止）、景山公司拖欠香港交行的债务本金 78，293，395.48 港元及利息（按香港高等法院 2001 年第 4924 号《最终判决书》判决确认的利率计算，自 2001 年 10 月 20 日起至全数清还为止）不能清偿部分承担 1/2 的赔偿责任。

至于在中亚公司、景山公司未能按时偿还香港交行债务后，佛山市政府和香港交行先后以《1998 年佛山市政府领导和香港交行领导座谈会纪要》《1998 年佛山市梁某甲市长和香港交行座谈会（第二次）纪要》《1998 年 11 月 12 日佛山市对外经济委员会和香港交行会谈纪录》进行磋商，佛山市政府和香港交行均在上述纪要上签章确认，表明的是继续解决中亚公司、景山公司与香港交行的债务问题，并同意香港交行的重组计划。1998 年 12 月 11 日，香港交行与中亚公司根据重组计划签订 LC－1998－0931－COM－2473《授信合同》的贷款授信包括 6262 万港元的定期授信、香港交行与景山公司根据重组计划签订 LC-1998-0929-COM-2473《授信合同》包括6150万港元授信额度,且此两合同第3条“抵押品及法律文件提供如下”条款中均包括有“佛山市政府出具承诺函”的内容,可见香港交行与中亚公司、景山公司因债务重组而订立的《授信合同》均未增加佛山市政府对中亚公司、景山公司原贷款6262万港元和6150万港元的承诺还款的范围,也未放弃佛山市政府出具的《承诺函》,因此,以上纪要和《授信合同》的签署,并不能改变佛山市政府向香港交行担保的行为。

本案争议的另一个焦点是香港交行的请求有没有超过法定的诉讼时效期间。本案中,佛山市政府承担的责任是基于无效保证而产生的赔偿责任,因此不能依据有效保证的保证期间和诉讼时效来计算该项赔偿请求权的诉讼时效期间。由于无效保证赔偿责任的确定依赖于对债务人不能清偿的主债权部分的确定,因此可以肯定的是,主债的诉讼时效期间没过,要求保证人承担无效保证的赔偿责任的时效期间也没有过。本案事实表明,1998年12月11日香港交行分别与中亚公司、景山公司通过 LC-1998-0931-COM-2473《授信合同》、LC-1998-0929-COM-2473《授信合同》再次确认本案债权债务,并约定借款期限为两年,即主债务的届满日为2000年12月11日。况且 LC-1998-0931-COM-2473《授信合同》和 LC-1998-0929-COM-2473《授信合同》均约定适用香港法律,根据香港《时效条例》第4条“有关合约及侵权行为的诉讼以及某些其他诉讼的时效(1)以下诉讼,于诉讼因产生的日期起计满6年后,不得提出—(a)基于简单合约或侵权行为的诉讼……”的规定,本案主债务的诉讼时效起算日从上述约定的最后还款日起顺延6年。事实上,2000年8月9日,香港破产管理署基于香港交行的申请对中亚公司发出清盘令;2002年3月7日,香港高等法院以2001年第4924号《最终判决书》确定景山公司对香港交行的债务,也就是说,主债的诉讼时效期间没过。因此,香港交行于2000年12月14日向原审法院提起本案诉讼也没有超过诉讼时效期间。

对于佛山市政府提供的两份《安慰函》,由于佛山市政府未能提供证据证明香港交行收到并做了确认,故此两份《安慰函》不构成有效证据。

综上所述,香港交行诉请有理,应予支持。依照《民法通则》第61条第1款,《民事诉讼法》第138条(为现行《民事诉讼法》第152条),《担保法解释》第6条、第7条的规定,判决:

佛山市政府应于本判决发生法律效力之日起十日内对中亚公司拖欠香港交行的债务本金87,307,322.21港元及利息(按 LC-1998-0929-COM-2473《授信合同》和LC－1998－0931－COM－2473《授信合同》约定计算，自2001年4月24日起至全数清还为止）、景山公司拖欠香港交行的债务本金78,293,395.48港元及利息（按香港高等法院2001年第4924号《最终判决书》判决确认的利率计算，自2001年10月20日起至全数清还为止）不能清偿部分承担1/2的赔偿责任。

佛山市政府不服广东省高级人民法院（2001）粤法经二初字第1号民事判决，遂向最高人民法院提起上诉。

上诉理由为：（1）“保证不能推定”是担保法的基本原则，“负责解决”不是代为清偿债务的意思，所以从内容上看，《承诺函》《安慰函》不构成保证，并不具有法律约束力，对此被上诉人也是明知的，上诉人不应承担法律上的责任。（2）假定《承诺函》构成保证，《承诺函》也是对特定借款的保证，并非最高额保证，《承诺函》所述的借款与被上诉人起诉债权无关，上诉人无义务对起诉的债权承担法律责任。（3）假定《承诺函》构成保证，也是无效保证，过错完全在于被上诉人，上诉人不应承担民事责任。（4）假定《承诺函》构成保证，被上诉人要求上诉人因此承担赔偿责任的诉讼时效已过。（5）被上诉人提交的证据形式不合法，依法不具有证明效力。请求撤销一审判决，驳回被上诉人的全部诉讼请求，被上诉人承担本案的诉讼费用。

香港交行的答辩称：（1）从内容上看，“不让香港交行在经济上蒙受损失”是承诺的核心，因此《承诺函》构成保证。（2）《承诺函》所述借款与本案诉争借款紧密相关。（3）《承诺函》无效的主要责任在上诉人。（4）本案未过诉讼时效。（5）被上诉人提交的证据形式合法。

最高人民法院查明：佛山市政府分别于1994年5月8日、1996年10月24日、1996年10月30日向香港交行出具的佛府函（1994）030号、佛府函（1996）144号、佛府函（1996）146号《承诺函》，香港交行分别于1996年10月25日、1998年12月11日向中亚公司出具的授信函，香港交行分别于1996年10月29日、1998年12月11日向景山公司出具的授信函，佛山市政府与香港交行分别于1998年2月19日、1998年8月19日、1998年11月12日进行会谈形成的纪要，佛山市政府1998年11月12日佛经贸发〔1998〕42号《关于同意三角洲发展有限公司将持有百花广场部分股权权益作抵押的批复》，均有相应证据在案佐证，应当予以确认。

【案件争点】

佛山市政府向香港交行出具的《承诺函》是否构成我国《担保法》规定的担保。

【裁判要旨】

最高人民法院认为：本案系涉港担保合同纠纷案件，双方当事人未约定处理合同争议所适用的法律,而被告住所地、担保合同签订地、履行地均位于中华人民共和国内地,广东省高级人民法院根据《民法通则》第145条的规定,依照最密切联系原则,认为本案应适用中华人民共和国内地的法律,是正确的。双方当事人对于适用中华人民共和国内地法律解决本案纠纷亦无异议,故本案应适用中华人民共和国内地的法律。

本案首要的焦点问题是佛山市政府向香港交行出具的《承诺函》是否构成我国《担保法》规定的担保。本案中佛山市政府先后向香港交行出具了三份《承诺函》,函中均有相同的表述:"本政府愿意督促该驻港公司切实履行还款责任,按时归还贵行贷款本息。如该公司出现逾期或拖欠贵行的贷款本息情况,本政府将负责解决,不让贵行在经济上蒙受损失。"首先,从名称来看,《承诺函》并非担保函,对于其是否能构成担保应根据其内容来认定。其次,从《承诺函》的内容来看,"负责解决""不让贵行在经济上蒙受损失"并无明确的承担保证责任或代为还款的意思表示。再次,在香港交行向中亚公司和景山公司出具的授信函中,在"抵押品及法律文件"项下,除了佛山市政府的《承诺函》外,还有不动产的抵押、保证及存单的质押等,且《承诺函》均在这些授信函中被列入区别于"保证"的"其他文件"项下,这说明香港交行明知《承诺函》并非保证函。最后,为解决包括中亚公司、景山公司在内的佛山市直属企业拖欠香港交行贷款事宜,佛山市政府与香港交行之间有三次座谈会并形成会议纪要。从这三份纪要的记载来看,香港交行从未要求佛山市政府承担保证责任或代中亚公司、景山公司还款,佛山市政府也未作出过承担保证责任或代企业还款的意思表示,而双方谈到的解决途径均是政府在适当时机对企业进行资产重组,以解决原有债务。佛山市政府亦于1998年11月12日以佛经贸发〔1998〕42号文件批复同意了佛山市有关企业与香港交行商定的企业重组计划,以解决中亚公司、景山公司等企业拖欠香港交行贷款的问题。综上所述,佛山市政府从向香港交行出具的书面文件上,到实际的行动上,从未有过承担保证责任或代所属企业还款的意思表示,其向香港交行出具的《承诺函》并不构成我国《担保法》意义上的保证。

故香港交行关于佛山市政府应根据《承诺函》承担担保无效的赔偿责任的诉讼请求没有事实和法律依据。佛山市政府关于《承诺函》不构成保证、其不应承担法律责任的上诉请求应予支持,佛山市政府不应对香港交行承担任何法律上的责任。佛山市政府的其他上诉请求,均是在假定《承诺函》构成担保的前提下,对原审判决的异议,在认定《承诺函》不构成保证的前提下,已无审理之必要。原审法院的判决认定事实和适用法律均有错误,应予改判。

例案二 | 广东国际信托投资公司破产案

【法院】

广东省高级人民法院

【当事人】

申请人:广东国际信托投资公司

【基本案情】

广东国投公司原名为广东省信托投资公司,1980 年 7 月经广东省人民政府批准在广州市工商行政管理局注册成立,系全民所有制企业法人。1983 年经中国人民银行批准为非银行金融机构并享有外汇经营权;1984 年 3 月经广东省工商行政管理局注册登记更改名称为“广东国际信托投资公司”(以下简称广东国投),注册资金为 12 亿元。1992 年以来,广东国投公司由于经营管理混乱,存在大量高息揽存、账外经营、乱拆借资金、乱投资等违规经营活动,导致不能支付到期巨额境内外债务,严重资不抵债。1998 年 10 月 6 日,中国人民银行决定关闭广东国投公司,并组织关闭清算组对其进行关闭清算。关闭清算期间广东国投公司的金融业务和相关的债权债务由中国银行托管,广东国投公司下属的证券交易营业部由广东证券有限责任公司托管,其业务经营活动照常进行。自 1998 年 10 月 6 日至 1999 年 1 月 6 日为期 3 个月的关闭清算查明,广东国投公司的总资产为 214.71 亿元,负债 361.65 亿元,总资产负债率 168.23%,资不抵债 146.94 亿元。1999 年 1 月 11 日,中国银行发布《关于清偿原省国投自然人债权的公告》,鉴于广东国投公司已严重资不抵债、无力偿还巨额债务,对自然人债权的清偿,只支付本金,不支付利息;中国银行清偿广东国投公司自然人债权后,中国银行广东省分行代广东省财政厅依法申报债权,以普通债权人的身份按破产清偿顺序受偿。

广东省高级人民法院认为:《破产法(试行)》第 3 条第 1 款(现行《破产法》第 2 条第 1 款)规定:“企业因经营管理不善造成严重亏损,不能清偿到期债务的,依照本法规定宣告破产。”第 8 条规定:“债务人经其上级主管部门同意后,可以申请宣告破产。”广东国投公司管理极度混乱,严重资不抵债,不能清偿境内外巨额到期债务,符合法律规定的破产条件,于 1999 年 1 月 16 日裁定:(1)广东国投公司破产还债;(2)指定清算组接管广东国投公司。

裁定宣布后,广东国投公司的破产清算工作依法按以下步骤进行:

1999年1月16日,广东省高级人民法院分别在《人民日报》《人民法院报》刊登受理广东国投公司破产申请公告,要求债权人自公告之日起3个月内申报债权,逾期未申报的,视为自动放弃。对广东国投公司的其他民事执行程序依法中止执行,申请执行人可凭生效的法律文书申报债权,对广东国投公司的其他民事诉讼程序也依法终结或中止。公告期限内,共计320家债权人申报了债权,申报债权总金额共计387.7738亿元(包括167家境外债权人申报债权320.1297亿元)。

1999年4月22日,广东省高级人民法院主持召开广东国投公司破产案第一次债权人会议,244家境内外债权人派代表出席了会议,占申报债权人总数的76%。法院向债权人宣布了债权人会议的职权,并根据各债权人申报债权的数额,指定瑞士银行、日本第一劝业银行、美国花旗银行、中国银行等9家债权人组成债权人主席委员会。破产清算组向出席债权人会议的代表报告了债权申报情况。会议通过了由破产清算组提出的广东国投公司破产财产处理的原则。

破产清算组对债权人申报的债权进行了登记和审核后,将审核结果分别以确认债权或拒绝申报的方式通知各债权申报人。债权人对清算组确认的债权无异议的,清算组提请债权人会议表决通过;债权申报人对清算组的确认结果有异议的,向广东省高级人民法院提请裁定。

根据债权异议人的申请,广东省高级人民法院分别对广东国投公司破产案中62件有关债权申报异议进行了公开审理。在确认债权诉讼中,有15家广东国投公司香港子公司的债权人持广东国投公司出具的安慰函申报金额约23亿元的担保(或然)债权,要求予以确认。

【案件争点】

案涉依据安慰函申报的担保债权是否应予以确认。

【裁判要旨】

广东省高级人民法院认为:安慰函从形式上看,不是广东国投公司与特定债权人签订的,而是向不特定的第三人出具的介绍性函件;从内容上看,安慰函并无担保的意思表示,没有约定当债务人不履行债务时,代为履行或承担还债责任。因此,安慰函不能构成我国法律意义上的保证,不具有保证担保的法律效力,依据安慰函申报担保债权全部被拒绝。

例案三 上海国金租赁有限公司与黑龙江农垦北大荒商贸有限责任公司融资租赁合同纠纷案

【法院】

黑龙江省高级人民法院

【案号】

(2016)黑民初77号

【当事人】

原告:上海国金租赁有限公司

法定代表人:刘某某,该公司董事长

被告:黑龙江农垦北大荒商贸有限责任公司

法定代表人:王某某,该公司董事长

【基本案情】

2014年3月20日,上海国金租赁有限公司(以下简称国金租赁有限公司)与苏州高峰糖业有限公司(以下简称高峰糖业公司)签订《转让合同》和《融资租赁合同》。约定:国金租赁有限公司购买高峰糖业公司二期果糖生产线,价款8000万元,高峰糖业公司向国金租赁有限公司签发《所有权转移证明》后,国金租赁有限公司取得该生产线完整所有权。国金租赁有限公司以融资租赁方式将该生产线出租给高峰糖业公司使用。租赁期限自2014年3月25日至2017年3月24日,租金总额89,150,986.08元,按月分36期收取。2015年3月24日,因中国人民银行同期贷款利率调整,租金总额变更为88,807,594.08元,期末留购价为8万元。同日,国金租赁有限公司与宁城京都淀粉有限公司、铁岭万顺达淀粉有限公司及孙某某签订《保证合同》。上海市黄浦公证处对上述合同的签署过程进行了公证,并于2014年3月21日出具了《具有强制执行效力的债权文书公证书》。2014年11月25日,黑龙江农垦北大荒商贸有限责任公司(以下简称北大荒商贸公司)为出具《关于同意为天津北大荒玉米加工产业有限公司下属子公司银行借款提供担保的函》(以下简称《担保函》),主要内容为:“2014年3月北大荒商贸公司与孙某某、王某某签署了拟收购其旗下控股的十家公司(以下简称子公司)的协议,双方经过深入洽谈后,决定共同成立新公司(天津北大荒玉米加工产业有限公司)……从而达到北大荒商贸公司对孙某某集团下十家公司的股权占有60%的局面……合作为各家公司提供了发展的机会,现阶段各家子公司正在有条不紊地组织采购、监督生产、积极销售,公司员工都以饱满的热情全身心地投入到企业的新发展事业中来。在北大荒商贸公司与各子公司事业蓬勃发展的今天不会忘记贵行近些年来给予的鼎力支持,在此北大荒商贸公司代各家子公司真诚的向贵行道一声感谢!现如今各家子公司的生产蒸蒸日上,这正是个拓新的契机,在合作的过程中,有诸多的方面需要贵行的参与,企业成长的每一步都离不开贵行支持与扶助,希望贵行能够开发新项目,拓展新业务,为企业在资金方面解决后顾之忧,为此企业会以丰厚的利润回报贵行对我公司的支持。合作的时间是长久的,历程是艰辛的,成果是丰厚的,为此,我公司以及下属各家子公司希望与贵行建立长久的、稳定的、可持续的互赢互利合作关系,在此过程中我公司愿意为下属各家子公司在与贵行的业务中提供无条件担保,并愿意积极配合贵行完成各项业务。"①

截至2016年6月30日,高峰糖业公司根据租赁合同已向国金租赁有限公司支付了第十五期租金和第十六期的部分租金,共计39,097,627.80元。高峰糖业公司拒不支付第十六期剩余租金467,800.68元及迟延履行金。至2016年6月30日,高峰糖业公司未付租金金额合计为49,280,726.28元,经国金租赁有限公司数次催讨,高峰糖业公司至今没有支付租金及迟延履行金,保证人亦未履行保证责任。经国金租赁有限公司申请,上海市黄浦公证处于2015年11月17日出具(2015)沪黄证执字第420号执行证书,要求高峰糖业公司及保证人宁城京都淀粉有限公司、铁岭万顺达淀粉有限公司及孙某某履行相应责任,但均未履行。国金租赁有限公司又于2016年2月22日向苏州市中级人民法院提出执行申请,苏州市中级人民法院于2016年3月11日作出(2016)苏05执189号执行裁定书,裁定高峰糖业公司履行相应责任。因北大荒商贸公司作为保证人一直未履行保证责任,国金租赁有限公司向黑龙江省高级人民法院提起诉讼。

【案件争点】

北大荒商贸公司是否为高峰糖业公司的融资租赁行为提供了担保。

【裁判要旨】

黑龙江省高级人民法院认为:根据《担保法》及其司法解释的规定,担保是指法律为确保特定的债权人实现债权,以债务人或第三人的信用或者特定财产来督促

① 编者注:该函系向与被收购公司有合作业务的银行发出,主送单位部分为空白,内容为打印的格式文本。国金租赁有限公司作为证据提交的"担保函",内容与此一致,为打印的格式文本,仅在该函抬头部分手写了"致上海国金租赁有限公司"。

债务人履行债务的制度。作为法定担保方式之一的保证是指保证人和债权人约定,当债务人不履行债务时,保证人按照约定履行债务或者承担责任的行为。而本案中,从国金租赁有限公司提供的案涉《担保函》的内容看,系就主送银行以往对其子公司的支持表示感谢,希望银行在北大荒商贸有限公司加入后的合作过程中能够开发新项目,拓展新业务,为企业在资金方面解决后顾之忧;北大荒商贸有限公司愿为合作过程中各家子公司与银行的业务提供无条件担保,并愿意积极配合各行完成各项业务;但该函中并未约定对被担保的主债权即特定主体的具体借款或一段时间内发生的最高额贷款提供保证,亦未约定担保的范围、担保的期限及具体债务人,故不能据此确定其系为特定主体的具体债务提供保证或最高额保证担保,应认定其仅属于与银行开展合作的一份意向性文件。从形成时间上看,国金租赁有限公司提供《担保函》的落款时间为 2014 年 11 月 25 日,而其主张的案涉《融资租赁合同》签订于 2014 年 3 月 20 日,即融资租赁行为发生于出具《担保函》的 8 个月前,且《担保函》中并没有明确为该融资租赁行为提供担保的意思表示。此外,案涉《担保函》虽然抬头部分手写了“致上海国金租赁有限公司”,但国金租赁有限公司不能说明何时、何地、双方哪些人员参与协商担保事宜,在何种情况下取得《担保函》。且国金租赁有限公司于 2015 年 11 月 17 日向上海市黄浦公证处申请执行公证时亦未依据其提供的案涉《担保函》要求北大荒商贸有限公司承担担保责任。国金租赁有限公司的上述行为不符合常理,亦未在本案诉讼中作出合理解释,故基于现有证据不能确定北大荒商贸有限公司就高峰糖业公司的融资租赁行为与国金租赁有限公司之间形成《担保法》意义上的保证合同关系,国金租赁有限公司的主张缺乏事实和法律依据。

三、裁判规则提要

(一)原则上不应将安慰函认定为保证合同

1. 从概念上来看,应将安慰函与保证相区别,不应将安慰函认定为保证合同

安慰函,又称安慰信、赞助信,按照《布莱克法律词典》的解释,是指出具人声明对另一公司,尤其是母公司对子公司的活动和承诺表示支持,但并不构成保证的信函。[①]

该定义表明,第一,安慰函一般出现在母公司需要对子公司从事的业务或活动

① See Bryan A. Garner, ed. , Black's Law Dictionary, West Publishing Co. , 8th Edition, p. 283.

提供支持的场合,通常涉及母公司、子公司和安慰函的接收人三方当事人。在司法实践中,母公司一般即安慰函的出具人,子公司与安慰函的接收人通常存在债权、债务关系,分别为借款合同的债务人和债权人。

第二,安慰函出具的目的一般为出具人希望接收人对其子公司提供支持,通常为资金支持,因此,安慰函的接收人往往为不特定的商业银行,资金支持也通常理解为向子公司提供贷款支持。申言之,母公司作为安慰函的出具人,以其财力或商誉等为子公司背书,以便子公司能够在当前或未来的经营活动中,得到金融机构(商业银行)的贷款支持。因此,安慰函一般为格式合同,内容通常包括:知悉筹措资金的声明;保证所有者权益的承诺;贷款人所要求的支持程度等内容。①

第三,安慰函是不构成保证合同的信函。按照上述《布莱克法律词典》对安慰函的定义,其最为显著的特征是其不是保证(but short of guarantee)。对此,《元照英美词典》也采用类似的解释,即"母公司代表子公司声明其对另一公司的(商业)活动和承诺表示支持,但并不出具保证的函"②。因此,从概念上讲,将安慰函与保证(函)相区别,仅将其界定为一种表示支持的信函,是十分合理的。

2. 从比较法经验来看,应将安慰函与保证合同相区别

安慰函作为舶来品,我国法律对其并无相关规定,因此,在对其性质进行界定时,可参考比较法经验,综合作出判断。

安慰函,一般认为起源于德国,是商业和银行融资活动中广泛应用的准担保形式,含有保护或资助的意思。③ 在德国,安慰函有强弱之分,在出具强安慰函的场合,如出现子公司无力清偿债务的情形,母公司负有清偿债务的义务;而在弱安慰函下,母公司排除代替子公司清偿债务的义务。但如安慰函的接收方遭受信赖利益的损失,母公司仍需要承担一定的法律责任,但该责任并非担保责任。可见,德国法上对于安慰函性质和效力的判定是在具体案例中,由法官根据安慰函的内容,做出是"强安慰函"还是"弱安慰函"的具体判定,不能"一刀切",单纯地将其认定为保证,或是仅表示母公司知悉或是支持子公司的函件。

英国是典型的判例法国家,在有关安慰函的判例中,法官一般结合安慰函的内容及出具人的意思表示综合进行判断。通常,如安慰函中仅含有母公司希望接收人对其子公司提供帮助,或者仅表明其已经知悉子公司向其贷款,或者具有"确保

---

① 参见[英]菲利普·伍德:《国际金融的法律与实务》,法律出版社2011年版,第116页。

② 薛波主编:《元照英美法词典》,法律出版社2003年版,第250页。

③ 参见焦美华:《模糊的安慰——"安慰函"的法律效力》,载《国际贸易》1997年第11期。

其新设公司的业务始终足以承担该新设公司对安慰函接收人的应尽义务这一政策"之类的表述，则认为此安慰函不是母公司向接收人出具的保证，也不具有强制效力。①

《法国民法典》第 2322 条对安慰函的概念进行了规定，认为其是以支持债务人向债权人履行义务为目的，(签发人)承担作为或者不作为的担保义务。也即，按照目前法国法上的经验，安慰函不是保证，但其自成体系，属于人的担保。虽然安慰函中所载明的义务不具有保证义务的特征，也不能将其视为保证的替代品，但因其和保证同属人的担保范畴，可将其视为保证的补充，完成保证并不涉猎的领域。②

综上所述，从比较法的角度，对于安慰函的性质和效力，除法国将其认定为担保外，以德国为代表的大陆法系和以英国为代表的判例法系，都认为安慰函的效力和性质应结合个案进行综合判断，不能直接将其认定为具有担保性质的函件。即便是在已通过法律的形式对安慰函的概念和性质作出明确规定的法国，对于安慰函是否构成保证也持否定态度，仅将其认定为有别于保证的其他的人的担保。

3. 从出具安慰函的目的来看，应将其与保证相区别

安慰函被广泛应用于商业活动和融资贷款交易中，除母公司为其子公司向贷款方出具，表示其知悉子公司债务问题，愿意协助子公司还款或表示对子公司活动的支持外，还包括由政府为其下属机构向贷款方出具，希望贷款方予以支持，并表示愿意督促下属机构切实履行还款责任，如例案一"佛山市人民政府与交通银行香港分行担保纠纷案"。

在母公司为其子公司向贷款人出具安慰函的场合，出具人选择采用安慰函的形式，而非直接与贷款人签订保证合同为子公司提供担保，原因主要在于母公司并不希望承担任何法律上的责任，仅希望子公司能够凭借该安慰函取得贷款人的支持，获得经营活动所需借款。而在政府机构为其下属企业向贷款人等出具安慰函的情形下，更不应将安慰函与保证(合同)相等同。出具人之所以选择出具安慰函，而不是直接作为保证人提供担保，原因在于，根据有关国家法律，某些机关并不具

---

① 在"KeinwortBersin Limited v. Malaysian Mining Corporation Berhad"案中，英国初审法院判定，在 Malaysian Mining Corporation Berhad 提供的安慰函中，"确保其新设公司的业务始终足以承担该新设公司对 KeinwortBersin Limited 的应尽义务这一政策"的条款构成一项持续性的担保。但上诉法院则认为，公司"政策"不能构成对公司的可强制的持续性义务，且被告公司在谈判中一直拒绝赔偿，因此，安慰函的接收人银行不能从本公司获得赔偿。

② 参见李世刚：《安慰函制度的法国经验及其启示》，载《法学杂志》2012 年第 9 期。

有担保人资格。① 以我国为例,《担保法》第 8 条明确规定"国家机关不得为保证人",仅在"经国务院批准为使用外国政府或者国际经济组织贷款进行转贷"时存在例外。可见,尤其在后一种情形下,无论安慰函内容与措辞如何,安慰函都不可能构成保证,出具人也仅承担道义上的责任,无所谓承担保证责任一说。

综上所述,从安慰函出具的目的来看,其一般为母公司或政府不愿意或受法律限制不能直接承担担保责任的情况下所采用的一种变通形式,不宜将其认定为保证。

除此之外,保证是保证人和债权人约定,当债务人不履行债务时,保证人按照约定履行债务或者承担责任的行为。其一定是保证人为特定主体的具体债务提供保证,强调保证人、债权人和债务人的特定性,三者一定是明确的。而在出具安慰函的场合,其一般表现为出具人提前拟定好的格式文本,接收人可能并不具有特定性,如例案三"上海国金租赁有限公司与黑龙江农垦北大荒商贸有限责任公司融资租赁合同纠纷案"。

(二)安慰函出具人具备保证责任能力并明确愿意承担保证责任的,可以视为保证

安慰函原则上不构成保证,但在例外情况下,存在可以将安慰函视为保证合同的情形。此时,需同时满足出具人具备保证责任能力和明确表示愿意承担保证责任两个条件。

对于出具人是否具备保证责任能力,应结合《担保法》《担保法解释》《民通意见》相关条文综合进行判断,即如安慰函的出具人具备代为清偿的能力,有独立的财产,能够依法从事生产经营活动,并能独立承担民事责任,一般可认为其具备保证责任能力。联系出具、适用安慰函的场合,在母公司对子公司的活动和承诺表示支持而出具安慰函时,其中的母公司一般满足具备保证责任能力这一条件。而在政府机构为其下属企业向贷款人等出具安慰函的场合,则无论安慰函的内容和措辞如何,根据我国《担保法》第 8 条"国家机关不得为保证人"的规定,无论安慰函的内容和措辞如何,其都不可能构成保证合同。

对于应如何认定出具人明确愿意承担保证责任,应从安慰函的内容出发,重点关注安慰函中的措辞、出具人语气的轻重等方面,并结合出具人的具体行为综合进

---

① 参见焦美华:《模糊的安慰——"安慰函"的法律效力》,载《国际贸易》1997 年第 11 期。

行判断。如在安慰函中出现“在此过程中我公司愿意为下属各家子公司在与贵行的业务中提供无条件担保”“如出现逾期或拖欠贷款本息的情况，本公司将负责解决，不使贵行蒙受损失”等类似表述时，可初步推定出具人可能具有承担担保责任的意思表示，但应当明确，不能仅以此为标准认定安慰函就是保证，出具人应据此承担保证责任。此时，对于安慰函是否构成保证的考察，应进一步关注当发生纠纷，安慰函的接收人据此要求出具人承担保证责任时后者的具体行为。如在协商过程中，出具人一再强调该函件是安慰函，不是担保函，仅表示愿意“进行协调，采取措施，帮助企业渡过难关”“希望和接收人在未来继续合作，互利共赢”“帮助企业进行债务重组”等，而拒绝承担任何保证责任。此时，一般应认为该函件仅是安慰函，并不构成保证。也即，除非出具人有明确的愿意代为清偿债务或承担保证的意思表示，才可将安慰函视为保证。

此外，根据例案一“佛山市人民政府与交通银行香港分行担保纠纷案”中，一审、二审法院不同判决结果所体现出的精神，在认定安慰函是否构成保证时，是否存在其他形式的担保，尤其是明显应被认定为保证合同的书面材料，也是可供参考的条件之一。

四、辅助信息

高频词条：

《担保法》

第 7 条 具有代为清偿债务能力的法人、其他组织或者公民，可以作保证人。

第 8 条 国家机关不得为保证人，但经国务院批准为使用外国政府或者国际经济组织贷款进行转贷的除外。

《民通意见》

第 106 条第 1 款 保证人应当是具有代偿能力的公民、企业法人以及其他经济组织。保证人即使不具备完全代偿能力，仍应以自己的财产承担保证责任。

担保纠纷案件裁判规则第 15 条:

监督专款专用、监督资金流向等承诺不构成保证关系,当事人应当按照合同约定承担违约责任

〔**规则描述**〕:根据《担保法》第 6 条的规定:“本法所称保证,是指保证人和债权人约定,当债务人不履行债务时,保证人按照约定履行债务或者承担责任的行为。”它涉及保证人、债权人与债务人三方当事人。而监督专款专用、监督资金流向等承诺也是涉及这三方当事人,但这三方当事人的法律地位完全不同于保证合同中所涉及的法律关系,进而并不能运用保证合同的法律关系来解决此纠纷。

一、类案检索大数据报告

时间:2019 年 5 月 11 日之前,案例来源:Alpha 案例库,案件数量:262 件,数据采集时间:2019 年 5 月 11 日。本次检索获取了合同纠纷 2019 年 5 月 11 日前共 262 篇裁判文书。其中认同监督专款专用、监督资金流向等承诺不构成保证关系的案件 126 件,不认同的案件 103 件,不相关案件 33 件。整体情况如下:

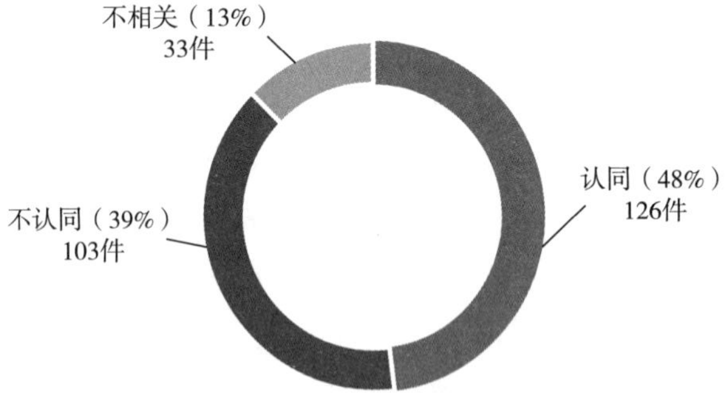

图 15 -1　是否认同监督专款专用、监督资金流向等承诺不构成保证关系

如图 15 -1 所示,从法院是认同监督专款专用、监督资金流向等承诺不构成保证关系的角度来看,法院不认同的案件占 39%,认同的案件占 48%,不相关案件占 13%。

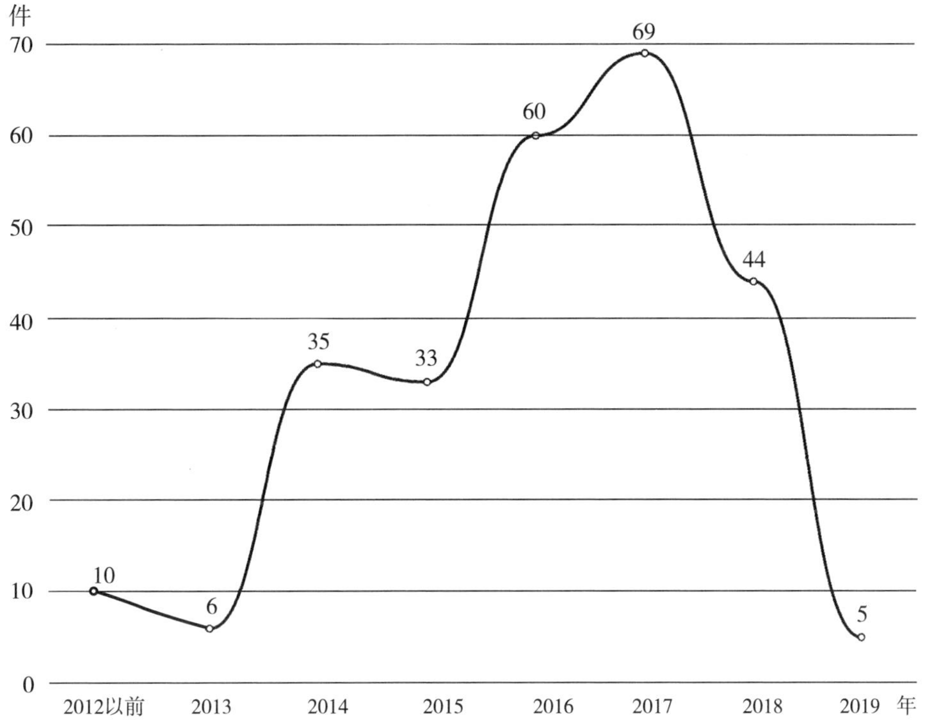

图 15－2　案件年份分布情况

如图15－2所示，从上方的年份分布可以看到当前条件下合同纠纷案例数量的变化趋势。

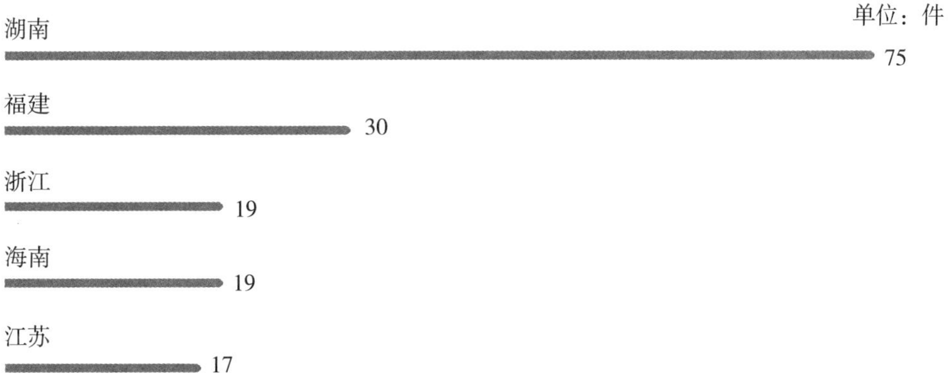

图 15－3　案件主要地域分布情况

如图15－3所示，从地域分布来看，当前合同纠纷案例主要集中在湖南省、福建省、浙江省，分别占比约28.63%、11.45%、7.25%。其中湖南省的案件量最多，达到75件。

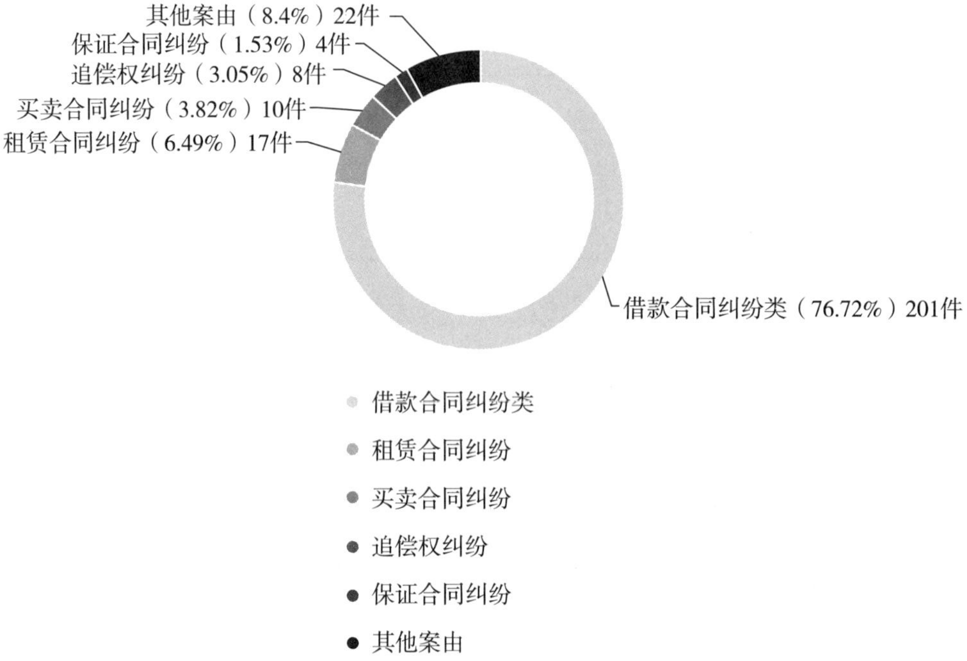

图15-4 案件案由分类情况

如图15-4所示,从上面的案由分类情况可以看到,合同纠纷当前最主要的案由是借款合同纠纷类,有201件,占一半以上;其次是其他案由、租赁合同纠纷、买卖合同纠纷、追偿权纠纷。

二、可供参考的例案

例案一 梁某某、湖南鼎珩智能机械有限公司与胡某某、左某某民间借贷暨保证合同纠纷案

【法院】

湖南省湘潭市中级人民法院

【案号】

(2016)鄂08民终605号

【当事人】

上诉人(原审被告):梁某某

上诉人(原审被告)：湖南鼎珩智能机械有限公司

法定代表人：梁某某

被上诉人(原审原告)：胡某某

原审被告：左某某

【基本案情】

被告左某某因资金短缺，通过唐某某介绍，向原告胡某某借款130万元，并口头约定借款利息按月利率2%计算。原告将借款130万元凑齐并分多次支付给唐某某后，要求唐某某将130万元交付给被告左某某，并要求被告左某某向原告胡某某出具借据。2013年8月28日，唐某某与被告左某某同时到湘潭县农村信用合作联社易俗河镇信用社，通过银行柜台操作将130万元从唐某某尾号为4011的银行账户中转账支付至被告左某某尾号为3411的银行账户中。被告左某某依约向原告出具借据，借据载明“今借胡某某现金壹佰叁拾万元(1,300,000元)、一年内归还”，并由被告梁某某书写“同意在公司应支付的工程款中优先支付该笔款项的本息”，落款“担保人：梁某某”，并加盖被告湖南鼎珩智能机械有限公司的公章。该约定属于被告湖南鼎珩智能机械有限公司向债权人即原告胡某某保证监督支付此笔工程款专款专用，故被告湖南鼎珩智能机械有限公司应履行监督此笔工程款的专款专用，如未尽到监督义务造成工程款流失的，应对流失的工程款承担补充赔偿责任。

之后被告左某某通过唐某某每月支付利息26,000元给原告至2014年4月29日止。后被告左某某再未支付利息，亦未归还借款本金，原告多次向三被告催要借款本息，三被告均未归还，原告遂诉至法院。

一审判决：(1)由被告左某某偿还原告胡某某借款130万元并支付利息(利息按月利率2%的标准自2014年4月29日起计算至全部借款清偿之日止)；(2)由被告梁某某对被告左某某上述判决确定的偿还借款本息义务承担连带清偿责任；(3)由被告湖南鼎珩智能机械有限公司在应支付给被告左某某的工程款中优先支付本判决第一项所确定的借款本息。案件受理费16,500元，财产保全费5000元，两项合计21,500元，由被告左某某、梁某某共同负担。

宣判后，梁某某、湖南鼎珩智能机械有限公司不服，向法院提出上诉。其上诉的主要事实和理由是：(1)原审判决认定上诉人梁某某提供了个人担保，并判决承担连带清偿责任错误。上诉人梁某某是上诉人湖南鼎珩智能机械有限公司的法定代表人，其在借条上的签名是履行职务行为，不是个人行为，且签署的意见是同意在公司应支付的工程款中优先支付该笔借款的本息,故一审认定梁某某提供了个人担保属认定事实不清,判决梁某某承担连带清偿责任更是错误。(2)原审判决上诉人湖南鼎珩智能机械有限公司承担责任属适用法律错误。上诉人湖南鼎珩智能机械有限公司在本案中承担的是保证监督责任,按照《担保法解释》的规定,只有未尽监督义务造成资金流失的,才对流失的资金承担补充赔偿责任,而目前湖南鼎珩智能机械有限公司没有使该工程款流失,故不应承担责任。请求二审法院依法予以改判。

【案件争点】

上诉人梁某某、湖南鼎珩智能机械有限公司对本案借款本息承担何种责任。

【裁判要旨】

法院认为:监督专款专用、监督资金流向等承诺不构成保证关系,但根据当事人合同约定应承担责任的依约定。公司的法定代表人在借据上签写"同意在公司应支付的工程款中优先支付该笔款项的本息"并加盖公司公章的行为,是该公司向债权人胡某某保证监督支付专款专用的行为。因此,该公司应该按照合同约定承担责任。

例案二 桂林泰源房地产有限公司与桂林市佳源混凝土有限公司买卖合同纠纷案

【法院】

广西壮族自治区桂林市中级人民法院

【案号】

(2014)桂市民二终字第36号

【当事人】

上诉人(一审被告):桂林泰源房地产有限公司

法定代表人:周某,该公司董事长

被上诉人(一审原告):桂林市佳源混凝土有限公司

法定代表人:李某某,该公司董事长

一审被告:湖南省鸿腾建设工程有限公司

法定代表人:阳某某,该公司董事长

一审被告:杨某某

一审被告：秦某某

【基本案情】

桂林国际旅游商品批发城项目C、D座工程项目是被告桂林泰源房地产有限公司（以下简称泰源公司）开发，被告湖南省鸿腾建设工程有限公司（以下简称鸿腾公司）承建，被告杨某某、秦某某为该工程项目的实际施工人。2008年10月10日，原告桂林市佳源混凝土有限公司（以下简称佳源公司）与被告鸿腾公司的签约代表杨某某签署《商品混凝土购销合同》，约定了由原告向被告承建施工的国际旅游商品批发城C、D座工程项目提供混凝土，每次要货，被告需提前以订货单书面通知原告，供货量按原告提供的发货单数量计，经被告方签收的发货单作为供应量结算依据，付款从基础垫至二层梁板后一个星期内付总砼款的80%货款，余下20%货款待主体封顶后2个月付清，从二层柱以上砼款按每打完一层楼面板就付80%货款，余下20%货款待主体封顶后2个月付清。如被告不能按时向原告支付混凝土货款，则被告按所欠货款额每月支付2%的违约金等内容。合同签订后，原告按约定履行了向被告方提供混凝土的供货义务，被告方在施工现场的工作人员亦在原告佳源公司出具的混凝土发货单上签名确认，同时，被告杨某某及其工作人员杨某某、周某、蒋某某等亦签收了原告佳源公司出具的15份销售明细单，该15份销售明细单显示，原告向被告提供的混凝土共13,342立方米，总计货款4,104,110.59元。被告鸿腾公司承建，杨某某、秦某某实际施工的上述工程于2010年2月封顶；至2010年4月30日，被告支付原告砼款总计3,400,000元，尚有704,110.59元货款未支付。2011年5月16日，被告秦某某、杨某某以被告鸿腾公司代表的名义出具还款承诺书称，本人承建的上述工程欠佳源公司砼款525,834.89元，现正与开发商泰源公司进行项目决算。本人承诺于2011年7月30日决算完成后付清所欠砼款，如逾期则每月支付佳源公司2%的欠款违约金。同时泰源公司征得欠款人同意后专款专用，直接从决算款中将上述欠款支付给佳源公司。2011年5月16日，泰源公司在该还款承诺书上以保证人身份加盖公章予以确认。但佳源公司对被告所称的上述欠款数额不予认可。2011年8月30日，被告泰源公司出具承诺称，2011年9月2日付佳源公司材料款15万元，余款10月付清。2011年8月、9月，被告泰源公司分三次给付原告佳源公司砼款共计35万元，现被告尚欠原告的砼款应为354,110.59元整。

一审法院认为，2011年5月16日被告泰源公司在秦某某、杨某某的还款承诺书中仅保证其在征得欠款人（鸿腾公司、秦某某、杨某某）同意后，专款专用，直接从决算款中将欠原告的款项支付给原告,但是,泰源公司在2011年8月30日又向原告承诺,原告的余款10月付清。可见,泰源公司在保证从鸿腾公司、杨某某、秦某某决算款中将欠款直接给付原告的基础上再次承诺,鸿腾公司、秦某某、杨某某欠原告的余款其公司承诺在10月付清。因此,该院对原告关于泰源公司对鸿腾公司、秦某某、杨某某欠其货款中的175,834.59元承担连带责任的诉请予以支持。依法判决:(1)被告鸿腾公司、秦某某、杨某某给付原告佳源公司砼款人民币354,110.59元。(2)被告鸿腾公司及被告秦某某、杨某某给付原告佳源公司违约金人民币154,397元(此违约金计至原告提起诉讼时的2013年1月)。(3)被告泰源公司对被告鸿腾公司及被告秦某某、杨某某给付原告佳源公司的354,110.59元砼款中的175,834.59元负连带清偿责任。(4)驳回原告佳源公司的其他诉讼请求。本案受理费9885元、本案诉讼保全费4020元(原告已预交)全部由被告鸿腾公司及被告秦某某、杨某某负担。

上诉人泰源公司不服一审判决,上诉称:(1)上诉人与被上诉人没有合同关系,只和欠款人一审被告存在承揽关系,上诉人出具的承诺书只能证明一审被告和上诉人存在委托关系,一审被告委托上诉人从工程结算余款中支付给被上诉人,若没有工程余款,上诉人就没有支付款项的义务。(2)根据《担保法解释》第22条的规定:第三方单方以书面形式向债权人出具担保书,债权人接受且未提出异议的,保证合同成立。上诉人出具的两份承诺书债权人既未表示同意又对承诺书中欠款金额提出异议,因此,双方保证合同不成立,上诉人不应承担连带清偿责任。一审判决上诉人承担连带清偿责任证据不足。(3)本案被上诉人主张上诉人承担的是担保责任,应适用《担保法》和《担保法解释》,而一审判决适用《合同法》和《民法通则》,根据特别法优于一般法的原则,一审判决属于适用法律错误。

【案件争点】

上诉人是否应对一审被告所欠被上诉人款项中的175,834.59元承担连带清偿责任。

【裁判要旨】

法院认为:监督专款专用、监督资金流向等承诺不构成保证关系,但根据当事人合同约定应承担责任的依约定。公司法人以保证人的名义签字盖章,承诺书只注明:"公司在征得欠款人同意后,专款专用,直接从决算款中将上述欠款支付给被保证人。"此注明部分属于保证责任约定不明。但当事人又约定承担保证责任的,依合同约定。

例案三 | 何某某与封某某、冯某某民间借贷纠纷案

【法院】

衡阳市蒸湘区人民法院

【案号】

(2009)衡蒸民二初字第 159 号

【当事人】

原告:何某某

被告:封某某

被告:冯某某

【基本案情】

被告封某某在承包衡阳客车厂第 5、6 栋经济适用房过程中,拖欠原告钢材款 230,000 元,被告冯某某与封某某于 2009 年 5 月 4 日向原告出具协议 1 份。被告冯某某保证该欠款在封某某的工程款中支付给原告。此后,被告冯某某未按该保证执行。请求法院判令被告封某某偿还欠款 230,000 元,支付欠款利息,并承担本案诉讼费,被告冯某某承担保证赔偿责任。

经查明,衡阳市珠晖区建设工程公司承建的衡阳客车厂经济适用房第 5、6 栋,由被告冯某某分包,被告封某某实际施工。被告封某某在施工中向原告借款 230,000 元购买建筑材料,经原告多次催收未予返还。2009 年 5 月 4 日,被告冯某某、封某某向原告出具还款协议 1 份,该协议载明:今封老板欠何某某现金 230,000 元,经双方协商,封老板以现施工的客车厂经济适用房工程款抵扣,由我(冯某某)保证从工程款中逐步扣除。此后,被告冯某某未依保证协议约定扣付被告封某某的工程款,仍分别于 2009 年 6 月 2 日、2009 年 6 月 22 日向被告封某某支付工程款 140,000 元和 110,000 元,共计 250,000 元。

【案件争点】

冯某某未履行监督专款专用的义务,是否要承担责任,以及承担何种责任。

【裁判要旨】

法院认为:第三人向债权人保证监督支付专款专用的,在履行了监督支付专款专用的义务后,不再承担责任。未尽监督义务造成资金流失的,应当对流失的资金承担补充赔偿责任。

三、裁判规则提要

根据《担保法》第 6 条的规定:“本法所称保证,是指保证人和债权人约定,当债务人不履行债务时,保证人按照约定履行债务或者承担责任的行为。”它涉及保证人、债权人与债务人三方当事人。涉及三种不同的法律关系:(1)债权人与主债务人之间的合同,常称为基础合同;(2)主债务人与保证人订立的委托合同,即当债权人要求债务人提供保证时,债务人就委托适当的保证人向债权人提供保证;(3)保证人与债权人之间订立的合同,这就是保证合同,“保证人与债权人应当以书面形式订立保证合同”。而监督专款专用、监督资金流向等承诺虽然一般也涉及监督人(代理人)、委托监督人(被代理人)和被监督人三方当事人,但是监督专款专用的实质,是代理人对被代理人履行特定义务的承诺。委托代理是基于被代理人的委托授权而发生的代理关系,而非保证关系。因此,监督专款专用、监督资金流向等承诺不构成保证关系,当事人应当按照合同约定承担违约责任。

从委托代理关系上而言,代理人应该履行如下的义务:(1)应遵循民法关于一般代理制度规定的原则。委托代理人承担的义务一般有:诚信、忠实、勤勉地履行代理职责。代理人应该为被代理人的利益,按被代理人的要求,在授权范围内积极、认真、有效地进行代理行为。(2)将代理行为产生的权利和收益及时转移给被代理人。(3)向被代理人申报账目及所掌握的对方当事人的情况以及代理合同承诺的其他义务。代理人违反约定,将要承担基于代理关系所产生的违约责任,而非保证责任。也只有正确的认定法律关系才能达到良好的社会效果。

三方当事人责任的分配正是三方立场平衡的结果。对于被代理人、代理人、被监督人,他们在法律上应享有何种权利并应履行哪些义务、未履行应尽义务应承担什么责任等,首先取决于代理人与被代理人的代理合同。只有在代理合同本身并没有对代理人因代理而应享有的权利、应承担的义务及未履行应尽义务应承担的责任作出明确约定的情况下,才适用有关法律的规定。因此,在建立监督专款专用的代理合同时,可以对代理人承担责任的范围作出约定。以避免监督专款专用责任含糊给当事人带来侥幸心理或由于代理关系产生道德风险。

四、辅助信息

高频词条：

《担保法》

第 6 条 本法所称保证，是指保证人和债权人约定，当债务人不履行债务时，保证人按照约定履行债务或者承担责任的行为。

第 13 条 保证人与债权人应当以书面形式订立保证合同。

第 15 条 保证合同应当包括以下内容：

（一）被保证的主债权种类、数额；

（二）债务人履行债务的期限；

（三）保证的方式；

（四）保证担保的范围；

（五）保证的期间；

（六）双方认为需要约定的其他事项。

保证合同不完全具备前款规定内容的，可以补正。

第 16 条 保证的方式有：

（一）一般保证；

（二）连带责任保证。

第 18 条 当事人在保证合同中约定保证人与债务人对债务承担连带责任的，为连带责任保证。

连带责任保证的债务人在主合同规定的债务履行期届满没有履行债务的，债权人可以要求债务人履行债务，也可以要求保证人在其保证范围内承担保证责任。

第 21 条 保证担保的范围包括主债权及利息、违约金、损害赔偿金和实现债权的费用。保证合同另有约定的，按照约定。

当事人对保证担保的范围没有约定或者约定不明确的，保证人应当对全部债务承担责任。

第 23 条 保证期间，债权人许可债务人转让债务的，应当取得保证人书面同意，保证人对未经其同意转让的债务，不再承担保证责任。

第 24 条 债权人与债务人协议变更主合同的，应当取得保证人书面同意，未经保证人书面同意的，保证人不再承担保证责任。保证合同另有约定的，按照约定。

《担保法解释》

第22条 第三人单方以书面形式向债权人出具担保书,债权人接受且未提出异议的,保证合同成立。

主合同中虽然没有保证条款,但是,保证人在主合同上以保证人的身份签字或者盖章的,保证合同成立。

第26条 第三人向债权人保证监督支付专款专用的,在履行了监督支付专款专用的义务后,不再承担责任。未尽监督义务造成资金流失的,应当对流失的资金承担补充赔偿责任。

担保纠纷案件裁判规则第 16 条：
对外担保未经批准的，没有法律效力，但未登记的，不影响合同效力

〔**规则描述**〕：对外担保的批准和登记都是管理性规范，但批准是影响担保合同效力的管理性规范，而登记仅仅具有规范管理的意义，不具有合同效力上的影响。

一、类案检索大数据报告

时间：2019 年 5 月 10 日之前，案例来源：Alpha 案例库，案件数量：34 件，数据采集时间：2019 年 5 月 10 日，本次检索获取了 2019 年 5 月 11 日前共 34 篇合同纠纷裁判文书。其中认同对外担保未经批准的没有法律效力而未登记的不影响合同效力的案件 18 件，不认同的案件 13 件，不相关案件 3 件。整体情况如下：

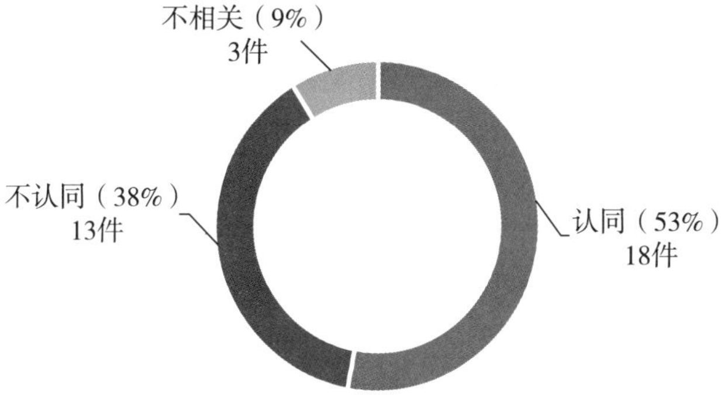

图 16－1　是否认同对外担保未经批准的没有法律效力而未登记的不影响合同效力

如图 16－1 所示，从法院是认同对外担保经批准的没有法律效力而未登记的不影响合同效力的角度来看，法院不认同的案件占 38%，认同的案件占 53%，不相关案件占 9%。

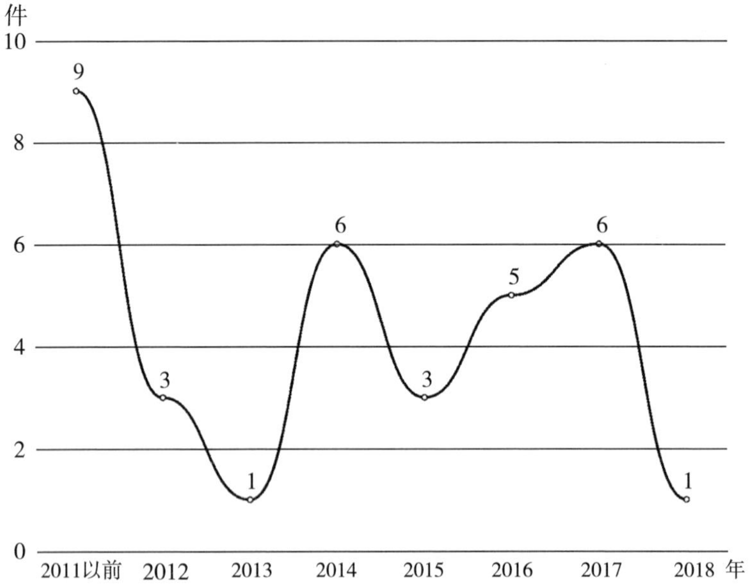

图 16－2　案件年份分布情况

如图 16－2 所示,从上方的年份分布可以看到当前条件下合同纠纷案例数量的变化趋势。

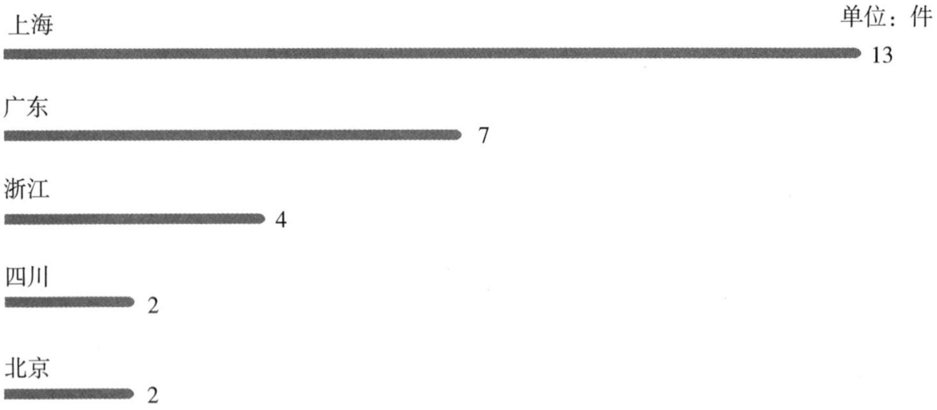

图 16－3　案件主要地域分布情况

如图 16－3 所示,从地域分布来看,当前合同纠纷案例主要集中在上海市、广东省、浙江省,分别占比约 38.24%、20.59%、11.76%。其中上海市的案件量最多,达到 13 件。

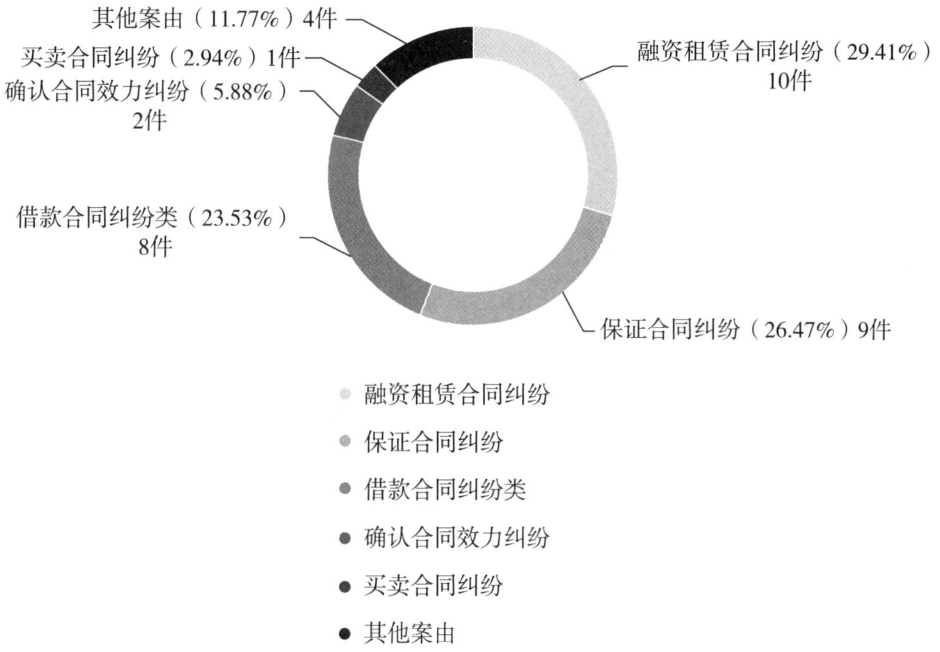

图 16－4　案件案由分类情况

如图 16－4 所示，从上面的案由分类情况可以看到合同纠纷当前的案由分布，融资租赁合同纠纷、保证合同纠纷、借款合同纠纷是最为主要的三个，其次是其他案由和确认合同效力纠纷。

二、可供参考的例案

例案一　中国银行新加坡分行与广州滨江大厦有限公司、朱某某、吴某某、广州国际信托房地产开发公司、思豪地产有限公司借款合同纠纷案

【法院】

广东省广州市中级人民法院

【案号】

(2006)穗中法民四初字第 90 号

【当事人】

原告：中国银行新加坡分行

法定代表人：朱某，总经理

被告:广州滨江大厦有限公司

法定代表人:关某某,董事长

被告:朱某某

被告:吴某某

被告:广州国际信托房地产开发公司

法定代表人:王某某,总经理

被告:思豪地产有限公司(C-HO地产发展有限公司)

【基本案情】

1995年10月10日,原告和被告广州滨江大厦有限公司(以下简称滨江公司)签订一份《贷款协议》(编号:OHC/la/1318/95)。双方在协议中约定,鉴于依据此中陈述的有关条款,银行方已提供、同意提供和/或继续提供借款方一笔限额为500万美元的抵押定期贷款;担保方已同意以银行方为受益人,为银行提供的500万美元的借款和利息以及在此协议下所有的其他费用,提供连带的、不可撤销的和无条件的个人担保;借方已经同意向银行方提供其不时要求的其他类似担保。此500万美元定期贷款将由借方用于对原1000万美元定期贷款项下所欠债务进行债务重组和/或银行允许的其他目的。利息借方应每6个月向银行方支付定期贷款或其他部分的利息,利率为开始计息日次日伦敦同业银行6个月期限的美元拆借利率加2%的年息,如果借方未在到期日向银行方支付到期的任何费用(包括本金、利息、费用、花费等),则借方还应当从债务到期未付日起按每年2%的利率支付附加利息,至完全付清日止。500万美元的定期贷款连同利息,应按银行方的要求支付给银行方,直到全部付清,所有定期贷款和利息、其他相关费用等都应在1998年9月30日或银行方同意延长的期限之前全部付清。本协议受新加坡法律约束和管辖,并应根据新加坡法律进行解释,但并不损害或限制银行方根据其他国家的法律所享有的权利和救济。协议各方同意新加坡的法院享有非专属管辖权,本条款并不限制银行方在其他有管辖权的法院向借方提起诉讼程序等。同日,被告滨江公司与原告还签署了一份《房地产抵押合同》。双方约定,鉴于双方签订的500万美元定期贷款协议之目的是对原1000万美元定期贷款项下所欠债务进行资金重组,为保障滨江公司履行还款义务,滨江公司将其所拥有的新世纪广场(原广州滨江大厦,位于广州市洪德路2~6号)一至七层裙楼之房产权及其相应的土地使用权抵押给原告,抵押担保金额为贷款协议规定借款人应付之全部欠款、计之利息和费用及本合同规定的抵押人应付之款项。该合同之订立、解释及因本合同而引起之任何诉讼，均适用法律。在履行本合同中发生争议时，应协商解决，协商不能解决时，任何一方可向广州市人民法院提起诉讼。该合同约定抵押的房产于1995年10月20日在广州市国土房管局以穗押备字第2949号《抵押备案证明》办理了抵押登记备案。

2000年12月6日，原告和被告滨江公司签订了一份《补充协议》作为上述《贷款协议》的补充。双方在《补充协议》中约定：根据1995年10月10日双方签订的《贷款协议》，银行方提供500万美元定期借款给被告滨江公司，滨江公司已拖欠在定期贷款和贷款协议之下的或有关的应还未还的款项，在滨江公司的要求下，银行方同意调整偿还本金余额和应支付给银行方的定期贷款产生的所有利息及银行收费，对未偿还的定期贷款余额，连同其全部利息和其他的收费，滨江公司应在2002年11月4日前向原告偿还。《补充协议》受新加坡法律管辖并在各个方面根据新加坡法律进行解释，但不损害或限制银行方根据其他国家的法律获得的任何权利或救济。借方特此不可撤销地同意新加坡法院有非专属管辖权。

同日，原告与被告滨江公司又签订一份《房地产抵押合同》。双方约定：为确保被告滨江公司清偿债务，被告滨江公司将其拥有的广州市洪德路2～6号新世纪商贸中心（原广州滨江大厦）首层至七层建筑面积为9032.4224平方米裙楼之房产权及其相应的土地使用权抵押给原告，抵押贷款金额为3,591,371.53美元本金，以及利息、罚息和其他费用。所有欠款须于2002年11月4日或之前一次性偿付，欠款利率仍按原定的Libor+2% P.a再加2%的罚息率计算，本合同之订立、解释及因本合同而引起之任何诉讼，均适用法律。在履行本合同中发生争议时，任何一方可向人民法院提起诉讼。对以上约定抵押房产双方在广州市国土资源和房产管理局办理了抵押登记，原告取得了穗房他证字第080719号、第080720号、第080721号、第080722号、第080723号、第080724号、第080725号、第080726号、第080727号、第080728号、第080729号、第080730号、第080731号、第080732号、第080733号、第080734号《房屋他项权证》。

对于本案争议的合同项下500万美元外债登记手续办理情况的事实。原告举证一份《外债签约情况表》，以此证明双方办理了外债登记手续。该外债登记系1992年6月18日滨江公司与原告签约举债1000万美元在国家外汇管理局广州分局办理的外债登记，债务新编号9208190205101。1995年12月20日，国家外汇管理局广州分局在该登记表下方盖章批注“1995年10月10日债务重组至1998年9月30日止，重组金额为500万美元，债务登记维持不变”。被告滨江公司同样举证了《外债签约情况登记表》并确认其真实性,但认为该登记表证明1992年的贷款协议下外债登记没有变化,只是在还款期限上被批准延期。并进一步举证一份《国家外汇管理局广州分局开立外债专用账户通知书》证明滨江公司1992年贷款协议下的外债账户得到保留延期,本案1995年贷款协议签订后并没有取得新的外债登记编号并开立新的外债账户。该份编号为穗汇管债户字(1996)003号的通知书记载,国家外汇管理局广州分局批准同意保留9208190205101债务登记编号下的原账户。

对于信托公司、思豪公司提供担保的事实。原告提交的合同书证明以下事实:1995年10月10日,被告信托公司、被告思豪公司共同与原告签订一份《从担保协议》,约定对于前述被告滨江公司未向原告偿还的应付款余额(包括本金、利息或其他),作为滨江公司合资方的被告信托公司和思豪公司同意承担连带偿还的保证责任;本《从担保协议》不应影响贷款方现在或随时从合资方或者任何其他人获得或与定期贷款有关的任何其他抵押或担保协议或者被其影响;贷方的权利不应受下列情形的影响:任何时候贷方给予滨江公司的时间宽限、同意或弃权,《从担保协议》下任何条款的修订或贷款协议或其他担保、保证、赔偿条款的修订;《从担保协议》受新加坡法律的管辖并应根据新加坡法律进行解释,但并不损害或限制贷方根据其他国家的法律所享有的其他权利和救济,签约方同意接受新加坡法院的非专属管辖权。信托公司提供对外担保未经国家外汇管理部门审批登记,原告也未提供证据证明在债务履行期限届满后向信托公司主张过权利。

对于被告朱某某、被告吴某某提供担保的事实,原告提交了书证证明以下事实:1995年11月3日,被告朱某某、被告吴某某共同向原告出具《担保函》,承诺对于被告滨江公司向原告的借款、利息及各项支出承担连带保证责任。本担保书受新加坡法律的管辖并应根据新加坡法律进行解释,但并不损害或限制贷方根据其他国家的法律所享有的其他权利和救济,同意接受新加坡法院的非专属管辖权。

【案件争点】

滨江公司对原告的债务提供担保系对外担保是否有效。

【裁判要旨】

法院认为:对外担保未经批准的,没有法律效力。本案中对外担保行为应优先适用我国外汇管制法律规范的强制性规定,信托公司的对外担保未经国家外汇管理部门批准,故应认定无效。

例案二 | 浙江某某龙某某有限公司与傲某某电子科技公司保证合同纠纷案

【法院】

浙江省湖州市中级人民法院

【案号】

(2009)浙湖商外初字第1号

【当事人】

原告：浙江某某龙某某股份有限公司

法定代表人：戚某某

被告：傲某某电子科技(某某)有限公司

法定代表人：YIB 某某

【基本案情】

2007年8月21日，安吉县强某钢塑家具有限公司(后变更为强某某公司)与美国AVL公某、傲特威某某签订了一份摇椅销售合同，合同约定，由强某某公司生产音响摇椅或其他椅子销售给美国AVL公某，美国AVL公某自行在美国市场销售，强某某公司根据美国AVL公某的需求订单发货。在货款结算方式中约定，美国AVL公某必须把每笔销售款全部缴存到美国的Alhambra市的保富某某(账号为：002－631－180)，美国AVL公某应在收到其买方的货款后及时(不超过7天)将所有货款支付给强某某公司。该合同还约定，如美国AVL公某不能在本合同规定的期限内付清强某某公司的所有货款，其所欠货款由美国AVL公某的保证人傲特威某某全额支付，保证人承担连带责任保证。保证人应保证美国AVL公某在出货之日后七天内将货款付给强某某公司，否则保证人应在美国AVL公某出货之日后一年半内承担法律责任。同时该合同约定，三方因履行合同发生的争议，由强某某公司所在地人民法院管辖，并适用中国法律。

合同签订后，2008年9～10月，强某某公司根据美国AVL公某的要货订单和指令，先后16次将各种规格的摇椅29,916个发给美国AVL的买主美国客户AMERICANSIGNATURE(以下简称ASI公某)，共计货款595,976美元。2008年11月24日，ASI公某已将595,976美元货款全部支付给美国AVL公某，美国AVL公某的法定代表人YIB某某向ASI公某确认已收到该货款，并由ASI公某转发给强某某公司。因美国AVL公某以强某某公司侵犯其专利和设计等为由拒绝付款，傲特威某某作为美国 AVL 公某的保证人也未承担相应的保证责任,纠纷成讼。

另查明,2007 年 12 月 21 日,经浙江省工商行政管理局核准,安吉县强某钢塑家具有限公司变更为现浙江某某龙某某股份有限公司。2004 年 7 月 8 日,经深圳市工商行政管理局核准,傲某某电子科技(某某)有限公司成立,该公某为外商独资企业。

第一,强某某公司与美国 AVL 公某、傲特威某某三方签订的《摇椅销售合同》,是三方当事人的真实意思表示,且已约定如在履行合同过程发生争议,由强某某公司所在地法院管辖,并适用中国法律。

第二,傲特威某某抗辩认为,本案保证合同属于涉外担保性质,未报经国家外汇管理部门批准,根据《担保法》的有关规定,本案保证合同无效。

第三,强某某公司与美国 AVL 公某、傲特威某某之间的买卖和保证合同关系事实清楚,有销售合同、订单、报关单、提单、销售发票等证据予以证实,对相关电子邮件的取证方式进行了公证,对域外形成的证据已办理了相应的公证及认证手续。

【案件争点】

强某某公司与傲特威某某之间是否存在保证合同关系,傲特威某某是否应当承担保证责任,以及本案保证合同是否有效。

【裁判要旨】

法院认为:对外担保未经批准的,没有法律效力,但未登记的,不影响效力。根据最高人民法院《担保法解释》第 6 条规定的确认对外担保合同无效的五种情形当中,吸收了中国人民银行、国家外汇管理局部门规章的内容,也未将外商独资企业对外担保未经批准列入无效情形之中,对外担保是否须经国家有关主管部门批准或登记,具体应参照国家有关主管部门的规定,对境外机构向国内债权人提供担保的公司,根据中国人民银行和国家外汇管理局有关规章规定,不属于国家有关主管部门规定需报批的情形。据此,担保合同应确认有效。

例案三 大新银行有限公司诉香港明珂彩印包装有限公司、上海万江印务科技有限公司、上海明珂彩印包装有限公司、侯某某、张某某融资租赁合同纠纷案

【法院】

上海市浦东新区人民法院

【案号】

(2014)浦民六(商)初字第S402号

【当事人】

原告:大新银行有限公司

法定代表人:王某某

被告:香港明珂彩印包装有限公司

法定代表人:侯某某

被告:上海万江印务科技有限公司

法定代表人:侯某某

被告:上海明珂彩印包装有限公司

法定代表人:侯某某

被告:侯某某

被告:张某某

【基本案情】

2013年5月20日,被告香港明珂彩印包装有限公司向原告发出《租赁建议表格》,提出进行融资租赁交易的要约;原告根据被告香港明珂彩印包装有限公司的要求向被告香港明珂彩印包装有限公司指定的设备供应商香港新亚菲印刷机械有限公司(英文名:HKNEWAFAPRINTINGMACHINERY Ltd.)购买了机器设备(一台全新小森丽色龙胶印机,机器型号为GL-440,机身编号为2211),向设备供应商支付了购机款项,并取得了设备供应商开具的《发票》;至此,原告已依法取得机器设备的所有权。同日,被告香港明珂彩印包装有限公司(作为《租赁合同》的承租人)与原告(作为《租赁合同》的出租人)签订了《租赁合同》(编号为LS××××××××),就彼此间的权利义务作了详细约定,主要包括:(1)《租赁合同附表》约定:出租人已购买了承租人指定的机器并同意将其出租给承租人并置于被告上海明珂彩印包装有限公司处(上海市宝山区顾陈路×××弄×××号)(机器设备现被搬迁至上海万江印务科技有限公司位于上海市浦东新区园迪路×××号生产场地内使用)。(2)《租赁合同附表》约定:承租人应向出租人支付租金共计6,853,104港元,租赁期限为48个月,每个月为一期,每期租金142,773港元;签订合同时支付前期租金142,773港元,剩余47期租金于每月的20日支付。(3)《租赁合同附表》约定:承租人如不能按期支付租金,按月息3%支付逾期利息。(4)《租赁合同条款》第4.01条约定:设备现为及将继续为出租人之唯一及独有之财产。承租人将只以受寄人身份按本合同持有设备,承租人不可作出或准许任何事情发生使承租人可据之被称为设备之拥有人,出租人为此而作出之任何默示同意兹均予明确排除。(5)《租赁合同条款》第5.01条约定:承租人须按照附表以每月租金形式于租赁期限内准时支付予出租人租赁设备之总租金。(6)《租赁合同条款》第5.05条规定:承租人须在出租人不时要求下,对任何到期日应付未付之租金或按本合同应付之其他款项(包括按本合同要求下应即时支付之款项)支付利息,利率以附表之过期利率或者其他不时所定之利率计算及每月复利计算。(7)《租赁合同条款》第8.01(a)条规定:如果承租人未能全数支付任何租金或本合同下应缴付之其他款项,或未能遵守本合同下之其他条文,出租人有权即时终止本租赁合同。(8)《租赁合同条款》第8.02条规定:在由于承租人的上述行为而导致本合同终止时,承租人须支付出租人到本合同终止日止的任何未缴付的租金数额连同该款项所累算之利息,以及出租人为取回、储存或投保设备及/或替设备进行良好及耐用状况之维修时所付出的费用。(9)《租赁合同条款》第9.01条规定:在租赁期限届满时或按照本合同任何其他条文下提早终止租赁设备,承租人须即时自费送付设备予出租人指定之地址。

同日,原告与被告香港明珂彩印包装有限公司签署《附加条款》就机器设备的选择购买权作出约定。双方约定,在被告香港明珂彩印包装有限公司未违反《租赁合同》中任何条款的情况下,倘若欲取得该等设备的所有权,应在偿还所有租金及利息和费用的情况下,再支付认购款700港元。同日,被告香港明珂彩印包装有限公司在《租赁合同附表》中签署了《交付及接受确认书》,确认已收到上述租赁设备,并在检查设备后确认设备一切正常,符合其要求设备之用途,并确认请求原告就该设备付款。

同日,被告上海万江印务科技有限公司、上海明珂彩印包装有限公司作为机器设备实际使用人先后分别与被告香港明珂彩印包装有限公司签署了《确认书》。《确认书》第乙条约定:承租人同意使用人占有和控制设备;《确认书》第1条约定:出租人为设备唯一之法定和实益所有人,使用人仅对设备拥有占有权和控制权;《确认书》第5条约定:在没有取得出租人事先书面同意的情况下,设备之任何部分,均不可迁离设备地点;《确认书》第10条约定:承租人悔约时,出租人应当有权重新占有设备和迁移设备;《确认书》第13条约定:使用人应就出租人因承租人违反租赁合同任何条款而引致的一切损失、费用及开支,承担共同及个别连带赔偿责任。

另外,被告上海万江印务科技有限公司、上海明珂彩印包装有限公司、侯某某、张某某为被告香港明珂彩印包装有限公司的融资租赁行为向原告出具了《担保及弥偿书》,承诺为被告香港明珂彩印包装有限公司在LS××××××××号《租赁合同》项下的租赁行为承担连带担保责任。至此,被告与原告关于LS××××××××号融资租赁协议的交易顺利达成。

协议生效后,原告已切实履行了融资租赁合同项下的全部义务。被告香港明珂彩印包装有限公司也已自行支付了租赁协议项下6期租金。但是,自第7期开始,被告香港明珂彩印包装有限公司即拒绝支付租金;被告香港明珂彩印包装有限公司、上海万江印务科技有限公司、上海明珂彩印包装有限公司无意交还设备;被告上海万江印务科技有限公司、上海明珂彩印包装有限公司、侯某某、张某某亦均拒绝履行连带担保之责任。

【案件争点】

关于原告分别与被告上海万江印务科技有限公司、上海明珂彩印包装有限公司、侯某某、张某某签订的《担保及弥偿书》的法律效力问题,因该担保属于《管理办法》第2条规定的对外担保范围,未经登记,担保合同是否有效。

【裁判要旨】

法院认为:对外担保需要进行登记。未登记的,根据最高人民法院《担保法解释》第6条第1项明确规定"未经国家有关主管部门批准或者登记对外担保的,对外担保合同无效"和《涉外民事关系法律适用法》第4条规定"中华人民共和国法律对涉外民事关系有强制性规定的,直接适用该强制性规定",对外担保合同无效。

三、裁判规则提要

对外担保的审批权限在于国家各级外汇管理部门,就其性质而言,审批属于国家机关依法行使的行政许可,审批与否直接影响到对外担保的效力,为此,《管理办法》第12条明确要求"经外汇局批准后,担保人方能提供对外担保",第17条第1款明确规定"担保人未经批准擅自出具对外担保,其对外出具的担保合同无效"。

对外担保的登记也在国家各级外汇管理部门,但登记的性质属于管理性质,不具有行政许可内容,因此,登记与否不影响对外担保合同的效力,因此,《管理办法》中虽明确规定"担保人未经批准擅自出具对外担保,其对外出具的担保合同无效。"但对于未办理登记的对外担保仅规定"根据情节,给予警告、通报批评、暂停或者撤销担保人对外担保业务"。

司法实务中,对于未经批准的对外担保合同,法院或仲裁机关应当依据《担保法解释》第6条和《管理办法》第17条,裁判无效;而对于已经外汇局批准但未办理对外担保登记手续的,应当参照《管理办法》第12条、第17条的规定,裁判对外担保合同有效;至于对担保人“给予警告、通报批评、暂停或者撤销担保人对外担保业务”,则应当向外汇局提出司法建议,由外汇局进行处理,法院不能直接予以处理。《担保法解释》第6条对批准和登记在对外担保合同效力上的不同影响未予区分,将登记也作为对外担保合同的效力要件,显与《管理办法》不符,亦不合于《合同法》第44条的规定,属于解释瑕疵,司法实务不应受此影响。

四、辅助信息

高频词条:

《担保法》

第33条 本法所称抵押,是指债务人或者第三人不转移对本法第三十四条所列财产的占有,将该财产作为债权的担保。债务人不履行债务时,债权人有权依照本法规定以该财产折价或者以拍卖、变卖该财产的价款优先受偿。

前款规定的债务人或者第三人为抵押人,债权人为抵押权人,提供担保的财产为抵押物。

第34条 下列财产可以抵押:

(一)抵押人所有的房屋和其他地上定着物;

(二)抵押人所有的机器、交通运输工具和其他财产;

(三)抵押人依法有权处分的国有的土地使用权、房屋和其他地上定着物;

(四)抵押人依法有权处分的国有的机器、交通运输工具和其他财产;

(五)抵押人依法承包并经发包方同意抵押的荒山、荒沟、荒丘、荒滩等荒地的土地使用权;

(六)依法可以抵押的其他财产。

抵押人可以将前款所列财产一并抵押。

《担保法解释》

第6条 有下列情形之一的,对外担保合同无效:

(一)未经国家有关主管部门批准或者登记对外担保的;

(二)未经国家有关主管部门批准或者登记,为境外机构向境内债权人提供担保的;

（三）为外商投资企业注册资本、外商投资企业中的外方投资部分的对外债务提供担保的；

（四）无权经营外汇担保业务的金融机构、无外汇收入的非金融性质的企业法人提供外汇担保的；

（五）主合同变更或者债权人将对外担保合同项下的权利转让，未经担保人同意和国家有关主管部门批准的，担保人不再承担担保责任。但法律、法规另有规定的除外。

第 7 条 主合同有效而担保合同无效，债权人无过错的，担保人与债务人对主合同债权人的经济损失，承担连带赔偿责任；债权人、担保人有过错的，担保人承担民事责任的部分，不应超过债务人不能清偿部分的二分之一。

第 60 条 以担保法第四十二条第（二）项规定的不动产抵押的，县级以上地方人民政府对登记部门未作规定，当事人在土地管理部门或者房产管理部门办理了抵押物登记手续，人民法院可以确认其登记的效力。

《涉外民事关系法律适用法》

第 4 条 中华人民共和国法律对涉外民事关系有强制性规定的，直接适用该强制性规定。

《融资租赁合同解释》

第 22 条 出租人依照本解释第十二条的规定请求解除融资租赁合同，同时请求收回租赁物并赔偿损失的，人民法院应予支持。

前款规定的损失赔偿范围为承租人全部未付租金及其他费用与收回租赁物价值的差额。合同约定租赁期间届满后租赁物归出租人所有的，损失赔偿范围还应包括融资租赁合同到期后租赁物的残值。

担保纠纷案件裁判规则第 17 条:

保证保险适用保险法,不因保证期间等专属于担保法的强制性规定而影响其效力

〔**规则描述**〕:保证保险是保险人开办的一个险种,由保险人向投保人收取保费,并向投保人承诺,当投保人不能履行其与被保险人签订的合同所约定的还款义务,给被保险人造成经济损失,即保险事故发生时,由保险人按照保证保险合同的约定向被保险人承担责任的一种保险方式。保证保险是经批准的特许经营业务。保证保险合同是一种双务合同,保证合同成立以保险人出具正式保单为准,保险人承担保险责任以保险事故发生为前提。一旦保险合同约定的保险事故发生,保险人就应按照合同约定承担保险责任。因此,从性质上讲,保证保险属于财产保险中的信用保险。因保证保险属于财产保险,故保证保险应当适用《保险法》,而非《担保法》。保证保险的保险人,不得以超过保证期间,或者物保优先于人保等《担保法》所特有的权利拒绝承担保险责任。

一、类案检索大数据报告

时间:2019 年 5 月 21 日之前,案例来源:Alpha 案例库,案件数量:199 件,数据采集时间:2019 年 5 月 21 日。本次检索获取 2019 年 5 月 21 日前共 199 篇裁判文书,筛选出与本规则相关的案件 12 件,其中判决保证保险适用保险法或担保法的案件分别为 6 件。整体情况如下:

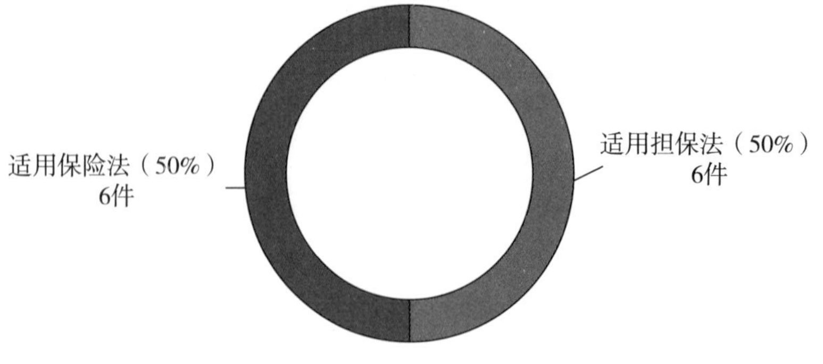

图 17-1 保证保险适用保险法还是担保法

如图 17－1 所示，认为保证保险适用保险法或者担保法的案件各占 50%。

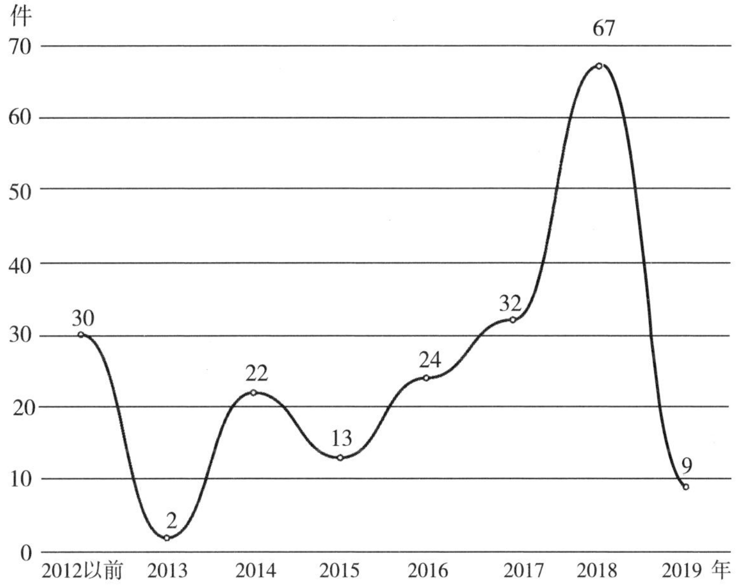

图 17－2　案件年份分布情况

如图 17－2 所示，从案件年份分布情况可以看出当前条件下案例数量的变化趋势。

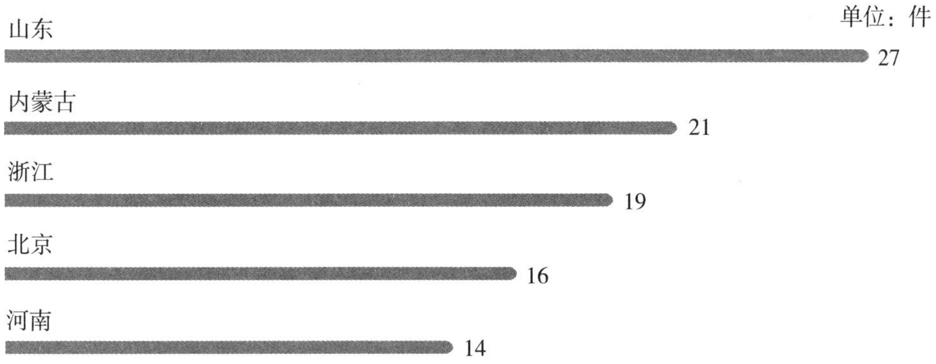

图 17－3　案件主要地域分布情况

如图 17－3 所示，从案件地域分布情况来看，当前案例主要集中在山东省、内蒙古自治区、浙江省，分别占比约 13.57%、10.55%、9.55%。其中山东省的案件量最多，达到 27 件。

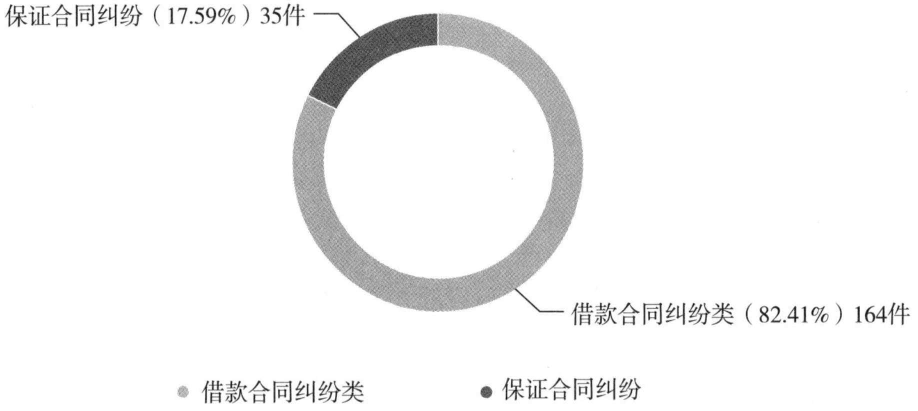

图 17-4 案件案由分类情况

如图 17-4 所示,从案件案由分类情况可以看出,当前的案由分布由多至少分别是借款合同纠纷、保证合同纠纷。

二、可供参考的例案

例案一 中国人民财产保险股份有限公司昌吉回族自治州分公司与新疆奇台农村商业银行股份有限公司、新疆奇果农业开发有限公司等金融借款合同纠纷案

【法院】

新疆维吾尔自治区昌吉回族自治州中级人民法院

【案号】

(2018)新 23 民终 435 号

【当事人】

上诉人(原审被告):中国人民财产保险股份有限公司昌吉回族自治州分公司

法定代表人:王凯,该公司总经理

被上诉人(原审原告):新疆奇台农村商业银行股份有限公司

法定代表人:张志豪,该公司董事长

原审被告:新疆奇果农业开发有限公司

法定代表人:周某,该公司董事长

原审被告:周某

原审被告：周某某

【基本案情】

被告新疆奇果农业开发有限公司（以下简称奇果农业有限公司）在2014年以奇台县奇果农业有限公司的账户名称在原告信用联社申请贷款2,000,000元，虽然还款计划时间中有错误，将计划时间写成了2104年12月21日至2106年6月21日，但在庭审过程中查明该笔贷款的使用期限实际为三年，且被告奇果农业有限公司也按照计划偿还了500,000元贷款。在被告将账户名称变更为“新疆奇果农业有限公司”后通过“四位一体”贷款政策于2016年4月8日再次在原告处贷款1,500,000元，并在贷款的同时按照“四位一体”贷款协议的要求在被告人中国人民财产保险股份有限公司昌吉回族自治州分公司（以下简称中国财保昌吉分公司）处对贷款进行投保。该笔贷款的期限为2016年4月6日至2017年4月5日，被告周某、周某某为贷款提供担保。借款期限自2016年4月6日起至2017年4月5日止；借款用途为流动资金，借款利率：月利率4.7125‰，借款人未按照约定归还借款的，贷款人有权对逾期借款本金从逾期之日起，直至本息清偿之日止，在执行借款月利率基础上上浮50%计收罚息；还款采用等额本息还款法规定的方式归还借款本息。保证担保方式：连带责任保证。保证范围：借款合同约定的借款本金、利息、罚息、复利、违约金以及诉讼费、律师费等债权人实现债权的一切费用；保证期间为：主合同约定的借款人履行期限届满之日起2年。根据“四位一体”模式合作协议第10条风险共担及赔付机制中的规定，当发生逾期贷款，且属于保险责任范围内的事故，甲方和丙方按照20%与80%的比例进行风险分担。其中甲方为昌吉州人民政府与奇台县人民政府，丙方为被告人中国财保昌吉分公司。被告人中国财保昌吉分公司的《中国人民财产保险股份有限公司中小企业贷款保证保险条款》中对于责任免除事由作了明确规定。因被告奇果农业有限公司未按照约定偿还贷款，故原告诉至新疆维吾尔自治区奇台县人民法院，请求被告奇果农业有限公司归还贷款，被告周某、周某某承担连带保证责任，被告人中国财保昌吉分公司按照80%的比例承担赔偿责任。

新疆维吾尔自治区奇台县人民法院一审认定中国财保昌吉分公司承担相应保证责任。中国财保昌吉分公司不服新疆维吾尔自治区奇台县人民法院（2017）新2325民初1408号民事判决，向新疆维吾尔自治区昌吉回族自治州中级人民法院提起上诉，请求改判上诉人不承担保证责任。

新疆维吾尔自治区昌吉回族自治州中级人民法院二审查明事实与一审法院查

明的案件事实一致,对一审法院查明的案件事实予以确认。另查明,《中国人民财产保险股份有限公司中小企业贷款保证保险条款》第3条约定,在保险期间内,投保人未能按照与被保险人签订的《借款合同》的约定履行还款义务,且投保人拖欠任何一期欠款超过保险单载明的期限的,视为保险事故发生。保险人对投保人应偿还而未偿还的贷款本金和相应利息按照本保险合同的约定承担赔偿责任。第20条约定,发生保险责任范围内的损失,保险人按以下方式计算赔偿:(1)投保人未提供抵押、质押或其他担保的,保险人的赔偿以投保人未清偿《借款合同》中的贷款本金和贷款利息的部分为计算基础;(2)投保人提供抵押、质押或其他担保的,保险人赔偿以被保险人向投保人和担保人追偿或处置抵押物、质押物后,仍不足以清偿《借款合同》中约定的贷款本金与贷款利息的部分为计算基础;(3)在依据本条第1或第2项计算的基础上,保险人在扣除保险单载明的绝对免赔率计算的免赔额后计算赔偿……

2017年2月20日,新疆奇台农村商业银行股份有限公司(以下简称奇台农商行)开业,原奇台县农村信用合作联社自行终止,其债权债务由奇台农商行承担。

【案件争点】

保证保险适用《保险法》还是《担保法》,以及投保人与被保险人未经提供保证保险的保险人同意,协商一致改变贷款用途,以新贷偿还旧贷的,保险人是否仍需承担保险责任。

【裁判要旨】

新疆维吾尔自治区昌吉回族自治州中级人民法院经审查认为,上诉人中国财保昌吉分公司认为原审被告奇果农业有限公司与被上诉人奇台农商行未经其同意,擅自变更贷款用途,不符合《"四位一体"模式合作协议》的规定,第一,上诉人与原审被告之间系保证保险合同关系,双方之间的权利义务应根据保险合同条款来确定,双方订立的保险合同条款中并未约定以新贷偿还旧贷,上诉人不承担赔偿责任;第二,《流动资金借款合同》中约定,资金的用途为流动资金,流动资金贷款是借款人用于日常生产经营周转的贷款,可以用来购买原材料、支付工资、清偿债务等。

上诉人认为原审被告奇果农业有限公司与被上诉人奇台农商行协议以新贷偿还旧贷,根据最高人民法院《担保法解释》第39条第1款"主合同当事人双方协议以新贷偿还旧贷,除保证人知道或应当知道的外,保证人不承担责任"的规定,其不承担赔偿责任。对此法院认为,本案当事人在保险合同中并未明确约定保险人承担保证责任，双方之间的法律关系应定性为保险合同关系，适用《保险法》的相关规定。上诉人要求适用《担保法》的规定于法无据，法院不予支持。

综上所述，原审被告奇果农业有限公司逾期偿还 1,500,000 元贷款，根据《中小企业贷款保证保险条款》第 3 条、第 6 条第 1 项、第 20 条的约定，上诉人中国财保昌吉分公司对投保人奇果农业有限公司应偿还而未偿还的贷款本金和相应利息按照保险合同的约定承担赔偿责任。

例案二 | 中国民生银行股份有限公司吴江支行与吴某甲、刘某某等金融借款合同纠纷案

【法院】

苏州市吴江区人民法院

【案号】

(2017)苏 0509 民初 1466 号

【当事人】

原告：中国民生银行股份有限公司吴江支行

主要负责人：汤慧，该行行长

被告：吴某甲

被告：刘某某

被告：吴某乙

被告：吴某丙

被告：苏州腾鸿消防工程有限公司

法定代表人：吴某甲，该公司总经理

被告：中国人民财产保险股份有限公司苏州市分公司

主要负责人：沈丽敏，该公司总经理

【基本案情】

2014 年 9 月 9 日，吴某甲作为受信人/借款人(甲方)，中国民生银行股份有限公司吴江支行(以下简称民生银行吴江支行)作为授信人/贷款人(乙方)，双方签订编号为 926062014024631 的《综合授信合同》一份，合同约定：吴某甲作为授信提用人可向民生银行吴江支行申请使用的最高授信额度为 240 万元。最高授信额度的有效使用期限为 24 个月，自 2014 年 9 月 9 日起至 2016 年 9 月 9 日止，授信用途

为经营周转。受信人使用授信,应当根据申请业务种类向授信人提交相应的《借款支用申请书》。合同项下每笔贷款的利率及利率调整方式由双方另行协商确定,并约定在适用的具体业务合同或具体业务申请书中,但该利率不得低于基准利率上浮20%……还款方式具体以《借款支用申请书》载明的还款方式为准。合同项下担保为保证担保、抵押担保,保证人为吴某乙、吴某丙、苏州鹏鸿消防工程有限公司(以下简称鹏鸿有限公司),抵押人为吴某甲、刘某某……刘某某亦在合同受信人/借款人栏处签字。

同日,吴某乙、吴某丙作为保证人,鹏鸿有限公司作为保证人分别与民生银行吴江支行作为担保权人签订《最高额担保合同》各一份,均约定:担保的主债权为主债务人吴某甲与民生银行吴江支行签订的前述编号为926062014024631的《综合授信合同》项下的全部债权,担保的主债权发生期间自2014年9月9日起至2016年9月9日止,担保人所担保的最高债权本金余额为240万元。吴某乙、吴某丙、鹏鸿有限公司为吴某甲在主合同项下的债务提供连带责任保证担保,保证期间为本合同生效至主合同约定的主合同债务人履行债务期限届满之日后两年。发生主合同约定的债务履行期限届满而主合同债务人未按照约定清偿债务的情形,或出现合同约定的违约事件,担保权人有权行使担保权……担保人承担的担保责任不受主合同及本合同其他担保的影响,也不因之而免除或减少,担保权人有权选择优先向任何一方主张担保权利,本合同下任何担保人均放弃任何其他担保的优先抗辩权。

同日,吴某甲作为抵押人与民生银行吴江支行作为担保权人签订《最高额担保合同》一份,约定:担保的主债权为主债务人吴某甲与民生银行吴江支行签订的前述编号为926062014024631的《综合授信合同》项下的全部债权,担保的主债权发生期间自2014年9月9日起至2016年9月9日止,担保人所担保的最高债权本金余额为240万元。吴某甲以其所有的位于苏州市某某区平望镇××××号店铺的房产(房产证号:××号)及国有土地使用权[土地证号:吴国用(20××)第××号]为其在主合同项下的债务提供最高额抵押担保。合同约定的担保范围、担保权利实现顺序等内容同前述两份《最高额担保合同》。刘某某亦在合同抵押人栏处签字。2014年9月9日、10日,民生银行吴江支行与吴某甲、刘某某就上述房产、土地使用权分别办理了抵押登记手续,他项权证分别为苏房他证吴江字第××号、吴押他项(20××)第××号,登记债权数额分别为90万元、150万元。

2015年9月6日,吴某甲在中国人民财产保险股份有限公司苏州市分公司

（以下简称人保苏州分公司）投保了个人贷款保证保险。《个人贷款保证保险单》载明，吴某甲为投保人，民生银行吴江支行为被保险人，人保苏州分公司为保险人，保证贷款合同号为9××1，保证贷款金额为50万元，保证贷款利息为0元，贷款期限及保险期限均自2015年9月12日0时起至2016年9月11日24时止，保险金额为50万元，保险费为15,000元；保单特别约定：实际贷款期限与编号为9××1综合授信合同项下的贷款支用期间一致，且每笔贷款支用到期日不得晚于保险到期日；赔款等待期为30天；被保险人应在30天赔款等待期过后的10天内向保险人递交《索赔申请书》及相关索赔资料。保险人在收到被保险人递交齐全的索赔资料后30天内按照下列方式进行赔付：赔付金额＝到期未归还贷款本金金额×投保比例。保险人在履行其赔付义务后，在赔偿范围内取得对借款人及担保人的追偿权。保险人在保单赔偿限额内按实际损失赔偿。

2015年9月6日，吴某甲向民生银行吴江支行出具借款支用申请书一份，向该行申请借款230万元用于采购电线管等，明确放款账号（吴某甲，6××7）及受托支付单位及账号，同时确认借款期间自2015年9月6日至2016年9月6日。借款支用申请书确认部分、借款借据载明，贷款金额为230万元，贷款期间自2015年9月6日至2016年9月6日，执行年利率为固定利率5.98%，还款方式均为按月还息到期还本，每月还款日为15日。民生银行吴江支行于同日即按约定向吴某甲指定的账号发放了贷款230万元。贷款发放后，吴某甲支付了截至2016年5月15日的利息，2016年6月的当期利息仅支付901.78元，此后再未付息；借款到期后未足额归还本金，于2016年9月8日归还本金55,248.6元，于2016年9月20日归还本金159.73元，于2016年9月21日归还0.12元，至此吴某甲尚欠借款本金2,244,591.55元。

由于被告未按期履行还款义务，侵害了原告合法权益，故向法院提起诉讼。

【案件争点】

保证保险的保险人是否享有物保优先于人保的抗辩权。

【裁判要旨】

苏州市吴江区人民法院经审查认为，被告吴某甲与人保苏州分公司签订的《个人贷款保证保险单》亦是双方当事人真实意思表示，不违反法律法规的强制性规定，依法成立并有效。贷款保证保险的性质属于财产保险，保险责任是保险人的主要责任，若发生了合同约定的保险事由，保险人即应承担保险责任。贷款保证保险与保证担保的法律基础不同，贷款保证保险不等同于保证担保，故本案应增加保险合同纠纷案由。保险人依据保险条款承担保险责任,依法不具有保证人对担保权利实现顺序的抗辩权。本案中被告吴某甲在借款到期后未能足额归还借款本金,即保险事故已发生,且满足了保险条款约定的赔付条件,被告人保苏州分公司应依约在本金50万元范围内承担向被保险人即本案原告的赔付义务。被告人保苏州分公司辩称的其履行赔付义务后所享有的追偿权于本案并非同一法律关系。

例案三 湖北三峡农村商业银行股份有限公司与湖北和合永安农业发展有限公司、丁某金融借款合同纠纷案

【法院】

宜昌市夷陵区人民法院

【案号】

(2019)鄂0506民初322号

【当事人】

原告:湖北三峡农村商业银行股份有限公司

法定代表人:朱杰斌,该公司董事长

被告:湖北和合永安农业发展有限公司

法定代表人:丁某,该公司总经理

被告:丁某

被告:中国人民财产保险股份有限公司宜昌市分公司

负责人:战胜昌,该公司总经理

【基本案情】

2014年4月29日,原告湖北三峡农村商业银行股份有限公司(以下简称三峡农商银行)与宜昌市夷陵区人民政府、中国人民财产保险股份有限公司宜昌市分公司(以下简称人民财保宜昌市分公司)签订《保证保险保贷义务合作协议书》,约定在2014年4月29日起至2016年12月31日止就宜昌市夷陵区中小企业在原告三峡农商银行处的借款由宜昌市夷陵区政府及人民财保宜昌市分公司提供担保,双方对业务对象范围、贷款额度、期限、利率及还款方式、风险防范资金、保险费率和保险费收取、叫停机制、贷款当事各方办理程序、放贷后操作流程并对操作制度各方职责、合作期限等进行了约定,其中对三方因贷款逾期造成的损失约定为宜昌市夷陵区政府承担20%的赔偿责任,原告方自行承担20%的损失,人民财保宜昌市

分公司承担 60% 的赔偿责任；在叫停机制中约定“当乙方（原告三峡农商银行）中小企业保证保险贷款业务逾期率超过 5% 时或丙方（被告人民财保宜昌市分公司）贷款保证保险业务赔付率达到 200% 时，立即全面停办此项业务。在年度赔付总金额超过丙方当年实收保费 200% 时，丙方不再承担赔偿责任”。

2016 年 10 月 25 日，被告湖北和合永安农业发展有限公司（以下简称和合永安有限公司）有意通过保险公司承保的方式向原告三峡农商银行借款，原告三峡农商银行（被保险人）、被告和合永安有限公司（投保人）、人民财保宜昌市分公司遂于当日签署了编号为 NO. HUBB2016050238YC 的《中国人民财产保险股份有限公司中小企业贷款保证保险承保意向书》，该意向书约定承保范围为投保人（被告和合永安有限公司）与三峡农商银行开展的中小企业贷款项目（项目编号：2016050238YC）；承保损失为投保人拖欠贷款、投保人破产；贷款金额 3,000,000 元；贷款期限一年；贷款利率 5.22%；保险费率 2.2%；免赔率 40%；特别约定发生保险事故后宜昌市夷陵区负责承担 20%，三峡农商银行承担 20%，人民财保宜昌市分公司承担 60% 赔偿责任；三方分别按比例为借款人偿还贷款本息，三方履行赔偿义务后，宜昌市夷陵区和三峡农商银行授权人民财保宜昌市分公司对贷款企业进行追偿，追偿回的资金在扣除追偿发生的费用后，按宜昌市夷陵区和三峡农商银行、人民财保宜昌市分公司三方各自承担的 20%、20%、60% 的风险比例进行分配。

2016 年 11 月 2 日，原告三峡农商银行与被告和合永安有限公司签订《流动资金借款合同》一份，约定因经营流动资金的需要，被告和合永安有限公司向原告三峡农商银行借款 300 万元人民币，借款期限为 12 个月，借款利率为年利率 5.22%，按月结息，到期还本。逾期未还款的，则在约定利率基础上上浮 50% 计收罚息。被告丁某于同日与原告三峡农商银行签订《保证合同》，对该借款合同项下的债权承担连带责任保证，保证范围包括主债权、利息（包括罚息、复利）、违约金、赔偿金、实现债权的相关费用（包括但不限于律师费、诉讼费、评估费等）。2016 年 11 月 3 日，被告人民财保宜昌市分公司签发了该笔业务的保险单。2016 年 11 月 3 日，原告三峡农商银行向被告和合永安有限公司发放了该笔借款。

借款到期后，被告和合永安有限公司未能按照借款合同的约定履行还本付息的义务。经过多次催收，被告和合永安有限公司仍未能清偿债务。2018 年 3 月 28 日，宜昌市夷陵区互保金管理中心按照三方协议约定清偿了本金 600,000 元及利息 10,974.67 元。原告三峡农商银行先后于 2018 年 2 月 22 日、2018 年 3 月 12

日、2018 年 5 月 10 日向被告人民财保宜昌市分公司发出履约代偿催收函、保证保险贷款索赔申请书、逾期贷款赔偿处理申请书，要求被告人民财保宜昌市分公司按照保单的约定承担保险责任。2018 年 5 月 22 日，被告人民财保宜昌市分公司出具关于逾期贷款赔偿处理申请书的回复称只能赔付 326,947.80 元。后经多次协商未果，被告人民财保宜昌市分公司未履行保险赔付义务。截至 2019 年 1 月 2 日，被告和合永安有限公司尚欠原告三峡农商银行借款本金 2,400,000 元、利息 202,108.17 元。

原告三峡农商银行向宜昌市夷陵区人民法院提起诉讼，请求判令被告和合永安有限公司清偿借款及利息，丁某对被告和合永安有限公司的债务承担连带清偿责任，人民财保宜昌市分公司对和合永安有限公司的债务在 60% 的范围内承担连带清偿责任。

【案件争点】

保证保险的保险人承担保证责任还是保险责任。

【裁判要旨】

宜昌市夷陵区人民法院经审查认为，从原告三峡农商银行与宜昌市夷陵区人民政府、人民财保宜昌市分公司签订的《保证保险保贷义务合作协议书》，原告三峡农商银行与被告和合永安有限公司、人民财保宜昌市分公司签订的《中国人民财产保险股份有限公司中小企业贷款保证保险承保意向书》及被告人民财保宜昌市分公司于 2016 年 11 月 3 日签发的保险单来看，被告人民财保宜昌市分公司承担的是一种保险，即保证保险。所谓保证保险，是指保险公司(保险人)经过对保险事项(保险标的)和投保申请人资格的审查，在认为符合保险条件而同意承保的情况下，向投保人收取保证保险保费，同时向投保人指定的被保险人(受益人)作出承诺，若投保人未能按照约定履行义务或责任达到一定状态，即构成保险事故发生，保险人在赔付保险损失后获取向投保人继续追偿的权利。尽管保证保险也是对投保人信用和履约情况向第三人作出的一种保障承诺，但它是将投保人违约情形的出现确定为一种保险事故，通过对保险条件的确定、对保险事故和免责范围的限制以及对保险责任承担方式的约定来实现对第三人的保障。因此，保证保险是独立于保证担保之外的另一种市场保障方式，是保险公司利用本身信用优势进行产品创新的自然结果，具有自身的独立性、科学性，不能将其简单归入债的保证担保体系。由于保证保险是经过中国保险监督管理委员会批准的特许经营业务，保证保险合同是一种双务合同，保险合同的成立以保险公司出具正式的保单为前提，保证保险责任则以保险事故的发生为充分必要条件，只要双方约定的保险事故已确定发生，保险公司就应承担保险责任，故保证保险从性质上属于财产保险合同。在本案中，因承保意向书、保险单合法有效，双方约定的保险条件已经成就且保险事故已经发生，故被告人民财保宜昌市分公司应当按照约定承担保险责任。因《保证保险保贷义务合作协议书》、《中小企业贷款保证保险承保意向书》、保险单上均载明被告人民财保宜昌市分公司应对被告和合永安有限公司不能偿还的债务在60%的范围内承担保险责任，故被告人民财保宜昌市分公司应对被告和合永安有限公司不能偿还原告三峡农商银行的债务在60%的范围内承担保险责任。被告人民财保宜昌市分公司辩称，其所承担的是保险责任不是保证责任的辩解理由成立，本院予以采信。

三、裁判规则提要

（一）要准确认识保证保险的性质——财产保险中的信用保险

保证责任和保险责任同属于法律责任理论中的约定责任，均为保证人和保险人自愿参加债务的履行而产生的法律责任。正因为保证和保险具有相同的约定责任本质，如何正确理解保证保险的性质变得更加不易。对此，司法实践中存在不同的认识，甚至最高人民法院的判决和答复也并不一致。但准确认识保证保险的性质恰恰是正确适用法律和准确界定当事人权利义务的前提。

从性质上，我国的保险可以分为人身保险、财产保险以及混合保险。有一种观点认为，财产保险的受益人往往为投保人。而保证保险的受益人是投保人之外的第三人——债权人，故保证保险不同于普通的财产保险。普通的财产保险的法律规定不能调整该险种所涉及的三方当事人之间所形成的法律关系。从其所形成的民事法律关系看，更符合保证的法律特质。

但是，目前我国的保险品种众多，财产保险还可以细分为财产损失保险、责任保险和信用保险。保险品种的多样性，决定了保险关系的多样性。在财产损失险中，受益人往往是投保人。但在其他财产保险类型中，受益人为第三人的则更为常见。例如产品责任险，该保险品种的受益人系不特定的消费者，只要消费了该产品并遭受因产品缺陷带来损失的消费者，均为受益人。产品责任险的受益人不仅是第三人，而且是潜在的，不特定的第三人，并且排除了投保人自身。

因此，虽然保证保险的受益人是第三人，与财产损失险的特性不同，但不能认为受益人是第三人的保险就不是财产保险，并草率地将保证保险排除在财产保险之外。甚至认为保证关系的受益人是第三人,故保证保险属于保证关系。

实际上,保证保险是保险人经批准开展的特许经营业务。投保人在保险法的框架下向保险人投保,一旦出现保险合同约定的保险事故,即投保人不能履行其与被保险人签订的合同所约定的还款义务,给被保险人造成经济损失,保险人就应按照保险合同约定承担保险责任。从性质上讲,保证保险属于财产保险中的信用保险。

(二)保证保险适用《保险法》,保证保险的保险人不得以超过保证期间等《担保法》下的保证人享有的权利拒绝承担保险责任

因保证保险属于财产保险中的信用保险,故在保证保险关系中,当事人之间的权利义务应按保险合同的约定确定;没有约定的,按照《保险法》的规定予以确定。《担保法》对于保证关系的规定不能套用。

根据《担保法》的规定,《担保法》下的保证人可以超过保证期间、物保优先于人保、借新还旧未经保证人同意、主合同变更未经保证人同意、债务人变更未经保证人同意等为由拒绝承担保证责任。但保证保险关系中的保险人不享有上述权利,不得以此拒绝承担保险责任。

此外,根据《保险法》的明确规定,保险人承担保险责任后,可以取得对被保险人的代位求偿权。此时,保险人不仅取得债权,而且取得债权的从属性权利,比如担保权。相比之下,《担保法》并未规定保证人享有代位求偿权,故保证人不能取得债权人享有的从权利,如抵押权、质权,其地位不如承担了保险责任的保险人。

四、辅助信息

高频词条:

无

担保纠纷案件裁判规则第 18 条：
保证人、债务人均破产时，债权人可以同时参加两个破产程序并有权以全部债权额申报债权、获得清偿

〔**规则描述**〕：根据《担保法》第 17 条第 3 款第 2 项的规定，债务人进入破产程序后，一般保证人丧失先诉抗辩权，转化为连带责任保证人。根据《企业破产法》第 52 条的规定："连带债务人数人被裁定适用本法规定的程序的，其债权人有权就全部债权分别在各破产案件中申报债权。"因此，保证人、债务人均破产时，债权人可分别在保证人及债务人的破产案件中，以其享有的债权的总额申报债权。

一、类案检索大数据报告

时间：2019 年 5 月 22 日之前，案例来源：Alpha 案例库，案件数量：33 件，数据采集时间：2019 年 5 月 22 日。本次检索获取 2019 年 5 月 22 日前共 33 篇裁判文书，直接认定保证人、债务人均破产时，债权人可以同时参加两个破产程序并有权以全部债权申报债权的案件 7 件，通过确认债权人对债务人及保证人享有全额破产债权的方式支持本裁判规则的案件 8 件，判决保证人在债务人未能清偿的范围内承担责任的案件 1 件，不相关案件 17 件。整体情况如下：

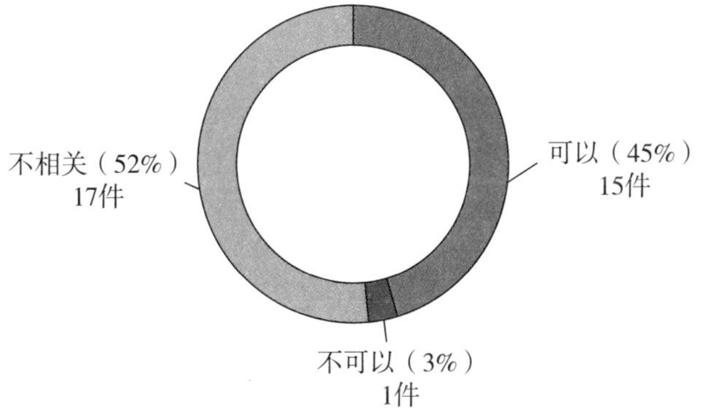

图 18－1　保证人、债务人均破产时，债权人是否可以同时参加两个破产程序并全额申报债权

如图 18－1 所示，当保证人、债务人均破产时，认为债权人可以同时参加两个

破产程序并全额申报债权的案件占45%,认为债权人不可以同时参加两个破产程序并全额申报债权的案件占3%,不相关案件占52%。

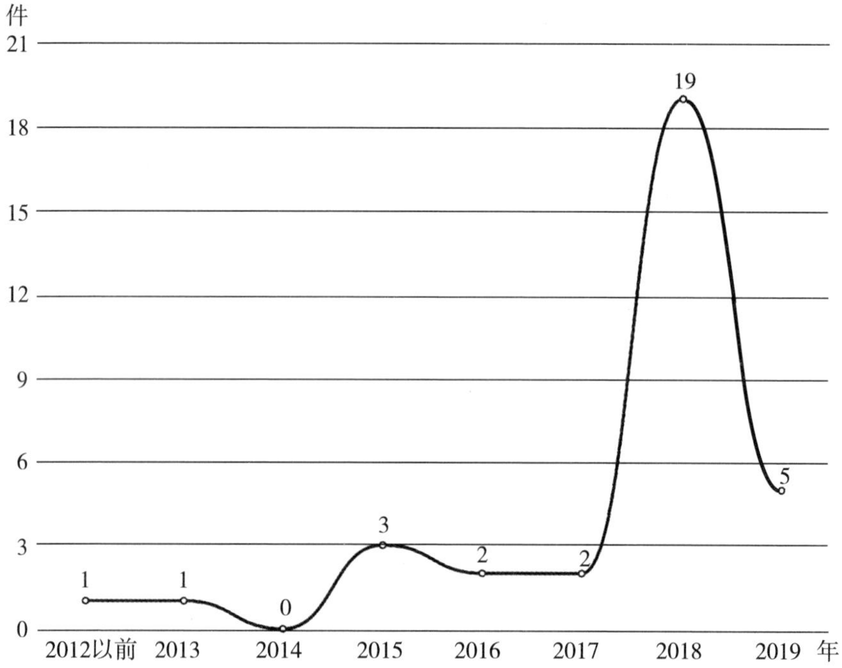

图18-2　案件年份分布情况

如图18-2所示,从案件年份分布情况可以看出当前条件下案例数量的变化趋势。

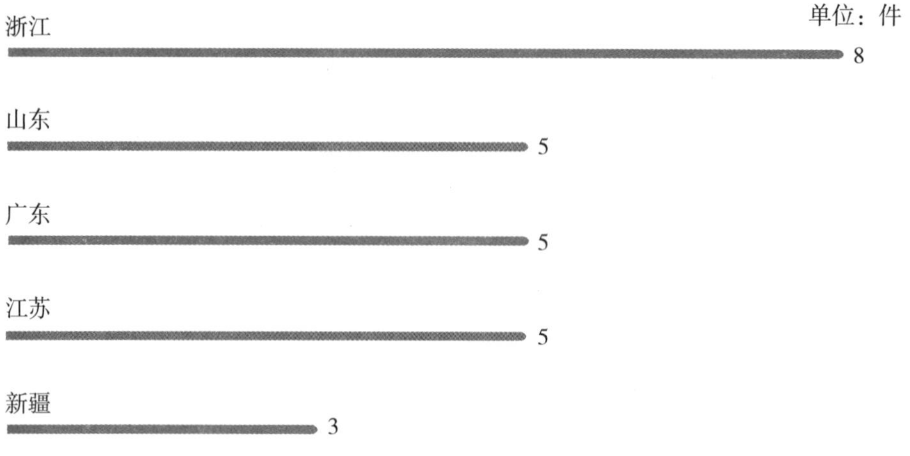

图18-3　案件主要地域分布情况

如图 18－3 所示，从案件地域分布情况来看，当前案例主要集中在浙江省、山东省、广东省，分别占比约 24.24%、15.15%、15.15%。其中浙江省的案件量最多，达到 8 件。

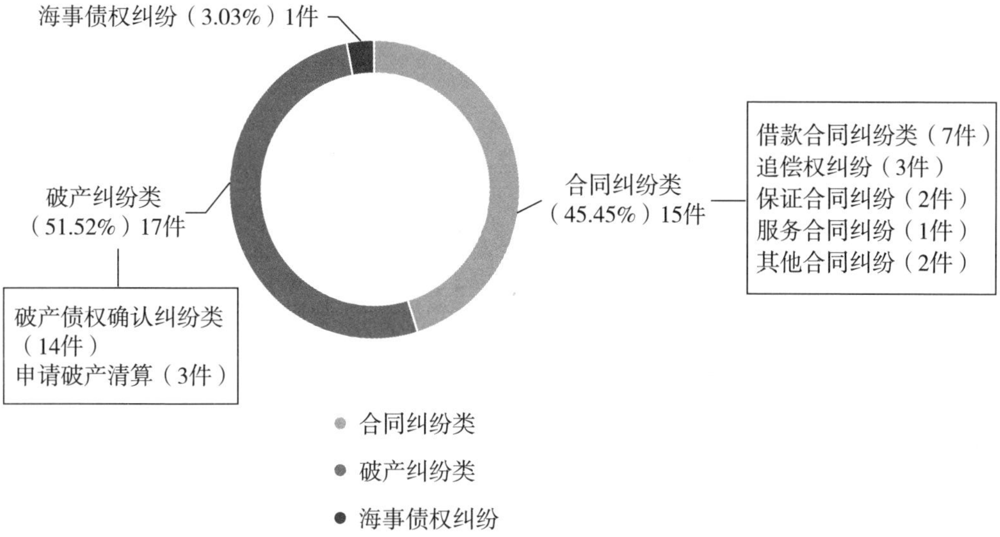

图 18－4　案件案由分类情况

如图 18－4 所示，从案件案由分类情况可以看出，当前破产债权确认纠纷类及借款合同纠纷类的案件数量较多。

二、可供参考的例案

例案一　天津天保世纪贸易发展有限公司与新疆柳沟红番茄制品有限公司破产债权确认纠纷案

【法院】

新疆维吾尔自治区高级人民法院生产建设兵团分院

【案号】

(2018)兵民终 70 号

【当事人】

上诉人(原审原告)：天津天保世纪贸易发展有限公司

法定代表人：姜某某，该公司执行董事

被上诉人(原审被告):新疆柳沟红番茄制品有限公司

诉讼代表人:新疆柳沟红番茄制品有限公司破产管理人

【基本案情】

2015年2月15日,一审法院作出(2015)兵七民破(预)字第1-1号、第2-1号、第3-1号民事裁定书,裁定受理新疆胡杨河番茄制品有限公司(以下简称胡杨河有限公司)、新疆柳沟红番茄制品有限公司(以下简称柳沟红有限公司)、北纬阳光有限公司的破产清算三起案件,并指定新疆崇德律师事务所作为管理人处理破产清算程序中的债权债务。2016年1月13日,一审法院作出(2015)兵七民破字第1-15号、第2-15号、第3-14号民事裁定,裁定宣告胡杨河有限公司、柳沟红有限公司、北纬阳光有限公司破产。2014年12月,天津天保世纪贸易发展有限公司(以下简称天保有限公司)在天津市第二中级人民法院起诉北纬阳光有限公司,在诉讼过程中追加柳沟红有限公司为被告并要求其对北纬阳光有限公司债务承担连带责任。2016年6月28日,天津市第二中级人民法院作出(2015)二中保民初字第0008号民事判决,判决北纬阳光有限公司给付天保有限公司欠款本金人民币48,326,508.37元,利息以本金为基数,按照同期同类中国人民银行贷款利率计算,自2013年12月1日至该判决确定给付之日止,柳沟红有限公司、胡杨河有限公司、新疆昊汉番茄制品有限公司(以下简称昊汉有限公司)、新疆天山红番茄制品有限公司对该笔给付事项的本金和利息以及该案诉讼费、保全费承担连带给付责任,承担给付责任后,有权向北纬阳光有限公司追偿。北纬阳光有限公司、柳沟红有限公司、胡杨河有限公司、昊汉有限公司向天津市高级人民法院提起上诉,天津市高级人民法院于2017年3月24日作出(2016)津民终379号民事判决,变更欠款利息的计算方式为以本金为基数,按照同期同类中国人民银行贷款利率计算,自2013年12月1日至2015年2月15日止,对其他判项予以维持。2017年4月21日,天保有限公司据此向柳沟红有限公司管理人递交了《关于提请确认债权并依法参与破产财产分配的函》,要求确认其债权52,051,298.03元;柳沟红有限公司管理人于2017年6月13日向原告送达了《债权申报审查意见》,对原告申报的破产债权52,051,298.03元不予认可,原告于2017年6月27日向柳沟红有限公司管理人提交了书面异议书,柳沟红有限公司管理人于2017年7月20日向原告送达了《异议复核意见》对上述债权不予认可,理由为该笔债权虽为生效法律文书确认的保证债权,但法律文书生效的时间晚于柳沟红有限公司被宣告破产的时间,与《企业破产案件规定》第55条规定的破产债权的范围不符。另查明,北纬阳光有限公司、胡杨河有限公司、柳沟红有限公司以及昊汉有限公司不服天津市高级人民法院(2016)津民终379号民事判决，以北纬阳光有限公司并不欠付天保有限公司款项为由向最高人民法院申请再审，最高人民法院审理后作出(2017)最高法民申3221号民事裁定书，认为原审法院依据查明的欠款金额判令北纬阳光有限公司给付欠款并无不当，北纬阳光有限公司破产清算受理后，天保有限公司可据此申报债权，按破产程序受偿，裁定驳回再审申请。再查明，天保有限公司作为北纬阳光有限公司的债权人在该公司已经申报债权，其分配的债权金额为3,747,693.46元。

新疆生产建设兵团第七师中级人民法院认为，本案争议焦点是：天保有限公司对作为债务人北纬阳光有限公司的保证人的柳沟红有限公司的保证债权能否作为破产债权予以确认。本案为破产债权确认之诉，原告与柳沟红有限公司之间的保证债权债务纠纷虽然经过了生效法律文书的确认，但该法律文书生效的时间晚于一审法院对柳沟红有限公司作出宣告破产裁定的时间，根据《企业破产案件规定》第55条的规定，“债务人为保证人的，在破产宣告前已经被生效的法律文书确定承担的保证责任”属于破产债权，天保有限公司对柳沟红有限公司的保证债权并不属于破产债权。而且由于真正债务人北纬阳光有限公司也已经被宣告破产，债权人天保有限公司的债权在北纬阳光有限公司已经得到确认并参与分配，保证人柳沟红有限公司作为被宣告破产的公司如再行承担保证责任，既缺乏相关法律依据，其债权也无法向同样被宣告破产的北纬阳光有限公司追偿，故对天保有限公司主张对柳沟红有限公司的担保债权不予确认。天保有限公司的诉讼请求不能成立，不予支持。

天保有限公司不服，向新疆维吾尔自治区高级人民法院提起上诉。新疆维吾尔自治区高级人民法院二审查明的事实与一审查明的基本事实一致。另查明，天保有限公司已于2015年3月29日向柳沟红有限公司的管理人申报债权，管理人初步审核，对该债权申报予以受理并登记。

【案件争点】

本案二审的争议焦点为：1. 天保有限公司主张的债权能否被确认为柳沟红有限公司的破产债权；2. 破产债权的数额应如何确定。

【裁判要旨】

新疆维吾尔自治区高级人民法院生产建设兵团分院经审查认为：

一、关于天保有限公司申报的债权能否确认为破产债权

1. 天保有限公司能否向柳沟红有限公司申报债权。《企业破产法》第52条规

定:“连带债务人数人被裁定适用本法规定的程序的,其债权人有权就全部债权分别在各破产案件中申报债权。”连带债务人的债权人实质上是每一个连带债务人的债权人。因此,当多个连带债务人分别被裁定适用破产程序时,其债权人有权在各个破产案件中申报债权。依据本条规定,连带债务人的债权人分别在各个连带债务人的破产案件中申报债权时,其所申报的债权数额可以是其享有的债权的总额。《企业破产案件规定》第23条规定,连带债务人之一或者数人破产的,债权人可就全部债权向该债务人或者各债务人行使权利,申报债权。债权人未申报债权的,其他连带债务人可就将来可能承担的债务申报债权。天保有限公司起诉北纬阳光有限公司买卖合同案件中,债权人为天保有限公司,柳沟红有限公司、胡杨河有限公司、昊汉有限公司为北纬阳光有限公司的连带保证人,故柳沟红有限公司、胡杨河有限公司、昊汉有限公司均属于连带债务人。北纬阳光有限公司与昊汉有限公司、柳沟红有限公司、胡杨河有限公司均先后进入破产程序,据此,债权人天保有限公司可就全部债权向北纬阳光有限公司和柳沟红有限公司、胡杨河有限公司、昊汉有限公司申报债权。一审法院关于“真正债务人北纬阳光有限公司也已经被宣告破产,债权人天保有限公司的债权在北纬阳光有限公司已经得到确认并参与分配,保证人柳沟红有限公司作为被宣告破产的公司如再行承担保证责任,既缺乏相关法律依据,其债权也无法向同样被宣告破产的北纬阳光有限公司追偿”的论理不符合上述法律、司法解释规定,本院予以纠正。

2. 天保有限公司向柳沟红有限公司申报的债权能否确认为破产债权。《企业破产案件规定》第20条第2款第4项规定:“以债务人为被告的其他债务纠纷案件,根据下列不同情况分别处理:……(四)债务人系从债务人的债务纠纷案件继续审理。”即保证人破产时,债权人与主债务人、保证人之间的债权债务纠纷正在人民法院审理之中的,保证人的保证责任尚未经过生效判决的确认,处于不确定状态,因此,债权人申报债权的人民法院应当将该债权确定为临时破产债权,待相关诉讼终结后再正式确定为破产债权,参与分配。《企业破产案件规定》第55条第1款第10项规定:“下列债权属于破产债权:……(十)债务人为保证人的,在破产宣告前已经被生效的法律文书确定承担的保证责任……”该条属于对破产债权确认方面的规定,但并不否认其他情形的保证债权被确认为破产债权。债权人对债务人、保证人的诉讼在破产程序开始前已经发生,但尚未取得生效法律文书的,对债权人在法定期间内申报的债权,应对其申报的债权额确定为临时破产债权,待诉讼终结后依照法院裁决结果相应确定。《企业破产法》第107条第2款规定:“债务人被宣告破产后,债务人称为破产人,债务人财产称为破产财产,人民法院受理破产申请时对债务人享有的债权称为破产债权。”依照该条,破产债权应当是在法院受理破产案件时对债务人享有的债权。因此,只要债权发生的原因存在于破产案件受理前,不论债权是否附有期限、是否附有条件以及是否生效,都属于破产债权。根据上述条文规定,“破产债权必须在破产案件受理前有效成立”,且进行了申报。天保有限公司与北纬阳光有限公司、胡杨河有限公司、柳沟红有限公司、昊汉有限公司之间的债权债务形成于 2013 年 11 月。2015 年 2 月 15 日,新疆生产建设兵团第七师中级人民法院裁定受理了北纬阳光有限公司、胡杨河有限公司、柳沟红有限公司破产清算案。2015 年 11 月 12 日,新疆生产建设兵团第五师中级人民法院裁定受理了昊汉有限公司破产清算案。显然,天保有限公司对北纬阳光有限公司、胡杨河有限公司、柳沟红有限公司、昊汉有限公司的债权是在北纬阳光有限公司、胡杨河有限公司、柳沟红有限公司、昊汉有限公司破产案件受理前有效成立的。天保有限公司已于 2015 年 3 月 29 日向胡杨河有限公司、柳沟红有限公司的管理人申报债权,于 2016 年 2 月 2 日向昊汉有限公司的管理人申报债权,管理人初步审核,对该债权申报予以受理并登记。即天保有限公司债权申报符合法律规定。因此,一审法院以“原告与柳沟红有限公司之间的保证债权债务纠纷虽然经过了生效法律文书的确认,但该法律文书生效的时间晚于本院对柳沟红有限公司作出宣告破产裁定的时间”,“天保有限公司对柳沟红有限公司的保证债权并不属于破产债权”的认定与上述法律及司法解释条文的规定相悖,故上诉人天保有限公司申报的债权应当依法确认为破产债权。

二、关于天保有限公司申报的破产债权的数额确定

1. 对三个保证人破产债权的分别确认,不属于破产债权不确定。《企业破产法》第 52 条规定:“连带债务人数人被裁定适用本法规定的程序的,其债权人有权就全部债权分别在各破产案件中申报债权。”即连带债务人的债权人分别在各个连带债务人的破产案件中申报债权时,其所申报的债权数额可以是其享有的债权的总额。债权人就其全部债权分别在各个连带债务人的破产案件中申报债权并不会导致债权人最终获得的清偿额大于其实际的债权额。如果债权人最终获得的清偿数额超过其债权总额,超过部分,应当按照不当得利予以返还。天保有限公司分别对主债务人北纬阳光有限公司和保证人(从债务人)胡杨河有限公司、柳沟红有限公司、昊汉有限公司申请确认的 52,051,298.03 元债权数额是确定的,天保有限公司在以上三公司(胡杨河有限公司、柳沟红有限公司、昊汉有限公司)破产财产分配时,其

分配到的债权总额不应超过其申报的债权52,051,298.03元。且法院在三个案件中分别确认,是在债权总额下的一个52,051,298.03元,并非三个52,051,298.03元。

2.本案上诉人天保有限公司申请确认的债权数额为52,051,298.03元,该数额已经天津市高级人民法院(2016)津民终379号终审判决认定,应予确认。但天保有限公司作为北纬阳光有限公司的债权人在该公司破产案中也已经申报债权,其分配的债权金额为3,747,693.46元,即其在主债务人处已分配且已实际受偿债权3,747,693.46元,该部分债权在本案中作为保证人的胡杨河有限公司、柳沟红有限公司、昊汉有限公司的债权中应予扣除。故胡杨河有限公司、柳沟红有限公司、昊汉有限公司应在余额的范围内,即对48,303,604.57元(52,051,298.03元-3,747,693.46元)的债权承担连带保证责任。因此,本案中应当确认天保有限公司对柳沟红有限公司享有的债权数额为48,303,604.57元。

例案二 | 潍坊银行股份有限公司青岛分行、日照铸福实业有限公司金融借款合同纠纷案

【法院】

山东省日照市中级人民法院

【案号】

(2018)鲁11民终2224号

【当事人】

上诉人(原审原告):潍坊银行股份有限公司青岛分行

负责人:陈某,行长

被上诉人(原审被告):日照铸福实业有限公司

诉讼代表人:日照铸福实业有限公司管理人

被上诉人(原审被告):山东阿掖山集团有限公司

诉讼代表人:山东阿掖山集团有限公司管理人,山东华信产权流动破产清算事务有限公司

被上诉人(原审被告):山东万方板业有限公司

法定代表人:李某某,董事长

被上诉人(原审被告):张某某

【基本案情】

2015年12月18日，潍坊银行股份有限公司青岛分行（债权人、乙方）分别与山东阿掖山集团有限公司、山东万方板业有限公司、张某某（保证人、甲方）签订内容相同的3份《最高额保证合同》（编号均为：2015年1130第46号），约定：为保证乙方债权的实现，甲方自愿向乙方提供保证担保，担保的主债权为自2015年12月18日至2016年12月17日（包括该期间的起始日和届满日），在人民币40,000,000元（大写：肆仟万元整）的最高余额（指在甲方承担保证责任的主债权确定之日，按照人民银行公布的外汇中间价，将不同币种债权折算而形成的以人民币表示的余额之和）内，乙方依据其与日照铸福实业有限公司（债务人）签订的全部本外币借款合同、承兑协议等（主合同）而享有的对债务人的债权；保证方式为连带责任保证；保证担保的范围为主合同项下的主债权本金、表外业务敞口、贴现资金、利息、罚息、复利、违约金、损害赔偿金、保管费、汇率损失以及乙方为实现债权、追索甲方保证责任而发生的费用和其他所有应付费用，但实现债权的费用不包括在第1条第1款所述之最高余额内；保证期间为自主合同项下借款期限届满之次日起两年。

2015年12月20日，潍坊银行股份有限公司青岛分行（贷款人、乙方）与日照铸福实业有限公司（借款人、甲方）签订《流动资金借款合同》，约定：借款用途为购货，借款金额1,100,000元，借款期限为12个月，自2015年12月20日开始至2016年12月17日止，实际放款日和实际还款日与约定日期不一致的，以甲乙双方办理的借款凭证上的记载为准；贷款年利率为6%，合同有效期内不进行调整；借款凭证记载事项与合同不一致的，以借款凭证为准；还款方式为期末本息一次付清；乙方对甲方到期应付而未付的借款本金及利息，自逾期之日起（含该日）按本合同约定的借款执行利率上浮50%计收罚息；对甲方不能按时支付的利息和逾期罚息，按逾期罚息利率计收复利，按实际逾期天数计算，逐月累算；甲乙双方约定采用如下担保：担保合同名称为《最高额保证合同》（编号2015年1130第46号）。同日，潍坊银行股份有限公司青岛分行向日照铸福实业有限公司发放借款1,100,000元，年利率为6%，逾期罚息年利率为9%，约定还款时间为2016年12月17日。该笔借款本金及利息均未偿还。

2016年5月25日，一审法院裁定受理日照铸福实业有限公司的重整申请。2016年6月7日，潍坊银行股份有限公司青岛分行就本案借款向债务人即日照铸福实业有限公司管理人申报债权共计41,010,020元，其中本金39,960,000元[包括本案借款本金1,100,000元及（2018）鲁1103民初430号案件借款本金

38,860,000元],利息人民币1,050,020元(暂计算至2016年5月25日,之后的利息按合同约定利率计算至实际给付之日)。潍坊银行股份有限公司青岛分行对日照铸福实业有限公司管理人确认的债权无异议。上述申报债权列入《日照铸福实业有限公司、日照现代铸业有限公司合并债权总表(确认债权)》,序号为52,债权编号为借29,认定金额为41,010,020元,其中认定本金39,960,000元,认定利息及损失为1,050,020元。

2017年8月28日,一审法院作出(2017)鲁1103破7号民事裁定书,裁定受理山东阿掖山集团有限公司的重整申请。

潍坊银行股份有限公司青岛分行请求:(1)判令被告日照铸福实业有限公司偿还原告借款本金人民币1,100,000元及利息104,345.04元(暂计算至2017年4月24日,此后产生的利息按合同约定标准计算至实际给付之日);(2)判令被告山东阿掖山集团有限公司、山东万方板业有限公司、张某某对上述债务承担连带保证责任。

日照市岚山区人民法院认为,潍坊银行股份有限公司青岛分行依约发放了贷款,日照铸福实业有限公司应按借款合同约定履行还本付息义务,其逾期还款,还应按约定支付逾期利息。山东阿掖山集团有限公司、山东万方板业有限公司、张某某作为连带责任保证人,应当按照约定及法律规定对上述债务承担连带清偿的责任,并在承担保证责任后有权向日照铸福实业有限公司追偿。日照铸福实业有限公司、山东阿掖山集团有限公司分别于2016年5月25日、2017年8月28日进入破产重整程序,根据《企业破产法》第44条"人民法院受理破产申请时对债务人享有债权的债权人,依照本法规定的程序行使权利"及第52条"连带债务人数人被裁定适用本法规定的程序的,其债权人有权就全部债权分别在各破产案件中申报债权"的规定,潍坊银行股份有限公司青岛分行应就本案债权在日照铸福实业有限公司、山东阿掖山集团有限公司破产案件中申报债权,其以金融借款合同纠纷起诉要求日照铸福实业有限公司偿还借款及山东阿掖山集团有限公司承担连带保证责任的主张,不符合法律规定,不予支持。本案债权已申报并确认为日照铸福实业有限公司的破产债权,潍坊银行股份有限公司青岛分行可另行向山东阿掖山集团有限公司主张破产债权申报与确认。

潍坊银行股份有限公司青岛分行不服,向山东省日照市中级人民法院提起上诉,请求改判支持其通过诉讼方式向被上诉人日照铸福实业股份有限公司和山东阿掖山集团有限公司追偿债务的诉讼请求。

【案件争点】

债务人、保证人的破产管理人已接受债务人的债权申报，债务人能否另行提起诉讼要求其承担责任。

【裁判要旨】

山东省日照市中级人民法院经审查认为，潍坊银行股份有限公司青岛分行一审起诉向日照铸福实业有限公司主张借款本息债权、向山东阿掖山集团有限公司主张保证债权，但日照铸福实业有限公司、山东阿掖山集团有限公司均已进入破产程序。根据《企业破产法》第44条关于人民法院受理破产申请时对债务人享有债权的债权人，依照本法规定的程序行使权利的规定，潍坊银行股份有限公司青岛分行此时应依据《企业破产法》关于债权申报的规定申报债权。同时根据《企业破产法》第52条关于连带债务人数人被裁定适用本法规定的程序的，其债权人有权就全部债权分别在各破产案件中申报债权的规定，潍坊银行股份有限公司青岛分行的债权申报申请可分别向日照铸福实业有限公司管理人和山东阿掖山集团有限公司管理人提出。本案中，上述两管理人均已接受潍坊银行股份有限公司青岛分行的债权申报，其中日照铸福实业有限公司管理人对涉案借款本息已做相应确认，山东阿掖山集团有限公司管理人亦表示认同日照铸福实业有限公司管理人的确认结果，故潍坊银行股份有限公司青岛分行对该两家公司的诉求应在破产程序中予以处理，其另行提起诉讼，一审法院对此不予支持并无不当，日照市中级人民法院予以维持。

例案三　怀化市鑫都硅业有限公司与瑞田钢业有限公司、苍南金瑞投资管理有限公司等普通破产债权确认案

【法院】

浙江省温州市中级人民法院

【案号】

（2014）浙温商终字第2231号

【当事人】

上诉人（原审原告）：怀化市鑫都硅业有限公司

法定代表人：李某某，该公司董事长

被上诉人（原审被告）：瑞田钢业有限公司

诉讼代表人:浙江正昌律师事务所,该企业管理人

被上诉人(原审被告):苍南金瑞投资管理有限公司

诉讼代表人:浙江正昌律师事务所,该企业管理人

被上诉人(原审被告):金田集团有限公司

法定代表人:方某某,执行董事

【基本案情】

2014 年 3 月 7 日,原告怀化市鑫都硅业有限公司(以下简称鑫都有限公司)与被告瑞田钢业有限公司(以下简称瑞田有限公司)签订《产品购销合同》,约定原告向被告瑞田有限公司供应高碳铬铁 1000 吨,按含铬 50% 为基准价,6800 元/吨,每个铬单价 136 元。交货期限:2014 年 4 月 10 日前;交货地点:瑞田有限公司厂区;结算方式和期限:分两次结算,500 吨一结,货到验收合格 5 日内付货款的 80%,余款在增值税发票到达后 5 个工作日内付清。未能在上述期限内付款,每逾期一天,罚总货款 1% 的违约金。合同签订后,原告鑫都有限公司依约从 2014 年 3 月 8 日至 3 月 14 日共向被告瑞田有限公司运送高碳铬铁 608.79 吨,计货款 4,558,716.93 元,被告瑞田有限公司以前尚欠原告鑫都有限公司货款50,121.65元。经原告多次催讨,被告瑞田有限公司于 2014 年 4 月 18 日支付货款 60 万元,尚有货款 4,008,838.58 元未付。

被告瑞田有限公司的企业类型于 2012 年 9 月 6 日变更为一人有限责任公司,投资人为被告金瑞有限公司,方某任执行董事兼总经理,吴某某为监事。金瑞有限公司的企业类型为私营有限责任公司,吴作榜为法定代表人,方崇钿占 15% 股份。

浙江省苍南县人民法院于 2014 年 7 月 25 日根据瑞田有限公司申请,裁定受理瑞田有限公司破产清算一案;2014 年 10 月 10 日根据苍南金瑞投资管理有限公司(以下简称金瑞有限公司)申请,裁定受理金瑞有限公司破产清算一案。被告金田集团有限公司(以下简称金田有限公司)的企业类型为私营有限责任公司,法定代表人方某某。

原告鑫都有限公司向浙江省苍南县人民法院起诉,请求判令:(1)确认被告瑞田有限公司欠原告货款 4,008,838.58 元及延期支付的违约金(按总货款每天 1% 计算,从 2014 年 3 月 19 日计算至被告清偿货款为止);(2)被告金瑞有限公司、金田有限公司对上述债务承担连带责任。

浙江省苍南县人民法院经审理认为,被告瑞田有限公司欠原告鑫都有限公司货款 4,008,838.58 元,事实清楚,原告鑫都有限公司要求确认被告瑞田有限公司

欠其货款4,008,838.58元，理由正当，依法应予支持。关于约定的违约金数额双方均认为过高，根据《合同法》《合同法解释二》的规定，应以实际损失为确认的基础。鉴于原告鑫都有限公司提供的证据，无法正确估算其损失，根据最高人民法院《合同法解释二》第29条规定，逾期付款违约金高于逾期付款造成损失的30%的，一般可以认定为逾期付款违约金过高。因此，逾期付款违约金的调整需要以逾期付款损失为衡量依据。逾期付款损失的主要表现为价款接受方的利息损失，最高人民法院《买卖合同解释》第24条规定，逾期付款损失以中国人民银行同期同类人民币贷款基准利率为基础，参照逾期罚息利率标准计算。根据本案实际，调整确定违约金为按中国人民银行同期同类贷款基准利率的二倍计算。由于被告瑞田有限公司是被告金瑞有限公司开办的一人有限责任公司，且被告金瑞有限公司并未提供证据证实被告瑞田有限公司的财产独立于自己的财产，根据《公司法》第63条的规定，一人有限责任公司，股东不能证明公司财产独立于股东自己的财产的，应当对公司债务承担连带责任。为此被告金瑞有限公司应对被告瑞田有限公司拖欠原告的货款4,008,838.58元及逾期付款违约金承担连带清偿责任。由于原告鑫都有限公司未能提供证据证明金田有限公司与被告瑞田有限公司、金瑞有限公司构成人格混同，提供的承诺书为复印件，被告金田有限公司又不予认可，即使能提供原件，承诺书上仅有方崇钿签名和被告瑞田有限公司盖章，也不能证明方崇钿系代表被告金田有限公司的职务行为，故原告鑫都有限公司要求被告金田有限公司承担连带责任，依据不足，不予支持。

上诉人鑫都有限公司不服原审法院上述判决，向浙江省温州市中级人民法院提起上诉，请求撤销原判。

经审理，浙江省温州市中级人民法院对原判认定的事实予以确认。另查明：2014年12月2日，苍南县人民法院作出(2014)温苍破字第1－3号民事裁定，确认上诉人鑫都有限公司对瑞田有限公司享有4,008,838.58元无争议债权。2015年4月27日，苍南县人民法院作出(2014)温苍破字第3－3号民事裁定，确认上诉人鑫都有限公司对金瑞有限公司享有4,008,838.58元无争议债权(本金，不含违约金)。

【案件争点】

债务人、保证人均破产，且债权人已在债务人破产程序中申报债权，债务人能否另行提起诉讼要求保证人承担连带责任。

【裁判要旨】

浙江省温州市中级人民法院经审查认为，被上诉人瑞田有限公司尚欠上诉人鑫都有限公司货款4,008,838.58元的事实清楚。由于该4,008,838.58元债权鑫都有限公司在瑞田有限公司破产清算案中已向管理人申报债权,且苍南县人民法院作出(2014)温苍破字第1-3号民事裁定已予以确认,现原判就同一债权再次予以确认,违反法律规定,应予以纠正。

由于瑞田有限公司逾期付款应承担的违约金,(2014)温苍破字第1-3号民事裁定未予以确认,本案应依法予以确认。《合同法》第114条第2款规定:“约定的违约金低于造成的损失的,当事人可以请求人民法院或者仲裁机构予以增加;约定的违约金过分高于造成的损失的,当事人可以请求人民法院或者仲裁机构予以减少。”最高人民法院《合同法解释二》第29条规定:“当事人主张约定的违约金过高请求予以减少的,人民法院应当以实际损失为基础,兼顾合同的履行情况,当事人的过错程度以及预期利益等综合因素,根据公平原则和诚实信用原则予以衡量,并作出裁决。当事人约定的违约金超过造成损失的百分之三十的,一般可以认定为合同法第一百二十四条规定的‘过分高于造成的损失’。”本案中,双方当事人均认为合同约定的按总货款日1%的逾期付款违约金过高,依照上述法律规定应当以实际损失为基础确定违约金。由于上诉人鑫都有限公司提供的证据不足以证明其主张的实际损失,故一审法院将违约金调整为按人民银行规定的同期同类贷款基准利率的二倍计算符合法律规定。《企业破产法》第46条第2款规定:“附利息的债权自破产申请受理时起停止计息。”本案合同约定付款日期为2014年3月19日,苍南县人民法院受理瑞田有限公司破产申请的时间为2014年9月25日,中国人民银行规定6个月以内贷款基准利率为年利率5.6%,故本院确认瑞田有限公司应支付鑫都有限公司违约金为134,696.98元(以4,008,838.58元债权为基数,从2014年3月19日起至2014年9月25日止,按年利率11.2%计算)。

根据《公司法》第63条的规定:“一人有限责任公司,股东不能证明公司财产独立于股东自己的财产的,应当对公司债务承担连带责任。”由于瑞田有限公司是金瑞有限公司开办的一人有限责任公司,且金瑞有限公司并未提供证据证实瑞田有限公司的财产独立于自己的财产,故依照上述法律规定,金瑞有限公司应对瑞田有限公司拖欠原告的货款4,008,838.58元及逾期付款违约金134,696.98元承担连带责任。

《企业破产法》第52条规定:“连带债务人数人被裁定适用本法规定的程序的,其债权人有权就全部债权分别在各破产案件中申报债权。”由于苍南县人民法院已于2014年10月10日裁定受理金瑞有限公司破产清算案,金瑞有限公司已进入破产清算程序，金瑞有限公司系瑞田有限公司的连带债务人，鑫都有限公司有权就上述债权在金瑞有限公司破产清算案中申报债权。鑫都有限公司申报债权后，现苍南县人民法院已经裁定确认鑫都有限公司对金瑞有限公司享有4,008,838.58元的本金债权，但对违约金没有予以确认，故鑫都有限公司有权就金瑞有限公司应承担的违约金债权提出破产债权确认的诉讼请求，温州市中级人民法院确认鑫都有限公司对金瑞有限公司享有违约金普通破产债权134,696.98元。

三、裁判规则提要

根据《企业破产法》第52条的规定："连带债务人数人被裁定适用本法规定的程序的，其债权人有权就全部债权分别在各破产案件中申报债权。"

连带债务人的债权人实质上是每一个连带债务人的债权人。因此，当多个连带债务人分别被裁定适用破产程序时，其债权人有权在各个破产案件中申报债权，且其在不同破产案件中申报的债权数额都可以是其享有的债权的总额。

债权人申报的破产债权可以是实然的债权，也可以是或然的债权。所谓或然债权指在发生上尚未确定的债权，需待条件成熟后，或然债权才转化为现实债权。债权人对保证人享有的保证债权即属于典型的或然债权。因此，保证人破产时，债权人亦可以凭或然债权进行申报。

申报程序上，因破产管理人在进行债权登记时仅对申报的债权作形式审查，所以，无论债权人是实然的债权还是或然的债权，均应登记在册。

通常，即便债权人参加两个破产程序，并均以全额债权申报破产债权，其受偿比例也不会达到100%。如其受偿比例会超过100%，例如两个破产程序的清偿率均为60%，则债权人有义务向两个破产程序中的破产管理人声明，并按相同比率在两边扣减。

四、辅助信息

高频词条：

《企业破产法》

第52条　连带债务人数人被裁定适用本法规定的程序的，其债权人有权就全部债权分别在各破产案件中申报债权。

担保纠纷案件裁判规则第19条:

保证人死亡后其遗产仍然应当承担保证责任,但以遗产继承开始时保证责任已经产生的为限

〔**规则描述**〕:根据《民法总则》第13条和《继承法》第2条、第33条第1款的规定,自然人死亡时,民事权利能力终止,继承开始,被继承人的债务应以其遗产清偿。在保证合同中,作为保证人的自然人死亡的,保证义务应随之消灭,但保证责任未必当然免除。保证责任或保证债务的产生,应以主债务到期未被清偿为前提条件,属于或有负债。保证合同成立并生效后,在主债务到期之前,保证人仅有保证义务,尚未产生保证责任。主债务到期且未被清偿时,连带责任保证的保证人即应承担保证责任、产生保证债务;一般保证的保证人在主债务人财产不足以清偿的情况下承担保证责任、产生保证债务。如果保证人死亡前已经产生保证债务的,则应以遗产清偿保证债务;如果死亡时尚未产生保证债务的,保证义务因死亡而消灭,遗产无须清偿保证债务。

一、类案检索大数据报告

时间:2019年5月6日之前,案例来源:Alpha案例库,案件数量:115件,数据采集时间:2019年5月6日。本次检索获取2019年5月6日前共115篇裁判文书,筛选出与本规则相关的案件88件,其中判决保证人遗产应当承担责任的27件;判决保证人遗产应当承担保证责任,但以保证人死亡时保证责任已经产生的61件,保证责任自主债务履行期限届满尚未清偿时产生。整体情况如下:

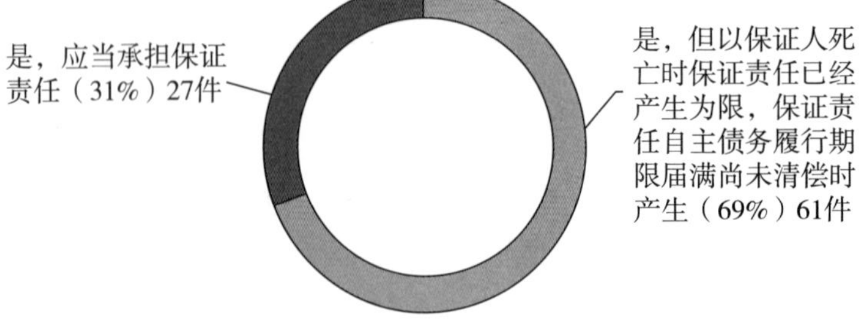

图19-1 保证人遗产是否应承担保证责任

如图 19 - 1 所示，对于保证人遗产是否应当承担保证责任，认为应当承担保证责任的案件占 31%；认为保证人遗产承担保证责任须满足一定前提条件，即以保证人死亡时保证责任已经产生为限，且保证责任自主债务履行期限届满债务尚未清偿时产生的案件占 69%。

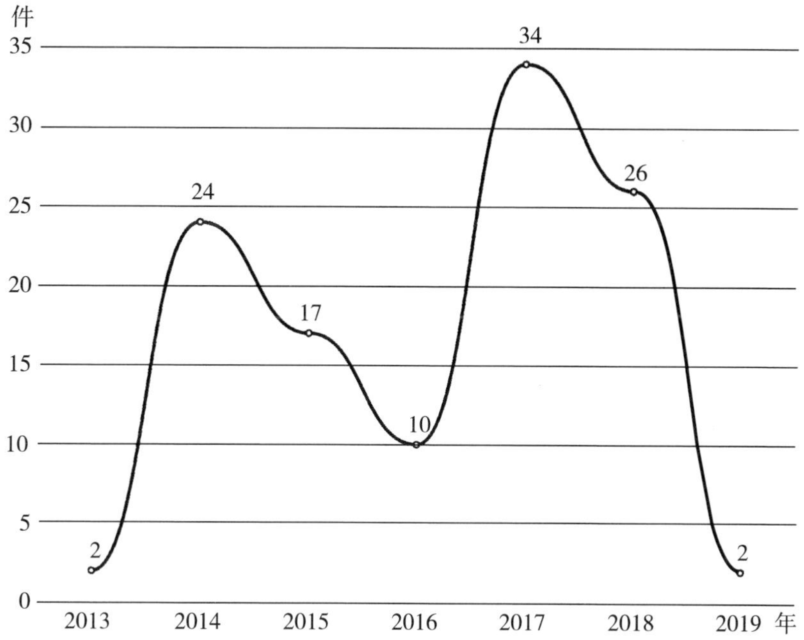

图 19 - 2　案件年份分布情况

如图 19 - 2 所示，从案件年份分布情况可以看出当前条件下案例数量的变化趋势。

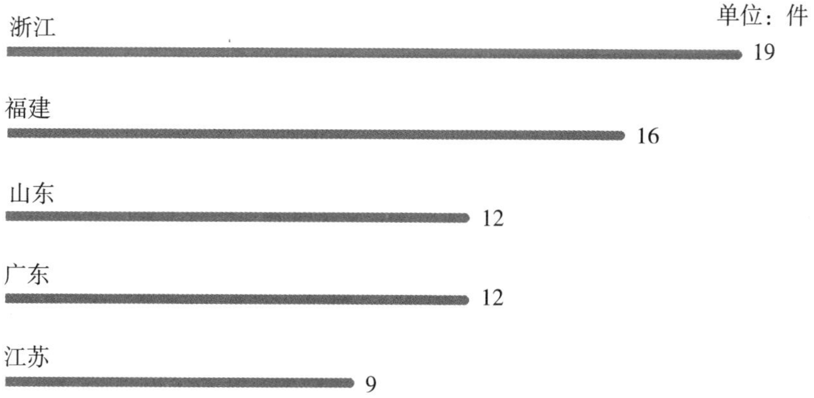

图 19 - 3　案件主要地域分布情况

如图 19－3 所示,从案件地域分布情况来看,当前案例主要集中在浙江省、福建省、山东省,分别占比约 16.52%、13.91%、10.43%。其中浙江省的案件量最多,达到 19 件。

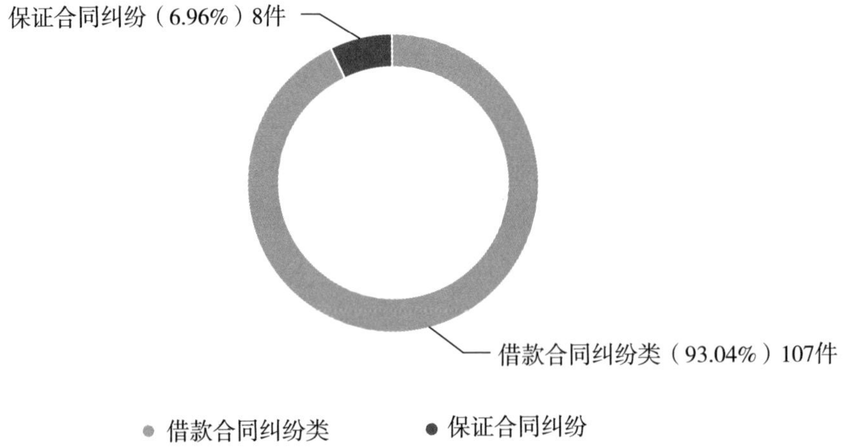

图 19－4 案件案由分类情况

如图 19－4 所示,从案件案由分类情况可以看出,当前的案由分布由多至少分别是借款合同纠纷、保证合同纠纷。

二、可供参考的例案

例案一　哈尔滨银行股份有限公司重庆分行与苏某、朱某某等金融借款合同纠纷案

【法院】

重庆市第五中级人民法院

【案号】

(2017)渝 05 民初 805 号

【当事人】

原告:哈尔滨银行股份有限公司重庆分行

负责人:郭某某,该行行长

被告:重庆大佛建筑工程有限公司

法定代表人:向某某,该公司副董事长

被告:云南中炬石化集团有限公司

法定代表人:谈某某,该公司总经理

被告:云南中炬置地集团有限公司

法定代表人:谈某某,该公司总经理

被告:向某某

被告:苏某

被告:朱某甲

被告:匀某某

【基本案情】

2013年7月9日,原告哈尔滨银行股份有限公司重庆分行(以下简称哈尔滨银行重庆分行,乙方)与被告重庆大佛建筑工程有限公司(以下简称大佛建筑有限公司,甲方)签订了编号为(重庆分行2013年企贷字第南支010号)《流动资金借款合同》,主要约定:(1)借款金额2400万元;(2)借款期限自2013年7月10日至2015年7月9日……(5)本合同项下由云南中炬石化有限公司、云南中炬置地集团有限公司(以下简称中炬置地有限公司)、向某某、朱某乙提供连带责任担保并另行签订保证合同。

当日,被告中炬石化有限公司、中炬置地有限公司、向某某、朱某乙分别与原告哈尔滨银行重庆分行签订了《保证合同》,主要约定:中炬石化有限公司、中炬置地有限公司、向某某、朱某乙为被告大佛建筑有限公司向原告哈尔滨银行重庆分行的借款2400万元提供连带保证担保,担保范围为主合同项下所产生的全部债务,包括但不限于本金、利息、违约金及实现担保权利和债权所产生的费用等。保证期间为主合同项下债务履行期限届满之日后2年。出借人同意债务展期的,保证期间至展期协议重新约定的债务履行期限届满之日后2年止。如果主合同项下的债务分期履行,则对每期债务而言,保证期间均至最后一期债务履行期限届满之日后2年止。

上述合同签订后,原告哈尔滨银行重庆分行向被告大佛建筑有限公司支付借款2400万元,被告大佛建筑有限公司于2013年7月10日向原告出具了借款凭证。2014年8月,原告哈尔滨银行重庆分行经内部审批后,同意将被告大佛建筑有限公司的还款方式变更为放款后第6个月内还款不低于50万元,第12个月内还款不低于100万元,第15个月内还款不低于50万元,第21个月内还款不低于50万元,贷款到期偿还全部本金,并将变更事由通知了被告中炬石化有限公司、中炬置地有限公司、朱某乙、向某某。贷款到期后,被告大佛建筑有限公司仅归还了借款200万元,并支付利息至2015年6月20日。

根据云南省昆明市公安局出具的《户口注销证明》显示:因朱某乙死亡于2015年7月27日办理户口注销手续。2016年8月18日,云南省昆明市国正公证处作出(2016)云昆国正证字第16549号公证书,主要载明:被继承人朱某乙于2015年4月13日死亡,其生前是中炬石化有限公司的股东之一,持有公司99%股权。因被继承人朱某乙生前与苏某系夫妻关系,故上述股权中的50%应认定为朱某乙的遗产发生继承,其继承人为配偶苏某、儿子朱某甲及母亲赵某某。赵某某于2016年6月1日死亡,生前以《遗赠书》的形式将获得的遗产份额16.67%股权赠与其孙子勾某某,朱某甲发表声明书自愿放弃对上述遗产的继承权。故遗产的分配为:苏某以法定继承方式取得33.33%股权份额,勾某某以遗赠方式取得16.67%股权份额。继承后,被继承人朱某乙生前所拥有的股权的83.33%份额归苏某所有,16.67%份额归勾某某所有。

后因合同纠纷,哈尔滨银行重庆分行于2017年4月2日向重庆市第五中级人民法院提起诉讼,其中要求判令被告苏某、朱某甲在继承朱某乙遗产范围内对被告大佛建筑有限公司的上述债务承担连带清偿责任,被告勾某某在接受赵某某遗赠范围内承担连带清偿责任。

【案件争点】

苏某、朱某甲、勾某某是否需在继承朱某乙遗产范围内承担连带清偿责任。

【裁判要旨】

重庆市第五中级人民法院经审查认为,保证责任是债权人和保证人通过订立保证合同为保证人设定的民事义务,保证义务自保证合同有效成立之时产生,并在条件成就时转化为保证责任,是保证人的或有之债。而保证责任是债务人到期未清偿债务,保证人依照法律规定所承担的民事责任,属于保证人真实的债务负担。只有当保证义务转化为保证责任后,保证人才需要承担保证之债。故保证人的遗产是否应用于承担保证责任,关键在于保证人死亡之时,保证责任是否已经产生。本案中,朱某乙作为案涉借款保证人,保证方式为连带责任保证,保证期间为最后一期债务履行期限届满之日后两年止。但(2016)云昆国正证字第16549号公证书显示,朱某乙于2015年4月13日死亡,其死亡时借款尚未到期,保证期间还未开始计算,借款人大佛建筑有限公司亦在正常付息过程中,债务是否能够得到清偿并不确定,故朱某乙死亡时其保证责任尚未产生。因此,原告哈尔滨银行重庆分行要求被告苏某、朱某甲、勾某某在继承朱某乙遗产范围内承担连带清偿责任，没有法律依据。

例案二 | 浙江民泰商业银行股份有限公司舟山分行、傅某某金融借款合同纠纷案

【法院】

浙江省舟山市中级人民法院

【案号】

(2016)浙09民终754号

【当事人】

上诉人(原审原告)：浙江民泰商业银行股份有限公司舟山分行

负责人：倪某，该行行长

被上诉人(原审被告)：傅某某

被上诉人(原审被告)：张某甲

被上诉人(原审被告)：张某乙

被上诉人(原审被告)：王某某

原审被告：舟山市大光明眼镜钟表有限公司

原审被告：朱某某

【基本案情】

2015年6月4日，舟山市大光明眼镜钟表有限公司(以下简称大光明有限公司)因经营所需向浙江民泰商业银行股份有限公司舟山分行(以下简称民泰银行)申请贷款，同日大光明有限公司、朱某某、张某丙与民泰银行签订《保证借款合同》，约定借款人为大光明有限公司，保证人为朱某某、张某丙，借款金额为300万元，借款期限自实际提款日(2015年6月5日)起至2016年6月1日止，借款利率固定为月利率5.53‰，按季结息，于每季末月的20日付清利息；如逾期还款，从逾期之日起按合同约定的借款利率加收50%作为罚息利率，逾期付息的按罚息利率计收复利。合同签订后，民泰银行按约向大光明有限公司发放了300万元贷款。大光明有限公司于2016年3月21日起未再支付利息，截至2016年6月8日，尚欠民泰银行借款本金2,998,292.61元，拖欠利息累计45,700.28元。保证人张某丙系大光明有限公司的原法定代表人，于2016年2月2日因病去世，其法定继承人为父亲张某乙、母亲王某某、妻子傅某某、女儿张某甲。

后因合同纠纷,民泰银行向舟山市定海区人民法院提起诉讼,法院认为:民泰银行和大光明有限公司、朱某某、张某丙签订的保证借款合同,内容不违反法律、行政法规的禁止性规定,应为合法有效,双方理应按照合同约定履行义务。现借款已到期,大光明有限公司未按约还本付息,朱某某亦未承担担保责任,应按合同约定各自承担相应的违约责任。张某丙系借款担保人,其去世时借款人大光明有限公司尚在正常付息过程中,借款尚未到期,其保证义务尚未转化为保证责任就因其死亡而消失,故张某丙的遗产不应用于偿还本案的借款。民泰银行要求张某丙的法定继承人即傅某某、张某甲、张某乙、王某某在遗产继承的范围内承担担保责任的诉讼请求,该院不予支持。

上诉人民泰银行不服舟山市定海区人民法院(2016)浙0902民初1952号民事判决,向浙江省舟山市中级人民法院提起上诉,要求依法改判被上诉人傅某某、张某甲、张某乙、王某某在继承张某丙的遗产范围内对原审被告大光明有限公司的第一项债务承担清偿责任。

【案件争点】

作为自然人的保证人死亡后,其遗产是否应用来承担保证责任。

【裁判要旨】

浙江省舟山市中级人民法院认为,根据法理,义务是责任产生的前提,责任是义务违反的结果。没有义务,没有对义务的违反,就没有责任;没有责任,义务就失去强制效力。在保证法律关系中,保证义务是债权人和保证人通过订立保证合同为保证人设置的民事义务,其内容是保证人的可能的债务负担,保证责任则是债务人到期未清偿债务,依照约定或法律的规定,保证人所承担的民事责任。保证义务自保证合同依法成立时产生,以保证合同具有法律拘束力为前提;保证责任在债务到期未得到清偿后产生,以债务人不承担或不能承担清偿责任为条件。二者的关系在于,保证义务是保证责任的前提,保证责任是保证义务的归宿。因此,在保证人死亡后的遗产是否应当用来承担保证责任的问题上,应当考量保证人死亡之时,保证义务是否已经转化为保证责任,即保证责任是否已经产生。如果保证人死亡时保证责任尚未产生,那么保证人的遗产不应用来承担保证责任;反之,如果保证人死亡之时保证责任已经产生,保证人所承担的保证义务已经转化为保证责任,那么其遗产应当先用来承担保证责任,其余才能进行遗产分配。在连带责任保证时,债务人到期未履行债务,连带责任保证人就应当承担保证责任,其所承担的保证义务即转化为保证责任,因此,连带责任保证的保证责任产生以债务履行期届满、债务未得到清偿为标准,保证责任产生时间也即债务履行期届满之日。本案中,连带责任保证人张某丙死亡之时,主债务履行期尚未届满,债务是否能够得到清偿也并不确定,因此,张某丙所承担的保证义务尚未转化为保证责任,保证责任尚未产生,其遗产不应用来承担保证责任。

例案三 | 中信银行股份有限公司南通分行与黄某甲、黄某乙等金融借款合同纠纷案

【法院】

江苏省南通市中级人民法院

【案号】

(2018)苏 06 民终 4854 号

【当事人】

上诉人(原审原告):中信银行股份有限公司南通分行

负责人:杨某,该行行长

被上诉人(原审被告):黄某甲

被上诉人(原审被告):黄某乙

原审被告:江苏格美高科技发展有限公司

法定代表人:陆某某,该公司总经理

原审被告:南通蓝星玻璃制品有限公司

法定代表人:黄某某,该公司总经理

原审被告:南通科蓝玻璃制品有限公司

法定代表人:黄某某,该公司总经理

原审被告:姜某某

原审被告:陆某某

原审被告:董某某

【基本案情】

2014 年 2 月 14 日,中信银行股份有限公司南通分行(以下简称中信银行南通分行,抵押权人、乙方)与陆某某、董某某(抵押人、甲方)签订编号为 2013 通最抵字第 00445 号《最高额抵押合同》,约定为确保乙方与格美高有限公司(以下简称债务人)在一定期限内连续发生的多笔债权的履行,甲方愿意提供最高额抵押担

保。抵押担保的主债权是指自2014年2月14日至2017年2月14日因乙方向债务人授信而发生的一系列债权,包括但不限于贷款、票据、保函、信用证等各类银行业务,抵押担保的主债权最高额度为15,000,000元。

2016年8月11日,中信银行南通分行(债权人、乙方)与南通蓝星玻璃制品有限公司(以下简称蓝星有限公司)、南通科蓝玻璃制品有限公司(以下简称科蓝有限公司,保证人、甲方)分别签订编号为2016信通银最保字第00123号、00124号《最高额保证合同》,合同均约定,为确保乙方与格美高有限公司(以下简称主合同债务人)在一定期限内连续发生的多笔债权的履行,保障乙方债权的实现,甲方愿意为债务人履行债务提供最高额保证担保;甲方在本合同项下担保的债权是指乙方依据与主合同债务人在2016年8月11日至2017年8月11日所签署的主合同而享有的一系列债权。如乙方为主合同债务人办理的具体业务为票据、信用证、保函、商业承兑汇票保贴(包括主合同债务人为承兑人及持票人等情形)或其他或有负债业务的,甲方不可撤销地承诺和保证,只要上述业务对应的合同签署日和票据、信用证、保函等的开立日、到期日及乙方实际垫款日、履行担保责任日等任一日期发生在本款约定期间内,乙方基于上述业务形成的全部债权均纳入本合同担保范围之日,甲方均愿意承担相应的担保责任。担保的债权最高额限度为债权本金13,000,000元和相应的利息、罚息、违约金、损害赔偿金以及为实现债权、担保权利等所发生的一切费用(包括但不限于诉讼费、仲裁费、律师费、差旅费、评估费、过户费、保全费、公告费、公证认证费、翻译费、执行费等)和其他所有应付的费用之和。

2016年8月11日,中信银行南通分行(债权人、乙方)与黄某丙、姜某某、陆某某、董某某(保证人、甲方)分别签订编号为2016信通银最保字第00077号、00078号《最高额保证合同》,均约定为确保乙方与格美高有限公司(以下简称主合同债务人)在一定期限内连续发生的多笔债权的履行,保障乙方债权的实现,甲方愿意为债务人履行债务提供最高额保证担保;主合同及保证担保的债权范围、最高额限度、保证范围、保证期间、甲方声明与保证以及相应权利义务等均同前述2016信通银最保字第00123号、00124号《最高额保证合同》。

2016年12月16日,中信银行南通分行(承兑人、乙方)与格美高有限公司(承兑申请人、甲方)签订一份编号为(2016)通银承字第00170号的《银行承兑汇票承兑协议》,约定本协议项下甲方申请承兑的汇票共计1张,票面金额共计人民币6,000,000元整,票面要素详见《承兑汇票清单》,甲方应在银行承兑汇票到期前三日内,按照汇票金额向乙方支付汇票款项/补足银行承兑汇票项下保证金;为保证乙方在本协议下债权的实现，甲方向乙方提供由保证人蓝星有限公司、科蓝有限公司、黄某丙、姜某某、陆某某、董某某提供保证担保，由抵押人陆某某、董某某提供抵押担保。甲方未能按约定及时支付票款/补足保证金致使乙方发生垫款的，乙方可以要求甲方立即支付应付的票款，并自乙方垫款之日起，按日利率0.05%的计息标准向甲方计收罚息，可以依法律法规规定及本协议约定实现担保权利等。同日，格美高有限公司开具票面金额为6,000,000元的承兑汇票一张，收款人为南通华润新材料有限公司，汇票到期日为2017年6月16日。

2016年12月26日，中信银行南通分行（承兑人、乙方）与格美高有限公司（承兑申请人、甲方）签订一份编号为（2016）通银承字第00172号的《银行承兑汇票承兑协议》，约定本协议项下甲方申请承兑的汇票共计50张，票面金额共计人民币7,000,000元整，票面要素详见《承兑汇票清单》，协议项下担保、发生垫款后的救济、违约责任等均同前述（2016）通银承字第00170号的《银行承兑汇票承兑协议》。同日，格美高有限公司开具票面金额为200,000元的承兑汇票20张，开具票面金额为100,000元的承兑汇票30张，收款人均为南通华润新材料有限公司，汇票到期日均为2017年6月26日。

2017年6月16日，（2016）通银承字第00170号《银行承兑汇票承兑协议》项下金额为6,000,000元的银行承兑汇票到期，中信银行南通分行通过系统将所需要的汇票金额划转至专用于银行承兑汇票解付相关账务操作的应解汇款账户，因格美高有限公司账户有部分余额，中信银行南通分行系统对账户余额优先划转后，再通过待解付银行承兑汇票款项账户预支了5,993,684.45元，格美高有限公司当日未有票款汇入。中信银行南通分行于2017年6月16日向持票人付款6,000,000元。

2017年6月17日，中信银行南通分行向格美高有限公司、蓝星有限公司、科蓝有限公司、黄某丙、姜某某、陆某某、董某某发出《银行承兑协议追加保证金通知书》，该通知书载明：（2016）通银承字第00170号《银行承兑汇票承兑协议》项下的银行承兑汇票（票面金额人民币6,000,000元）已全部形成垫款，根据（2016）通银承字第00172号《银行承兑汇票承兑协议》的约定，要求格美高有限公司于2017年6月21日前向中信银行南通分行指定的账户（户名：临时存欠；开户行：中信银行南通分行营业部；账户：73×××01）汇入保证金人民币7,000,000元，要求蓝星有限公司、科蓝有限公司、黄某丙、姜某某、陆某某、董某某作为担保方督促格美高有限公司及时汇入保证金。后格美高有限公司未有款项汇入中信银行南通分行指定的临时存欠账户。

2017年6月26日,(2016)通银承字第00172号《银行承兑汇票承兑协议》项下总金额为7,000,000元的50张银行承兑汇票均到期,中信银行南通分行系统对格美高有限公司的账户余额优先划转后,再通过待解付银行承兑汇票款项账户预支了6,999,983.99元,格美高有限公司当日未有票款汇入。中信银行南通分行于2017年6月26日向持票人兑付其中的20张,付款金额合计3,000,000元;于2017年6月27日向持票人兑付其中的14张,付款金额合计2,100,000元;于2017年6月28日向持票人兑付其中的12张,付款金额合计1,300,000元;于2017年6月30日向持票人兑付其中的1张,付款金额200,000元;于2017年7月3日向持票人兑付其中的1张,付款金额100,000元;于2017年7月26日向持票人兑付其中的1张,付款金额100,000元;于2017年9月14日向持票人兑付其中的1张,付款金额200,000元。至此,案涉《银行承兑汇票承兑协议》项下的51张合计金额为13,000,000元的承兑汇票全部付款完毕。

另查明,保证人黄某丙、姜某某系夫妻关系,生育黄某甲、黄某乙两女,黄某丙于2017年5月22日死亡。黄某丙父母均已先于其亡故。2017年8月28日,姜某某、黄某甲、黄某乙继承了黄某丙在南通市房产中的遗产份额。

后因合同纠纷,中信银行南通分行向南通市崇川区人民法院提起诉讼。该院经审理认为,黄某甲、黄某乙系作为保证人黄某丙的继承人参加诉讼,并已继承了黄某丙的遗产,中信银行南通分行认为黄某甲、黄某乙应在继承遗产的范围内对债务承担连带责任。一审法院认为,保证人黄某丙自与中信银行南通分行间的《最高额保证合同》有效成立之时起产生保证义务,在债务人格美高有限公司到期未清偿债务时保证义务方转化为保证责任。案涉最高额保证合同约定,保证人的保证期间为债务履行期限届满之日起2年,每一具体业务合同项下的保证期间单独计算,如业务为银行承兑汇票,则以银行承兑汇票垫款日为债务履行期限届满之日。案涉银行承兑汇票分别于2017年6月16日、2017年6月26日到期,到期当日中信银行南通分行系统在扣除格美高有限公司账户原有款项后,通过专有账户预支了所需票款,因格美高有限公司未补足款项,中信银行南通分行于持票人提示付款后向持票人付款,并就实际付款金额与格美高有限公司账户余额之间的差额形成承兑协议约定的"垫款",故本案保证人的保证期间为自垫款日起两年。保证人黄某丙于2017年5月22日死亡,其死亡时,垫款尚未实际产生,也即格美高有限公司的债务履行期限尚未届满,保证人的保证义务尚未转化为保证责任,故黄某丙的保证义务随其死亡而消灭,保证债务尚未实际产生,故中信银行南通分行要求黄某甲、黄某乙继承黄某丙的保证债务的主张不能成立，不予支持。

上诉人中信银行南通分行不服南通市崇川区人民法院（2017）苏 0602 民初 4768 号民事判决，向江苏省南通市中级人民法院提起上诉，要求依法改判黄某甲、黄某乙在继承黄某丙遗产范围内对案涉债务承担连带责任。

【案件争点】

黄某甲、黄某乙是否应当在继黄某丙冲遗产范围内对案涉债务承担连带清偿责任。

【裁判要旨】

江苏省南通市中级人民法院认为，根据《民法总则》第 13 条的规定，公民死亡，不再具有民事权利能力。保证人的保证义务也应因此消失，但保证责任并不必然消失。保证人的遗产是否应当用来承担保证责任，关键在于保证人死亡之时，保证责任是否已经产生。由于保证人的保证义务仅属于或有负债，如保证人死亡时，保证责任尚未产生，保证义务尚未转化为保证责任就已经因公民死亡而消灭，则保证人的遗产不应用来承担保证责任。本案中，案涉银行承兑汇票虽于 2016 年 12 月 16 日、2016 年 12 月 26 日出票，但到期日分别为 2017 年 6 月 16 日、2017 年 6 月 26 日，中信银行南通分行在上述汇票到期后依约向持票人付款，由此产生相应垫款。黄某丙于 2017 年 5 月 22 日死亡，此时案涉债务尚未实际发生，即债权人向保证人主张承担保证责任的条件尚未成就，故保证人黄某丙基于《最高额保证合同》项下的保证责任并未产生，黄某甲、黄某乙不必在其继承黄某丙遗产范围内对案涉债务承担连带清偿责任。

三、裁判规则提要

对于自然人保证人死亡后，是否应当以其遗产承担保证责任，我国法律及相关司法解释尚未作出具体规定。实践中，想要正确认识保证人死亡后的法律责任问题，必须准确把握保证义务和保证责任之间的辩证关系，以及保证责任何时产生。

（一）准确把握保证义务和保证责任之间的关系

根据《继承法》第 2 条、第 3 条及第 33 条的规定，自然人死亡时继承开始，其死亡时遗留的个人合法财产属于遗产。继承人应当以其继承的遗产清偿被继承人的债务。

保证是以保证合同为基础的一种担保方式，在保证合同中，保证义务是债权人和保证人通过订立保证合同为保证人设定的民事义务。该义务自保证合同依法成立时产生,主要内容是在特定条件成就时,保证人应按照约定替债务人履行债务或者承担责任。此为保证人的可能债务负担,也称为保证人的或有负债,并非一定发生的负债。

保证责任指债务人到期不清偿或不能清偿债务时,保证人应按照约定代替债务人清偿债务,系特定条件成就时,由保证义务转化而来的责任,属于保证人确实发生的真实债务负担。

因此,保证义务不等于保证责任。保证义务是保证责任的前提,保证责任是保证义务的转化。只有当保证义务转化为保证责任后,保证人才负有真实的债务负担。

根据《民法总则》第13条,自然人从出生时起到死亡时止,依法享有民事权利,承担民事义务。如自然人保证人已死亡,因其不再承担民事义务,其负有的保证义务便无法再转化为保证责任。故判断保证人的遗产是否应当用来承担保证责任,关键在于保证人死亡之时,保证责任是否已经产生。

(二)不同保证类型的保证责任产生时间不同

保证责任的产生判定标准,应根据保证责任的类型进行区分。

1. 一般责任保证

根据《担保法》第17条第1款、第2款的规定:"当事人在保证合同中约定,债务人不能履行债务时,由保证人承担保证责任的,为一般保证。一般保证的保证人在主合同纠纷未经审判或者仲裁,并就债务人财产依法强制执行仍不能履行债务前,对债权人可以拒绝承担保证责任。"因此,在一般保证中,保证人的保证责任仅在债权人已于保证期间内通过法律程序主张债权,且债务人的财产不足以完全清偿债权的情况下才产生。

2. 连带责任保证

根据《担保法》第18条的规定:"当事人在保证合同中约定保证人与债务人对债务承担连带责任的,为连带责任保证。连带责任保证的债务人在主合同规定的债务履行期届满没有履行债务的,债权人可以要求债务人履行债务,也可以要求保证人在其保证范围内承担保证责任。"因此,在连带保证中,一旦债务已经到期并且未得到清偿,保证人的保证责任便已产生。

综上所述,如保证人死亡时,保证人所承担的保证义务已经转化为保证责任,保证人死亡后，其遗产仍然应当承担保证责任；反之，如保证人死亡时，保证人所承担的保证义务尚未转化为保证责任，则保证人死亡后，其遗产无须承担尚未发生的保证责任。

四、辅助信息

高频词条：

《民法总则》

第 13 条 自然人从出生时起到死亡时止，具有民事权利能力，依法享有民事权利，承担民事义务。

《继承法》

第 33 条 继承遗产应当清偿被继承人依法应当缴纳的税款和债务，缴纳税款和清偿债务以他的遗产实际价值为限。超过遗产实际价值部分，继承人自愿偿还的不在此限。

继承人放弃继承的，对被继承人依法应当缴纳的税款和债务可以不负偿还责任。

《担保法》

第 6 条 本法所称保证，是指保证人和债权人约定，当债务人不履行债务时，保证人按照约定履行债务或者承担责任的行为。

第 18 条 当事人在保证合同中约定保证人与债务人对债务承担连带责任的，为连带责任保证。

连带责任保证的债务人在主合同规定的债务履行期届满没有履行债务的，债权人可以要求债务人履行债务，也可以要求保证人在其保证范围内承担保证责任。

担保纠纷案件裁判规则第20条:
保证人分立、合并、改制不影响其承担保证责任

〔**规则描述**〕:根据《合同法》第90条的规定,保证人合并的,由合并后的法人或者其他组织承担保证责任;保证人分立的,除债权人与债务人另有约定的外,由分立后形成的法人或其他组织承担连带保证责任。根据最高人民法院《企业改制相关案件规定》,保证人进行公司制或股份合作制改造,不影响其承担保证责任。

一、类案检索大数据报告

时间:2019年5月6日之前,案例来源:Alpha案例库,案件数量:498件,数据采集时间:2019年5月6日。本次检索获取2019年5月6日前共498篇裁判文书,筛选出与本规则相关的案件22件,其中判决保证人合并(新设、吸收)后,合并后的法人或其他组织仍应承担保证责任的6件;判决保证人分立后形成的法人或其他组织承担连带保证责任的4件;判决保证人分立后形成的法人或其他组织承担连带保证责任,但仅以其分立时接收的财产范围为限的1件;判决保证人分立后,由原保证人承担保证责任的1件;判决保证人改制后仍应承担保证责任的8件;判决保证人改制后可以承担保证责任,但以改制时已明确表示承接担保的债务为限的2件。整体情况如下:

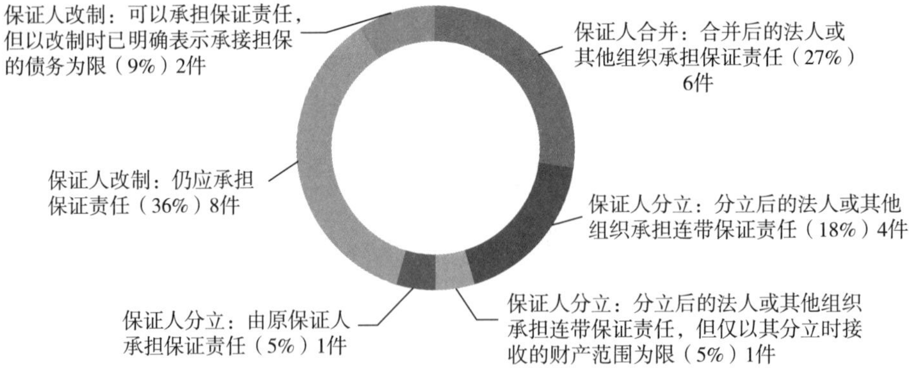

图20-1 保证人分立、合并、改制后是否仍应承担保证责任

如图20－1所示，对于保证人分立、合并、改制后是否仍应承担保证责任，认为保证人合并后，合并后的法人或其他组织仍应承担保证责任的案件占27%；认为保证人分立后，分立后的法人或其他组织应承担连带保证责任的案件占18%；认为保证人分立后，分立后的法人或其他组织应承担连带保证责任，但仅以其分立时接收的财产范围为限的案件占5%；认为保证人分立后，由原保证人承担保证责任的案件占5%；认为保证人改制后仍应承担保证责任的案件占36%；认为保证人改制后，可以承担保证责任，但以改制时已明确表示承接担保的债务为限的案件占9%。

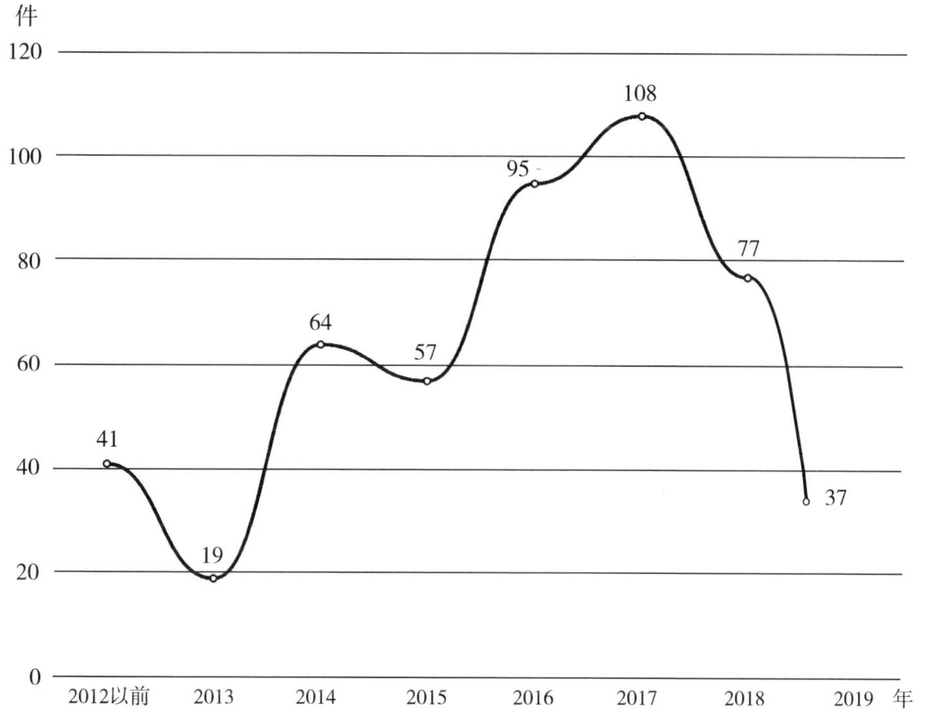

图20－2　案件年份分布情况

如图20－2所示，从案件年份分布情况可以看出当前条件下案例数量的变化趋势。

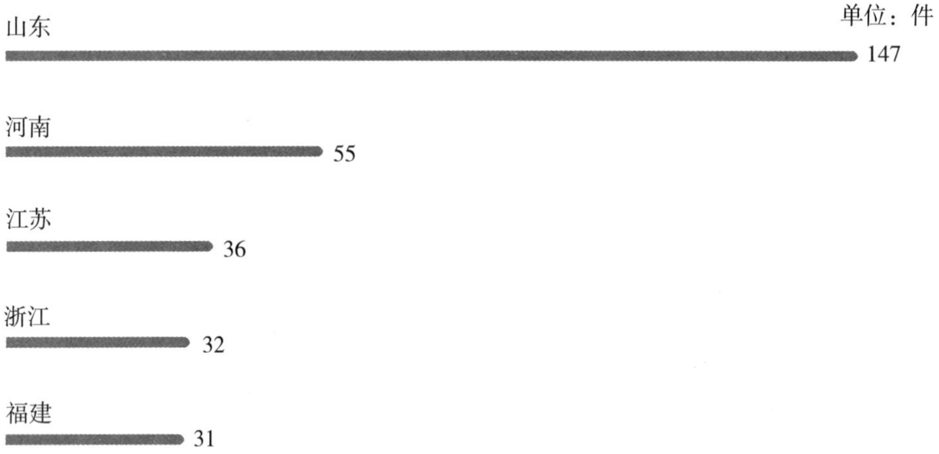

图 20－3　案件主要地域分布情况

如图 20－3 所示，从案件地域分布情况来看，当前案例主要集中在山东省、河南省、江苏省，分别占比约 29.52%、11.04%、7.23%。其中山东省的案件量最多，达到 147 件。

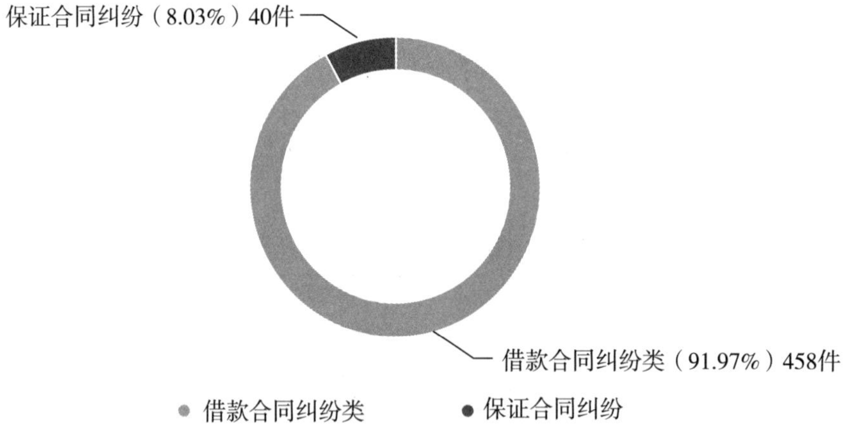

图 20－4　案件案由分类情况

如图 20－4 所示，从案件案由分类情况可以看出，当前的案由分布由多至少分别是借款合同纠纷、保证合同纠纷。

二、可供参考的例案

例案一 中国东方资产管理公司、云南省文山州塑料厂与云南省文山壮族苗族自治州造纸厂、文山云荷纸业有限责任公司金融借款合同纠纷案

【法院】

云南省高级人民法院

【案号】

(2013)黄民二初字第1号

【当事人】

上诉人(一审原告):中国东方资产管理公司

法定代表人:梅某某,该公司总裁

上诉人(一审被告):云南省文山州塑料厂

法定代表人:赵某某,该厂厂长

被上诉人(一审被告):云南省文山壮族苗族自治州造纸厂

法定代表人:杨某某,该厂厂长

被上诉人(一审被告):文山云荷纸业有限责任公司

法定代表人:郑某某,该公司董事长

【基本案情】

1995年6月至1999年9月,云南省文山州塑料厂(以下简称文山州塑料厂)先后与原中国工商银行文山县支行签订了四份借款合同,其中1995年6月29日借款35万元,期限为三年,因文山州塑料厂未按时还款,双方签订了《借款展期协议书》,将借款金额变更为33万元,展期至1999年12月29日。1997年12月23日借款75万元,期限为一年,因文山州塑料厂未按时还款,双方又签订了《借款展期协议书》,展期至1999年11月20日。云南省文山壮族苗族自治州造纸厂(以下简称文山州造纸厂)在《借款展期协议书》进行了签章。1998年12月3日借款80万元,期限为一年。1999年9月24日借款30万元,期限为七个月。原中国工商银行文山县支行按合同约定履行了拨付款项的义务。同时,文山州塑料厂以其8336.17平方米的土地使用权和土地上的房产为前三笔借款进行了抵押担保,并向文山县土地管理局进行了登记。文山州造纸厂分别于1997年12月23日、1998年12月3日与原中国工商银行文山县支行签订连带责任《保证合同》,为75万元、

80万元进行了担保。《保证合同》约定:保证期间为两年,自借款人不履行债务之日起计算。上述四笔借款分别于1999年12月29日、1999年11月20日、1999年12月1日、2000年4月23日到期。中国工商银行文山县支行于2000年7月至2005年1月向文山州塑料厂下发催收逾期贷款本息通知书催收四笔借款。于2003年3月至2004年5月向文山州造纸厂多次下发督促履行担保责任通知书,文山州塑料厂均未按合同约定完全履行还款义务、文山州造纸厂也未承担担保还款责任。根据国家剥离银行不良资产的相关政策,上述债权本息于2005年8月11日均由中国东方资产管理公司(以下简称东方公司)受让取得,东方公司在受让取得上述债权后于2005年8月12日、2007年8月10日分别以公告方式向文山州塑料厂、文山州造纸厂主张债权,但二被告仍未履行还款义务。截至2009年3月20日,文山州塑料厂共欠东方公司借款本息共计341.33万元(其中本金195.30万元,利息146.03万元)。

另查明:文山州造纸厂通过产权制度改革,采用"分立式"的形式进行改制,在继续保留文山州造纸厂的基础上,于2003年4月18日新设立文山云荷纸业有限责任公司(以下简称文山云荷有限公司)。

后因合同纠纷,东方公司向云南省文山壮族苗族自治州中级人民法院提起诉讼。该法院经审理认为,文山州造纸厂不应继续承担保证责任,从文山州造纸厂分立改制而成立的文山云荷有限公司也不应当承担保证责任。东方公司不服云南省文山壮族苗族自治州中级人民法院作出的(2009)文中民三初字第26号民事判决,向云南省高级人民法院提出上诉,要求依法改判文山州造纸厂、文山云荷有限公司对155万元本金及利息承担连带保证责任。

【案件争点】

文山州造纸厂和文山云荷有限公司是否应作为保证人承担连带还款责任。

【裁判要旨】

云南省高级人民法院经审理认为,文山云荷有限公司虽然在二审庭审中称其从文山州造纸厂以"分立式"改制设立时,已对文山州造纸厂债权债务清理过,但经法庭一再释明,并未在庭后按要求提交改制时的原始资料以证明该事实主张。一审提交的2002年10月1日《文山州造纸厂产权制度改革方案》第三改制内容中(二)、(三)项有记载:改制后文山州造纸厂的职能承担原企业为外单位或个人担保贷款的连带责任,以文山云荷有限公司的职责承担原企业的债权债务。但却没有任何证据证明,文山州造纸厂和文山云荷有限公司之间对本案诉争涉及的75万元和80万元贷款保证责任的承担约定得到过债权人原中国工商银行文山县支行的认可。根据最高人民法院《企业改制相关案件规定》第12条的规定："债权人向分立后的企业主张债权，企业分立时对原企业的债务承担有约定，并经债权人认可的，按照当事人的约定处理；企业分立时对原企业债务承担没有约定或者约定不明，或者虽然有约定但债权人不予认可的，分立后的企业应当承担连带责任。"文山云荷有限公司应对文山州造纸厂75万元和80万元贷款保证责任承担连带责任。

例案二 | 中国建设银行股份有限公司李家峡支行与黄南州水电开发有限责任公司保证合同纠纷案

【法院】

青海省黄南藏族自治州中级人民法院

【案号】

(2013)黄民二初字第1号

【当事人】

原告：中国建设银行股份有限公司李家峡支行

法定代表人：王某某，该行行长

被告：黄南州水电开发有限责任公司

法定代表人：唐某某，该公司董事长

【基本案情】

2002年3月28日借款人黄南铝业有限公司与尖扎县支行签订2002(02)《中国建设银行人民币资金借款合同》，约定借款期限为一年(从2002年3月28日至2003年3月27日)，并与借款人签订了《中国建设银行贷款抵押合同》，由借款人以其公司自有的生产设备为该笔贷款提供抵押担保，抵押物为变压器、整流变压器、电解厂房，并办理了相关登记。同日水电开发总公司与尖扎县支行就此借款合同签订了2002(02)《中国建设银行贷款保证合同》，承诺对黄南铝业有限公司该借款承担连带责任保证，尖扎县支行于2002年3月28日向借款人黄南铝业有限公司足额发放贷款700万元。2002年11月因建设银行内部机构改革，并经申请人的申请，为方便企业就近办理各项业务，建设银行黄南州分行将尖扎县支行的有关黄南铝业有限公司存贷款业务划交中国建设银行股份有限公司李家峡支行(以下简称建行李家峡支行)。合同到期后，借款人未按期归还贷款。

2005年5月10日,借款人黄南铝业有限公司依法被黄南州中级人民法院宣告破产,原告申请债权本息为37,106,327.35元,经债权人会议审核,对借款人抵押物中的电解厂房评估为4,169,872.26元。2010年6月12日,黄南州中级人民法院批准通过第三次债权人大会破产清算方案,原告受偿4,983,109.29元,7月2日原告收到该款。借款人黄南铝业有限公司在原告处共有六笔借款,根据分配比例,冲抵该笔借款本金1,794,415.14元,剩余借款本金5,205,584.86元及利息1,080,737.35元(截至2005年5月10日)至今未归还。

另查明,水电开发总公司系国有企业,2004年4月27日进行了民营化改制,更名为"黄南州水电开发有限责任公司",并在州工商局注册登记。

后因合同纠纷,建行李家峡支行向青海省黄南藏族自治州中级人民法院提起诉讼。

【案件争点】

黄南州水电开发有限责任公司是否需对改制前水电开发总公司的债务承担连带清偿责任。

【裁判要旨】

青海省黄南藏族自治州中级人民法院经审理认为,根据最高人民法院《企业改制相关案件规定》第5条规定,"……将企业整体改造为有限责任公司或股份有限公司的,原企业债务由改造后的新设公司承担"。本案中的被告黄南州水电开发有限责任公司系水电开发总公司整体改造后的有限责任公司,故水电开发总公司的债务应由黄南州水电开发有限责任公司承担。

例案三　日照银行股份有限公司与日照华东酒业有限公司、日照宏伟贸易有限公司借款合同纠纷案

【法院】

日照市东港区人民法院

【案号】

(2017)鲁1102民初6436号

【当事人】

原告:日照银行股份有限公司

法定代表人:王某,该公司董事长

被告：日照华东酒业有限公司

法定代表人：滕某某，该公司总经理

被告：日照宏伟贸易有限公司

法定代表人：刘某某，该公司总经理

被告：江苏东成生物科技集团有限公司

法定代表人：王某某，该公司总经理

被告：江苏杰诺生物工程有限公司

法定代表人：徐某某，该公司总经理

【基本案情】

2015年12月17日，原告与被告江苏省东成生物科技集团有限公司（以下简称东成生物有限公司）签订编号为2015年日银北京路高抵字第122702号最高额抵押合同，约定被告东成生物有限公司自愿向原告提供最高额抵押担保，担保的主债权为自2015年12月27日至2018年12月27日期间（包括该期间的起始日和届满日），在人民币3756万元整的最高余额内，原告与日照华东酒业有限公司（以下简称华东酒业有限公司）签订的借款合同、银行承兑协议、信用证开证合同、开立担保协议以及其他融资文件而享有的对债务人的债权。抵押担保范围为在3756万元的最高余额内的主债权本金、利息、复利、罚息、违约金、损害赔偿金以及甲方为实现债权的有关费用（包括但不限于诉讼费、仲裁费、财产保全费、差旅费、执行费、律师代理费、公证费、评估费、拍卖费等）。抵押物为位于东成生物有限公司院内的机器设备，并于2016年1月7日办理了动产抵押登记，动产抵押登记书编号为苏G1-0-2016-0001，并附有抵押物清单。

2015年12月28日，原告与被告日照宏伟贸易有限公司（以下简称宏伟贸易有限公司）签订编号为2015年日银北京路高保字第122405号最高额保证合同，与被告东成生物有限公司签订编号为2015年日银北京路高保字第122406号最高额保证合同，与日照嘉宏生物科技有限公司签订编号为2015年日银北京路高保字第122408号最高额保证合同，合同约定乙方（保证人）所负担的主债权为自2015年12月28日至2016年12月28日期间（包括该期间的起始日和届满日），在人民币12,500万元的最高余额内，甲方（债权人）依据与华东酒业有限公司为债务人签订的借款合同、银行承兑协议、信用证开证合同、开立担保协议以及其他融资文件而享有的对债务人的债权，承担连带责任保证担保。保证方式为连带责任保证担保。保证担保范围为主债权本金、利息、复利、罚息、违约金、损害赔偿金以及甲方为实现债权的有关费用(包括但不限于诉讼费、仲裁费、财产保全费、差旅费、执行费、律师代理费、公证费、评估费、拍卖费等)。保证期间为主合同项下债务履行期限届满之日起两年。若根据法律、法规、规章等规定及主合同之约定提前收回债权的,保证期间为主债务提前到期之日起两年。债务人在任何正常还款日未按约定向甲方进行清偿,或甲方依据法律、法规、规章等规定或主合同约定宣布主合同项下债务提前到期的,甲方均有权立即要求乙方履行保证担保责任。发生下列情形之一,自接到甲方通知之日起5个工作日内,无条件履行本合同项下的保证责任:……(三)乙方或债务人在与甲方或与日照银行股份有限公司其他机构之间的其他合同项下发生违约事件;约定甲方主债权存在物的担保的,不论该物的担保是否由债务人提供还是由第三人提供,甲方有权要求乙方先承担保证责任或要求乙方与物的担保人同时履行担保责任,乙方承诺不因此而提出抗辩。甲方放弃、变更或丧失其他担保权益的,乙方的保证责任仍持续有效,不因此而无效或减免。还约定进行合并等可能对甲方在本合同项下权益造成不利影响的行动时,至少提前30天告知甲方,并经甲方书面同意或就其在本合同项下的保证责任作出令甲方满意的安排,否则不从事上述行为。本合同生效后,任何一方不履行其在本合同项下的义务,或违背其在本合同项下所做的陈述、保证与承诺,即构成违约。合同还就违约责任争议的解决等与保证有关的内容进行了约定。

2016年1月19日,原告与被告江苏杰诺生物工程有限公司(以下简称杰诺生物有限公司)签订编号为2016年日银北京路高抵字第0119号最高额抵押合同,约定被告杰诺生物有限公司自愿向原告提供最高额抵押担保,担保的主债权为自2016年1月19日至2019年1月19日期间(包括该期间的起始日和届满日),在人民币636万元整的最高余额内,原告与华东酒业有限公司签订的借款合同、银行承兑协议、信用证开证合同、开立担保协议以及其他融资文件而享有的对债务人的债权。抵押担保范围为上述最高余额内的主债权本金、利息、复利、罚息、违约金、损害赔偿金以及甲方为实现债权的有关费用(包括但不限于诉讼费、仲裁费、财产保全费、差旅费、执行费、律师代理费、公证费、评估费、拍卖费等)。抵押物为管束干燥系统4套、废热蒸发系统1套、风送系统1套,并于2016年1月19日办理了动产抵押登记,动产抵押登记书编号为苏G1-0-2016-0003,登记书载明上列抵押物位于东成生物有限公司院内。

2016年6月30日,原告与被告华东酒业有限公司签订编号为2016年日银北京路流借字第0629-1号流动资金借款合同,约定被告华东酒业有限公司向原告借款人民币2397万元整，借款用途为转贷，借款期限为2016年6月30日至2019年6月19日。同日，原告按约向被告华东酒业有限公司发放借款本金2397万元，借款凭证记载借款利率为5.225%，借款到期日2019年6月19日。原告主张借款发放后，被告华东酒业有限公司未按照合同约定在约定付息日还息，每次还息均出现逾期，经催收后，已归还拖欠的利息。另华东酒业有限公司与原告签订的1亿元借款合同存在借款逾期情况，符合存量未到期业务提前收贷的标准。

原告自认除涉案借款外，原告与被告宏伟贸易有限公司、被告东成生物有限公司、日照嘉宏生物科技有限公司签订的最高额保证合同约定的主债权发生期间内，原告与被告华东酒业有限公司还有一笔1亿元的借款，且已经通过公证债权文书进入执行程序。原告提供的该1亿元借款合同约定借款性质为最高额抵押额度内借款，最高额抵押合同的编号包括上述2015年日银北京路高抵字第122702号最高额抵押合同。

另查明，2016年8月18日，日照嘉宏生物科技有限公司与被告华东酒业有限公司进行合并，日照嘉宏生物科技有限公司注销，华东酒业有限公司存续。日照嘉宏生物科技有限公司已办理注销登记。

后因合同纠纷，日照银行股份有限公司向日照市东港区人民法院提起诉讼。

【案件争点】

日照嘉宏生物科技有限公司与华东酒业有限公司合并后是否仍需对合并前的债务承担保证责任。

【裁判要旨】

日照市东港区人民法院经审理认为，因日照嘉宏生物科技有限公司已与被告华东酒业有限公司合并，根据《公司法》第174条之规定，合并各方的债权、债务应由合并后存续的公司承继，因此该担保责任应由华东酒业有限公司承继，但因华东酒业有限公司系借款人，其承担的直接还款责任覆盖了其承担的保证责任，不再另行承担担保责任。故对被告宏伟贸易有限公司、被告东成生物有限公司承担连带清偿责任的诉讼请求成立，该院予以支持。被告宏伟贸易有限公司、被告东成生物有限公司承担担保责任后，享有向被告华东酒业有限公司追偿的权利。

三、裁判规则提要

《合同法》第90条规定："当事人订立合同后合并的，由合并后的法人或者其他组织行使合同权利，履行合同义务。当事人订立合同后分立的，除债权人和债务人另有约定的以外,由分立的法人或者其他组织对合同的权利和义务享有连带债权,承担连带债务。”

根据上述规定,保证人合并的,无论是新设合并还是吸收合并,保证人承担的保证债务都将随保证人资产一起转移。如果企业仅转移有效资产而不接受债务,没有债权人的同意,对债权人没有法律效力,合并后的企业无条件承担保证责任。保证人分立的,保证人分立后形成的法人或其他组织之间构成共同保证关系,且为连带共同保证关系,对原保证人的债务承担连带保证责任。

保证人改制的情况较为复杂,存在公司化改造、股份合作制改造等不同形式的改制。但根据最高人民法院《企业改制相关案件规定》第 5 条、第 8 条、第 9 条及第 10 条的规定,一般不影响保证人承担保证责任。

四、辅助信息

高频词条:

《合同法》

第 90 条 当事人订立合同后合并的,由合并后的法人或者其他组织行使合同权利,履行合同义务。当事人订立合同后分立的,除债权人和债务人另有约定的以外,由分立的法人或者其他组织对合同的权利和义务享有连带债权,承担连带债务。

最高人民法院《企业改制案件规定》

第 5 条 企业通过增资扩股或者转让部分产权,实现他人对企业的参股,将企业整体改造为有限责任公司或者股份有限公司的,原企业债务由改造后的新设公司承担。

第 8 条 由企业职工买断企业产权,将原企业改造为股份合作制的,原企业的债务,由改造后的股份合作制企业承担。

第 9 条 企业向其职工转让部分产权,由企业与职工共同组建股份合作制企业的,原企业的债务由改造后的股份合作制企业承担。

第 10 条 企业通过其职工投资增资扩股,将原企业改造为股份合作制企业的,原企业的债务由改造后的股份合作制企业承担。

图书在版编目(CIP)数据

担保纠纷案件裁判规则. 一, 保证人主体资格与担保效力 / 曹士兵主编. -- 北京 : 法律出版社, 2019(2019.12 重印)
ISBN 978-7-5197-4060-3

Ⅰ. ①担… Ⅱ. ①曹… Ⅲ. ①担保－经济纠纷－审判－案例－中国 Ⅳ. ①D923.25

中国版本图书馆 CIP 数据核字(2019)第 253892 号

担保纠纷案件裁判规则(一):保证人主体资格与担保效力
DANBAO JIUFEN ANJIAN CAIPAN GUIZE (YI): BAOZHENGREN ZHUTI ZIGE YU DANBAO XIAOLI

曹士兵 主编

责任编辑 程 岳 林 蕊
装帧设计 李 瞻

出版 法律出版社
总发行 中国法律图书有限公司
经销 新华书店
印刷 中煤(北京)印务有限公司
责任校对 王 皓
责任印制 胡晓雅

编辑统筹 司法实务出版分社
开本 710 毫米×1000 毫米 1/16
印张 18.5
字数 296 千
版本 2019 年 8 月第 1 版
印次 2019 年 12 月第 2 次印刷

法律出版社/北京市丰台区莲花池西里 7 号(100073)
网址/www.lawpress.com.cn
投稿邮箱/info@lawpress.com.cn
举报维权邮箱/jbwq@lawpress.com.cn
销售热线/400-660-8393
咨询电话/010-63939796

中国法律图书有限公司/北京市丰台区莲花池西里 7 号(100073)
全国各地中法图分、子公司销售电话:
统一销售客服/400-660-8393/6393
第一法律书店/010-83938432/8433　西安分公司/029-85330678　重庆分公司/023-67453036
上海分公司/021-62071639/1636　深圳分公司/0755-83072995

书号:ISBN 978-7-5197-4060-3　**定价:**55.00 元
(如有缺页或倒装,中国法律图书有限公司负责退换)